众筹和众包平台运营管理

毕功兵 著

国家自然科学基金重点项目"社会运作管理理论、方法和应用"支持

科学出版社

北京

内 容 简 介

本书结合作者近几年相关领域的研究实践，全面介绍众筹和众包行业国内外发展与研究进展，从众筹和众包参与者角度对其进行系统性分析。第1~4章关于众筹方面。其中，第1、2章分别介绍众筹行业发展及众筹研究进展；第3、4章分别从众筹定价与激励决策、众筹机制两方面进行分析。第5~8章关于众包方面。其中，第5、6章分别是关于众包行业发展与实践、众包研究进展的介绍；第7、8章分别介绍众包竞赛奖励机制与人数策略研究、众包运营策略。内容由浅入深，旨在帮助读者理解众筹和众包两种商业模式和其运营机制。

本书可供从事众筹和众包相关研究的学者阅读，也可作为管理科学与工程、工商管理、市场营销等专业研究生的教材。

图书在版编目（CIP）数据

众筹和众包平台运营管理/毕功兵著. 一北京：科学出版社，2023.10
ISBN 978-7-03-074688-7

Ⅰ. ①众⋯ Ⅱ. ①毕⋯ Ⅲ. ①企业管理－运营管理 Ⅳ. ①F273

中国国家版本馆 CIP 数据核字（2023）第 018634 号

责任编辑：李 嘉／责任校对：贾娜娜
责任印制：张 伟／封面设计：有道设计

科 学 出 版 社 出版
北京东黄城根北街 16 号
邮政编码：100717
http://www.sciencep.com

北京建宏印刷有限公司 印刷
科学出版社发行 各地新华书店经销

*

2023 年 10 月第 一 版 开本：720×1000 1/16
2023 年 10 月第一次印刷 印张：15 1/4
字数：309 000
定价：168.00 元
（如有印装质量问题，我社负责调换）

前　言

　　进入 21 世纪，随着复杂社会体系的信息化和智能化程度的提高，社会性成为企业运作系统的本质特征之一。不论消费者，还是企业管理者，均与社会其他个体或群体发生社会学习、社会比较、信息交互等互动行为，外在的经济形态和商业模式也会对消费者行为和企业决策产生重大影响。当前，以众筹、众包等为代表的众多新经济形态蓬勃发展，强化了运作管理的社会性。

　　本书介绍了众筹和众包行业国内外发展实践与研究进展，从众筹和众包参与者的角度对该商业模式进行分析。众筹方面，主要研究产品定价与融资机制、众筹目标额设计与成功率影响因素、众筹与传统融资渠道的比较等；众包方面，主要研究奖金机制与人数策略、众包评论反馈效果以及众包的经营策略等。本书旨在帮助读者理解众筹和众包这两种新兴商业模式及其运作机制。

　　本书有以下几个特点：第一，研究深入且全面，几乎涵盖众筹、众包模式运作机制的方方面面；第二，关注众筹、众包研究的前沿，参考文献齐全；第三，深入浅出，既可以满足一般读者对于众筹、众包平台运作的了解的需求，也可以满足爱好技术性证明的读者对于决策理论精髓的把握的需求；第四，本书的作者是决策科学运营管理的专家，在写作本书时能够把握全局，将众筹、众包参与方纷繁复杂的交互逻辑厘清，极大地方便了读者对平台运作的整体性把握。总之，无论对于平台运作研究方向的学者和研究生，还是对于希望对众筹、众包有深入了解的一般读者，本书都是一本不可多得的参考书。

　　本书是在国家自然科学基金重点项目"社会运作管理理论、方法和应用"（编号：71731010）的部分研究成果基础上撰写而成的。本书的写作经历了近两年，许多人为此倾注了心血。除了我们的系列论文的原作者外，直接参加本书撰写的研究生有吕建成、郭夕寒、田序、郑玉迟、徐天赐、刘思佳、黄慧娟。全书由毕功兵统稿。由于我们团队研究的深度和广度有限，不足之处在所难免，恳请读者批评指正。

毕功兵
于中国科学技术大学兴证楼
2022 年 3 月

目　　录

第1章　众筹行业发展 ·· 1
1.1　众筹发展背景 ··· 1
1.2　国内外众筹行业发展 ·· 4
1.3　众筹平台运营机制 ··· 13
1.4　众筹平台的典型案例 ·· 23
参考文献 ·· 27

第2章　众筹研究进展 ·· 29
2.1　众筹文献计量分析 ··· 29
2.2　众筹参与者动机 ·· 32
2.3　众筹项目成功率 ·· 35
2.4　众筹设计与平台机制 ·· 39
2.5　股权型众筹研究 ·· 42
2.6　众筹与传统融资的交互 ··· 44
2.7　研究述评 ·· 46
参考文献 ·· 48

第3章　众筹定价与激励决策 ·· 53
3.1　众筹定价 ·· 57
3.2　众筹平台激励 ·· 61
3.3　小结 ·· 79
参考文献 ·· 80

第4章　众筹机制 ·· 82
4.1　奖励型众筹机制 ·· 82
4.2　热心型投资者与众筹机制选择 ·· 93
4.3　单阶段众筹和预售型众筹 ·· 99
参考文献 ·· 105

第5章　众包行业发展与实践 ··· 107
5.1　众包发展背景 ·· 107
5.2　国内外众包发展 ··· 114
5.3　众包平台运行机制 ·· 118

5.4　众包平台典型案例 ·· 127
　　参考文献 ·· 136
第6章　众包研究进展 ··· 139
　　6.1　众包文献计量分析 ·· 139
　　6.2　产品试验及评价 ··· 143
　　6.3　众包竞赛 ·· 144
　　6.4　众包人数 ·· 149
　　6.5　众包奖金 ·· 151
　　6.6　研究评述 ·· 154
　　参考文献 ·· 155
第7章　众包竞赛奖励机制与人数策略研究 ································ 160
　　7.1　引言 ·· 160
　　7.2　模型 ·· 162
　　7.3　奖金结构 ·· 166
　　7.4　人数策略 ·· 177
　　7.5　结论与讨论 ··· 182
　　参考文献 ·· 187
第8章　众包运营策略 ··· 188
　　8.1　众包竞赛的最优加价延期 ·· 188
　　8.2　众包平台收费模式 ·· 210
　　8.3　众包竞赛中的提交策略 ··· 218
　　8.4　小结 ·· 230
　　参考文献 ·· 232
附录　符号列表 ··· 234

第 1 章　众筹行业发展

1.1　众筹发展背景

1.1.1　众筹的兴起

1. 众筹的概念

众筹，由国外 crowdfunding 一词翻译而来，即大众筹资或群众筹资，又称群众集资、群众募资，由发起者、投资者和平台构成，具有低门槛、多样性、依靠大众力量、注重创意的特征，是指一种向广大群众募资，以支持发起项目的个人或组织的行为。一般通过网络上的平台连接赞助者与提案者。群众筹资被用来支持各种各样的公益和商业活动，包含灾后重建、社会集资、竞选活动、创业募资、艺术创作、智能软件设计与发明、科学研究以及公共专案等活动。

众筹利用互联网平台相互传播的特性，让小企业、艺术家或个人向群众投资者展示他们的创意，争取到更多群众的关注和支持，进而获得所需要的足够的资金援助。现代众筹指通过互联网发布筹款项目并募集资金。相对于传统的融资方式，众筹更为开放，不再以项目的商业价值作为能否获得资金的参考标准。只要是网友喜欢的项目，都可以通过众筹方式获得项目启动的第一笔资金，为更多小本经营者或创作人提供了无限的可能。众筹最初是艰难奋斗的艺术家为创作筹措资金的一个手段，现已演变成初创企业和个人为自己的创新型项目争取资金的一个渠道。众筹网站使任何有创意的人都能够向几乎完全陌生的人筹集资金，消除了传统投资者和传统融资手段的许多障碍。

2. 众筹的特征

相比于传统融资方式，众筹有其显著特征。

（1）众筹门槛相对较低。不论身份、地位、职业、年龄、性别，只要有新的想法和创造能力的人，都可以发起众筹项目。

（2）众筹产品项目具有多样性。众筹的方向具有多样性，在国内外的众筹网站上的项目类别包括设计、科技、音乐、影视、食品、漫画、出版、游戏、摄影等。

（3）众筹依靠大众群体力量。投资者通常都是普通的民众，而非公司、企业或风险投资人。每一个投资者投入资金比较少，但是群体比较庞大，人数众多。

（4）众筹产品项目更注重创新和创意。发起者的创新和创意（设计图、成品、策划等）必须达到可展示的程度，才能通过众筹平台的严格审核，而不单单是一个概念或者一个点子，要有可操作性。

1.1.2 众筹的价值

众筹在当前市场环境下经历了快速的野蛮式增长，为企业创新和社会就业注入了新的资金力量源泉。在互联网的融资平台中，各个筹资人和投资人之间打破了地域之间的隔阂，为创新项目提供支持。下面将分别从筹资人和投资人的角度进行具体分析。

1. 众筹对筹资人的价值

（1）筹集项目启动的资金。这是众筹作为一种融资方式最直接的价值体现，也是最容易理解的价值。众筹项目能够成功往往意味着企业在没有开始生产时便获得了一笔最终不需要偿还利息的资金。这笔资金将在众筹项目产品生产出来后以产品的形式偿还，或者在企业有盈利后以红利的形式偿还。这对发起者筹集足够的启动项目的资金以及改善企业的财务状况无疑有着巨大的好处。我国企业的平均资产负债率高于发达国家，而众筹融资是一种权益类和预付类的融资，显然降低了企业的资产负债率和资金成本。发起者也获得了项目进行下去的资金条件。

（2）众筹的产品营销功能。产品众筹是企业产品的一个零售批发场。首先，众筹融资是互联网金融的细分领域，作为一种互联网金融，它本身就是一个营销点。其次，通过众筹匹配上下游的产业链，包括资本市场、最终的用户，实现资源资金的对接。众筹最大的价值莫过于其广告价值。众筹是一个很热的概念，关注的人自然多，也会吸引大量的媒体。很多企业因此希望通过在互联网上发起一个众筹项目来宣传自己。

（3）了解产品市场需求。产品众筹是市场需求的低价试金石，可以大致测试市场需求。对于产品回报型众筹来说，众筹项目融资是在产品开始生产之前发起，发起者并不了解市场对这种众筹产品的需求情况。因此，众筹作为一种类似接受产品预订的方式，对市场需求起到了一定的调查作用，成为天然的用户调研地。

2. 众筹对投资人的价值

（1）产品众筹是用户投资者的超前体验地。在众筹项目启动之前，此类创新产品一般还没有进入市场。当众筹融资成功之后，项目启动实施。产品生产出来之后，会首先交付给项目投资人，投资人会超前得到产品，首先进行使用体验，这样投资人就会获得更佳的内在体验和更多的效用。

（2）众筹也是投资人的投资收益来源。对于投资型股权众筹，群众投资人可以通过支持有前景的众筹项目，获得股权以及利润分红。这样，不仅筹资人获得了项目的启动资金，使项目正常运作，与此同时，投资人还获得了相应的股权收益，可谓多方受益，促进了大众创业、万众创新的最终实现。

众筹还可以营造大众创业、万众创新的氛围，提升国家的综合竞争力。众所周知，蝴蝶效应的力量很大，众筹也有相似之处，当前的世界政治形势复杂多变，国际竞争力就是考验各国的创新能力，三次工业革命带来的进步改变了人类上千年的社会。如今我国有巨大的人口优势，若让无数的微薄潜在力量借助众筹释放，整体创新力可大大提升，创造出一批利用众筹融资产生的创新企业，我国创新力一定能达到世界前端。

1.1.3 众筹发展进程

众筹起源于美国，主要源于美国最大的众筹网站 Kickstarter，该网站通过搭建网络众筹平台面对公众筹资，让有创造力的人尽可能获得他们所需要的资金，使他们的梦想有机会实现。这种模式的兴起打破了传统的融资模式，每一个普通人都可以通过该众筹模式获得从事某项创作或活动的资金，使融资的来源不再局限于风险投资等机构，而可以扩展到广大群众。众筹在欧美等地区逐渐成熟并推广至亚洲、非洲等地区。

国内众筹平台与国外众筹平台最大的差别在于项目投资者的保护措施。国外众筹项目筹资一旦成功，马上会给此项目发放筹集到的资金去实施，而国内众筹平台为了保护众筹项目投资者，会把它分成两个阶段，即先支付筹集资金的50%去启动项目，等到众筹项目最后实施完成后，确定众筹项目投资者都已经收到回报，才会把剩下的资金交给该众筹项目发起者。目前，我国已经有股权型众筹、奖励型众筹、捐赠型众筹等不同形式的众筹平台。

最近几年，在中小型企业以及创业者普遍遇到融资困境的背景下，众筹作为一种新型的融资方式迅速兴起。自从2011年众筹进入我国，在社会主义市场和政策法规的推动下，它经历了一个爆发式的高速增长期。大量网上众筹平台的出现以及各种各样新型众筹模式的涌现，使众筹实现了企业家融资过程和投资人投资过程的简化，促进了资本的内部有效流动。因此，市场上越来越多的中小型企业以及创业者借助网上众筹平台为自己的项目筹集资金。

众筹的发展前景空间是无限的，发展潜力也是巨大的，据相关数据统计，全球范围内的众筹平台筹资总额规模呈现逐年增长的趋势。但是自 2016 年以来，众筹行业发展陷入瓶颈，不仅正常运营的网上众筹平台数量锐减，而且众筹行业活跃度也在不断下降，有不少众筹平台被众筹行业淘汰。在相关分析人士看来，众筹行业平台数量的不断下降背后折射出如今众筹行业的一个很大的发展困境，相关监管政策的不明朗，使整个行业无序发展，最终导致众筹行业风险事件频发。如此看来，众筹行业相关政策和法规不明晰成为阻碍众筹行业发展的重大原因之一，众筹行业即将进入深度洗牌时代。未来，众筹行业该如何发展以及最终到底会发展成什么样子，已经成为社会各界共同关注的话题。很多机构也对众筹行业在国内的发展前景进行了预测，众筹融资模式虽然起源于美国，并且在美国的发展也已经趋于规模化、正规化，但自从众筹融资模式进入国内后，一直受到中国社会各界人士以及产品项目投资人的广泛关注，目前已经进入快速发展的轨道。

众筹在中国的发展速度虽然很快，但仍然属于初级阶段，民众对众筹的了解很少，并不能做到理性投资。因此，在中国，理性投资只占一小部分，羊群效应的投资占一大部分。另外，众筹的中国特色体现在发起者的区别上，美国众筹中，初次创业和二次创业的数量没有太大差异，而在国内，二次创业的数量相对要多。中国的体制、国情均不同于美国，美国的众筹模式虽然成功，但并不一定完全适合我国，只有发展出中国特色的众筹模式，才能有更大的发展空间。中国特色的众筹得到了国家政策和法规的支持，如众筹已经正式写入我国的政府工作报告，国家对于众筹的发展表现出强有力的支持。

众筹的规模小、风险小，相对互联网金融来说更适应当下国情。众筹不仅可以增加直接融资比例，打破以往传统模式的融资弊端，更加符合金融体制改革的意义，同时是普惠金融的重要推手。国家提倡大众创业、万众创新，大力扶持小微企业，融资是创新创业要解决的第一个问题，众筹缓解了中小企业融资难的问题，促进了双创的实现，推动中国经济更加稳定地向前发展。

众筹未来在国内的发展还有很长一段路要走，对于众筹筹资人、投资人以及众筹平台来说，未来的路虽然充满前景，但是任重而道远，有中国特色的众筹模式最终会诞生，社会各界也会对众筹的发展给予更多的关注与支持。

1.2 国内外众筹行业发展

1.2.1 国外众筹行业发展

众筹是指发起者通过在线众筹平台向人群筹集资金，其中对新项目感兴趣的大部分投资者承诺的金额相对较小。众筹具有易用性和广泛的可及性的特征，近几年来发展非常迅速，成为创业的企业在风险投资或银行等其他传统的融资渠道外获得资金的重要途径。2020年全球众筹市场规模已达到122.7亿美元，并预计在2027年达到258亿美元（图1-1）。2015年美国总统奥巴马在签署《JOBS法案》使股权众筹合法化时评论："对于初创企业和小型企业，这项法案是潜在的游戏规则改变者。"Gregory曾预测在2025年众筹的价值可能超过930亿美元。

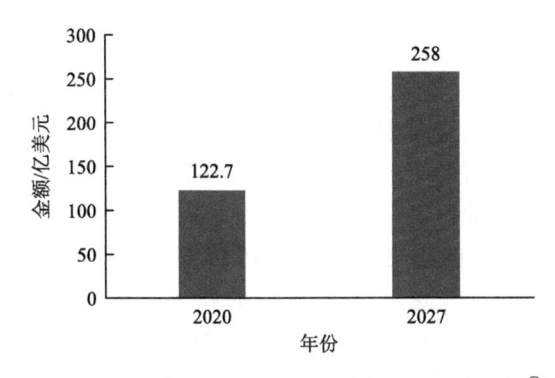

图1-1 2020年全球众筹市场规模及2027年预测[1]

很多发起者通过众筹筹集到大量资金。例如，2017年6月，一家地方餐厅的老板，在众筹平台Kickstarter上筹集资金超过200 000英镑，被报道为在Kickstarter平台上"资金最多的餐厅项目"。在Kickstarter上还有很多募集大量资金的实例，如图1-2所示。

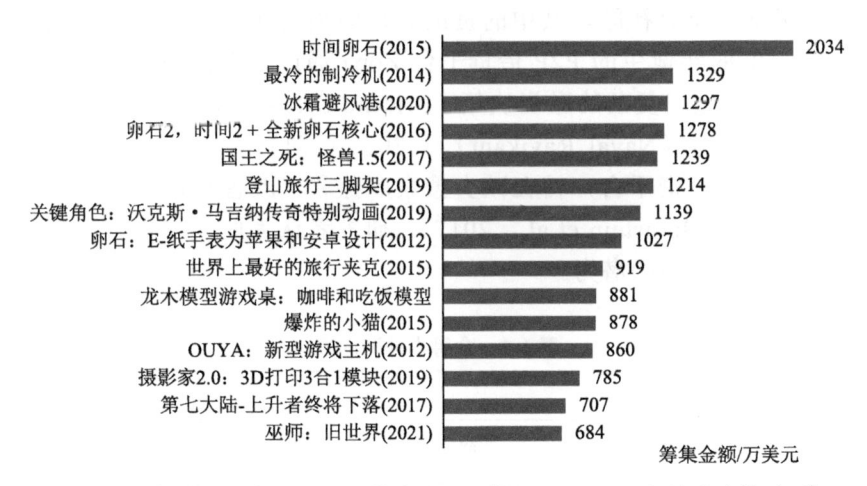

图1-2 截至2021年7月，以募资总额计算，Kickstarter上最成功的项目[1]

---

[1] https://www.statista.com/topics/1283/crowdfunding/#dossierKeyfigures。

1. 众筹行业的发展历史

一些学者认为众筹是一种众包。众包的历史悠久且种类丰富,可追溯到17世纪。众包最初是由一家重点公司设计的,目的是让其他人解决问题或从公司不熟悉的领域获取知识。尽管Schwienbacher和Larralde(2010)将众筹定义为"主要通过互联网,面向公众,以捐赠形式或以某种形式的奖励或投票权作为交换,以支持特定目的的金融服务"。考虑到其他类型的"众筹",例如,基于互联网的点对点(peer-to-peer,P2P)借贷,Mollick(2014)给出了众筹更广泛的定义:"在创业阶段,在没有标准的金融中介参与的情况下,众筹为企业家、个人和团体,以文化、社会和营利为目的,通过从数量较多的个人那里,每个人筹集相对较小的贡献,来为他们的企业提供资金。"

如表1-1所示,众筹的历史可追溯到19世纪。2000年,在美国,ArtistShare网站成立,音乐家可以在这里寻求他们的粉丝捐款来制作数字录音。后来ArtistShare演变成音乐、电影、视频和摄影项目的筹款平台。根据Freedman和Nutting(2015)的说法,第一个众筹项目是玛丽亚·施耐德(Maria Schneider)的爵士专辑。该项目采用分级奖励制度。例如,9.95美元的捐款者,可以最先下载专辑;250美元或250美元以上捐款者的名字可以在专辑的小册子中列为"帮助使这次录音成为可能"的人;做出10 000美元贡献的捐款者被列为执行制片人。目前最著名的基于奖励的众筹平台——Indiegogo和Kickstarter依然延续使用这种最初的分级奖励制度。众筹平台JustGiving宣布启动基于捐赠的众筹社区,其中的资助者自愿捐出他们的钱,不期望任何有形的回报。2006年诞生的P2P借贷平台Zopa通过允许成员构建他们的财务身份,授权成员做出复杂的融资决策(Briceno Ortega and Bell,2008)。另外,纳瓦尔·拉维康特(Naval Ravikant)于2010年创立了AngelList,这是基于股权的在线天使投资平台,旨在减少搜索摩擦和"改善初创企业与潜在投资者之间的匹配"(Bernstein et al.,2017)。研究者认为此类平台有重塑风险投资和早期资金的格局的潜力。

表1-1 众筹事件时间表

时间	事件
1886年	纽约公民众筹建造自由女神像基座
2000年	第一个基于奖励的音乐众筹网站ArtistShare成立,专门帮助艺人获得资金
2000年	基于互联网的捐赠成为主流,如JustGiving
2005年	推出首个面向贫困国家企业家的小额贷款平台

续表

时间	事件
2006 年	FundaVlog 的创始人迈克尔·沙利文（Michael Sullivan）创造了术语"众筹"
2006 年	推出 P2P 借贷平台 Prosper 和 Zopa
2008 年	经济危机发生，大银行开始削减小企业贷款
2008 年	推出基于奖励的众筹平台 Indiegogo
2009 年	推出基于奖励的众筹平台 Kickstarter
2010 年	推出基于股权的天使投资 AngelList，推出基于慈善的众筹平台 GoFundMe
2011 年	推出股权平台 Crowdfunder 和 CircleUp
2011 年	美国政府透露了专注于重新启动的美国小微企业的创业计划
2012 年	美国政府通过了《JOBS 法案》
2014 年	Kickfurther 推出首个基于库存的众筹平台
2015 年	《JOBS 法案》第三章通过，允许非认可投资者投资公司股权

2010 年，基于慈善的众筹平台 GoFundMe 上线。现有研究表明，暖光效应和纯粹的利他主义对电子慈善众筹市场中的捐助者都起作用。Crowdfunder 和 CircleUp 的推出使股权型众筹走入大众视野，它们提供了一个可以出售一家公司的股票（Fleming and Sorenson，2016）的平台，尤其是 CircleUp 专注于消费品和零售（Freedman and Nutting，2015），已帮助 106 家公司筹集超过 1.25 亿美元的资金。2012 年，《JOBS 法案》放宽了对股权型众筹的各种证券销售的限制（Agrawal et al.，2014）。在此之前，私人证券的发行人不能宣传他们的产品或广泛征求投资者（Freedman and Nutting，2015）。"从此以后，普通美国人就可以上网投资他们相信的企业家了。"奥巴马在签署该法案时解释说。简而言之，作为一种筹集资源的手段，众筹在全球金融领域成为越来越重要的力量。很明显，这个行业推动了市场增长与产品创新，需要进一步的监管支持。此外，众筹市场"变得越来越复杂、流动和动态"（Zhang et al.，2016）。

下面将对借贷型众筹、股权型众筹、捐赠型众筹和奖励型众筹分别进行进一步介绍。

1）借贷型众筹

基于贷款的众筹，也称为"P2P 借贷"，是通过消费者借钱以获得未来的利息支付和资本偿还的方式。P2P 借贷平台在其中起到媒介的作用，个人或者企业使用它们从多个单独的贷方借款，每个贷方都提供少量贷款。换句话说，是个人在在线平台上互相借贷，因此大多数是无担保的个人贷款。对于贷方而言，基于贷款的众筹平台通常提供比标准商业银行更高的利率。

平台对借款人有严格的要求（Baeck et al., 2014; Fong, 2015）。借款人需要有 A 或 A+ 信用评级才会被归入"优质"或"超优质"借款人类别，即便如此，平均拒绝率仍高达 90%，即 90% 的贷款申请被拒绝。这也是平台的 P2P 消费借贷违约率非常低（低于 1%）的关键原因之一。

在需求方面，P2P 商业贷款的借款人通常寻求贷款用于扩张或增长资本（41%）和营运资本（34%）。他们选择这些平台主要是因为速度和易用性（Baeck et al., 2014）。91% 的借款人强调他们将 P2P 商业贷款视为一种比传统渠道（如银行）更简单的融资方式，这是他们选择这种借贷模式的关键因素（Baeck et al., 2014）。

2）股权型众筹

股权型众筹，也称为基于投资的众筹，是消费者通过购买股票或债券等投资来直接或间接地投资于新企业或已建立的企业。61% 的受访投资者表示，参与股权型众筹的主要目的是希望获得财务回报。另外，超过 75% 的受访投资者表示，投资组合多元化、轻松自在的投资过程以及他们对自己的金钱流向获得额外控制也非常重要。很少有投资者参与家人或朋友的投资或支持当地企业。97% 的受访者认为选择特定的投资机会，团队素质和宣传非常重要。其他投资者在论坛上的观点作为外部背书被认为不那么重要（Baeck et al., 2014）。

3）捐赠型众筹

捐赠型众筹，是人们向企业或组织捐款来提供他们想要的支持，是个人捐赠少量资金以实现特定目标的更大筹资目标的慈善项目，但不会收到任何财务或物质回报。捐赠型众筹，主要是来自社会和文化团体的筹款活动，创意企业和社区组织直接在线呼吁捐款。捐赠型众筹呈现去中介化特征，直接将捐助者与筹款人联系起来，通常为小规模和地方项目进行筹款。因此人际关系在匹配投资者和捐赠众筹项目之间发挥着重要作用。52% 的受访投资者表示，他们对这种类型的众筹的第一次了解来自一位朋友的推荐或家庭成员的推荐或其他一级或二级社会关系人员的推荐。在此基础上，社交媒体在获得投资者方面发挥着重要作用，68% 的投资者表示他们通过这种媒介支持了第一场众筹（Baeck et al., 2014）。

4）奖励型众筹

在奖励型众筹中，人们付出金钱以换取奖励、服务或产品（例如，音乐会门票、创新产品或计算机游戏）。他们利用金钱换取一些非金钱奖励，投资者希望资金接受者提供有形但非财务的奖励或产品来交换他们的贡献。在奖励型众筹项目中，不同级别的贡献将根据承诺给出不同的奖励。与上文提到的股权型众筹不同，所有奖励型众筹项目发起者都保留他们对业务和知识产权的控制，如专利、商标和版权。换句话说，奖励型众筹平台不是一个生产商、出版商或营销商，而是作为一个复杂的中介将活动企业家与投资者联系起来，使他们能够相互交流以评估产品的优点和前景（Freedman and Nutting，2015）。

奖励型众筹是注册最多的另类金融类型，在所有接受调查的消费者中的使用率最高（Baeck et al.，2014）。投资者通常通过社交媒体或直接邮寄的方式了解该活动。在许多情况下，他们在众筹之前也与筹款活动有某种联系或进行了解。大多数投资者向他们认识的人提供了资金，只有28%的人支持他们不认识的人（Baeck et al.，2014）。

2. 规章制度和风险

众筹的规章制度在不断发展。在美国，2012年通过的《JOBS法案》通过放宽对销售众筹证券的各种限制来使股权合法化（Agrawal et al.，2014）。在该法案中，它要求众筹发行人必须准备其运营的年度报告和财务报表。即使是规模小于100 000美元的也要提交此年度报告，这可以有效地帮助投资者掌握发行人发行前后的财务状况（Whitbeck，2012）。另外，《JOBS法案》是美国《证券法》的基本原则向基本不受监管的系统的一次转变（Stemler，2013）。《JOBS法案》将在《1933年证券法》A条例下企业可以筹集到的资金额度增加了10倍，达到了5000万美元。此外，《JOBS法案》允许适用于《1933年证券法》D条例的企业广泛地寻求投资者（即使用一般广告）并可以出售无限数量的股票给经认证的投资者（Whitbeck，2012）。根据《JOBS法案》的众筹部分，企业家和小企业主可以在12个月内没有向美国证券交易委员会（Securities and Exchange Commission，SEC）登记销售额的情况下，利用众筹豁免来筹集最多100万美元的资金。但是，在投资者方面，他们可以投资的最大金额是有限的。如果一个人的年收入或净资产低于100 000美元，那么他可以投资的最大额为2000美元或其年收入或净资产的5%三个选项中的较大值；如果年收入或净资产超过100 000美元，则这一比例上升到10%（Stemler，2013）。

在英国，借贷型众筹和股权型众筹受金融行为监管局（Financial Conduct Authority，FCA）监管。金融行为监管局的主要监管目的是确保投资者能够获得明确的信息。2014年，包括股权型众筹市场监管约束的新消费者保护规则被引入了市场，因此公司只向符合特定标准的零售消费者直接提供促销，投资者必须是那些"接受监管建议的人"，或"那些有资格成为高净值或成熟的投资者"，或那些"确认他们的投资少于其净资产的10%的人"。金融行为监管局还要求企业检查投资者是否了解投资风险，这些保护机制通常内置于基于股权的众筹平台上，如Seedrs；首次投资者需要在注册时回答一系列问题和条款以确认他们了解投资风险和相关法规。

与股权型众筹不同，奖励型众筹是迄今为止最流行的众筹形式，但尚待监管。

目前，众筹平台都没有建立机制来防止欺骗者利用该系统为虚假项目筹集资金，也没有任何法律能够在发生虚假或不成功的项目的情况下对众筹发起者进行惩罚。此外，众筹平台没有任何管理机制来监控项目的进展，唯一的信息来源是依靠众筹发起者在众筹平台上自愿地发布项目更新，业界的从业者对此方面也有所担忧。

作为一个新兴产业，众筹平台仍缺乏统一的行业标准。于2012年由14家众筹企业成立的英国众筹协会，提供了它们的行为准则网站。但网站只提供了众筹的基本指导方针以确保资助者可以获得项目信息，尤其是在众筹平台失败的情况下，但它没有指定任何确保项目真实性或质量的要求。

Mollick（2014）的一项探索性研究表明，项目质量是众筹项目成功与否的有力影响指标。但众筹项目差异较大，缺乏可用于评估项目质量的标准或工具。资助者只能依靠已有的虚拟信息，例如，项目视频的质量、项目更新的速度、项目的大小、创始人的在线人际关系网（例如，Facebook 好友的数量），甚至要依靠项目文本的拼写错误来评估项目的质量，然后在此基础上做出他们的投资决策。

1.2.2 国内众筹行业发展

自2011年中国第一个众筹平台（Demohour）成立以来，众筹在中国得到了极大的普及。然而，与其他市场和整体市场潜力相比，众筹在中国的发展仍处于早期阶段（图1-3）。众筹在中国的发展可以分为三个阶段。第一，"初级阶段"（2011~

国家	众筹金额
美国	736.20亿美元
英国	126.43亿美元
巴西	53.20亿美元
意大利	18.58亿美元
印度	17.11亿美元
法国	16.60亿美元
德国	14.82亿美元
印度尼西亚	14.48亿美元
韩国	13.04亿美元
中国	11.61亿美元
澳大利亚	11.52亿美元
日本	11.41亿美元
新加坡	9.63亿美元
智利	8.04亿美元

图1-3　2020年全球选定国家众筹金额[①]

---

① https://www.statista.com/topics/1283/crowdfunding/#dossierKeyfigures。

2013 年),此时众筹平台规模较小,众筹平台数量增长缓慢;第二,"超增长阶段"(2014~2015 年),平台数量和募资规模开始迅速增加,交易规模迅速扩大;第三,"谨慎发展阶段"(2016 年至今),由于对另类金融的监管更加严格,平台数量有所减少,资金量也相对减少。大多数众筹平台都在等待官方政策来重新启动/扩大业务。因此,众筹行业增速放缓。

中国众筹市场已经在实践中进行了一些有力的探索。具体来说,众筹项目发起者已经发现社交网络互动能够促进众筹成功。一些综合众筹平台已转为垂直平台,以增强竞争优势。例如,一些综合众筹平台向专业化众筹平台转型。此外,中国众筹从业者已经开始探索在教育行业发起众筹项目。

尽管在世界范围内有最大的市场规模和市场潜力(Ziegler et al.,2019),中国众筹行业仍呈现出较慢的增长速度。增速放缓主要受制于以下问题:一是我国众筹的政策和法律环境尚不成熟,尚在发展中,并且存在以下问题,首先众筹创新和盈利模式与现行法律法规之间仍然存在一些摩擦(Lin,2017;You,2018);其次,众筹信用体系缺乏一定的可信度;二是众筹项目对知识产权保护不足,中国社会总体上对众筹的认识有限,对众筹的使用和相关的风险及收益有很多误解。相应地,如果上述问题可以解决,中国众筹行业有望实现规范和健康发展。

下面从借贷型众筹、股权型众筹、捐赠型众筹和奖励型众筹四个方面,对中国众筹行业进行介绍。如图 1-4 所示,其中借贷型众筹平台数量占比最大,为 37.29%;股权型众筹平台其次,为 35.59%;而奖励型众筹平台、捐赠型众筹平台以及综合型众筹平台占比较小,分别为 8.48%、6.78%以及 11.86%。

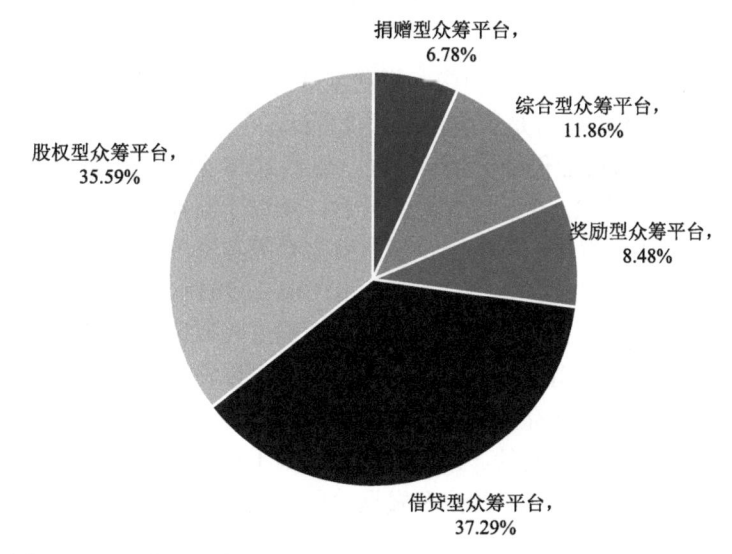

图 1-4 2020 年 4 月中国运营中的众筹平台类型分布(朱欣乐,2021)

1) 借贷型众筹

借贷型众筹在中国有其独有的特征，通过借贷型众筹提供供应链金融服务已成为中国借贷型众筹市场的新趋势。供应链金融服务连接交易中的各方（买方、卖方和融资机构），以降低融资成本，提高业务效率。中国借贷型众筹平台间并购盛行，使市场日益集中。对于大型平台，集中过程可以进一步提高平台的业务能力，增强竞争力。对于中小平台来说，市场集中策略在激烈的竞争下给了它们一条生存的道路。为了扩大影响力，一些中国P2P借贷平台（如中国迅捷金融、和信贷、PP贷）选择在美国上市。一些成熟的中国P2P借贷平台（如点融、Lufax）已在东南亚开设分支机构，提供P2P借贷服务，以扩大规模和提高利润。

2) 股权型众筹

中国股权型众筹项目可分为科技类、实体店类、影视类、农业类、旅游类、音乐类、出版类、游戏类八大类。来自八大类的项目占总项目的77%。其中，实体店类、科技类、影视类是项目数量排名前三的类别。截至2020年，实体店类有562个在线项目，排名第一，第二是科技类，有137个在线项目，影视类排名第三，有85个在线项目。

股权型众筹在中国尚未合法化。中国的股权型众筹是指"互联网非公开股权融资"。由于中国股票的公开发行处于政府极强的监督下，中国的股权型众筹只能以私募的形式执行（Hu and Yang，2014）。作为一个私募，"股权型众筹"在中国受到中国证券监督管理委员会（China Securities Regulatory Commission，CSRC）、国家金融监督管理总局、中国人民银行的严格控制和监管（Huang et al.，2018）。

3) 捐赠型众筹

不同于其他众筹模式，在中国，捐赠型众筹遵循"保留一切"（keep-it-all，KIA）的原则，即无论项目是否实现了预设目标，项目发起者都会保留所筹金额。

中国捐赠型众筹行业仍处于起步阶段。截至2018年，在平台数量方面，中国（不包含港澳台）仅有12个捐赠型众筹平台，相比于其他模式的众筹平台，捐赠型众筹平台数量要少得多。2017年中国捐赠型众筹募资总额为4.01亿元，远远不足以缓解巨大的公益性供给缺口（Yuan and Chen，2018）。此外，中国的捐赠型众筹平台是私营公司而并不是慈善组织，需要通过收取佣金来支付自己的日常开支或广告费。由于捐赠型众筹的慈善性质，是否可以将收费作为众筹平台的收入来源，这一点在中国也是存疑的。中国的捐赠型众筹通常用于解决个别案例或者帮助个人而不是由组织发起的。这意味着通过基于捐赠型众筹的方式向有需要的群体提供帮助，在中国仍处于探索和发展阶段。

4) 奖励型众筹

奖励型众筹也是中国广为人知的众筹模式。根据中国众筹行业发展的研究

（Yuan and Chen，2018），截至 2018 年，中国（不包含港澳台）有 90 个奖励型众筹平台。从地理位置上看，这些奖励型众筹平台分布在全国 20 个省级行政区域。然而大多数平台都设立在金融条件和创业文化较好的沿海地区，中国东北、西北和西南地区仅建立了几个平台。具体来说，北京有 26 个奖励型众筹平台，紧随其后的是广东（12 个）、浙江（11 个）、江苏（7 个）、山东（7 个）和上海（6 个）。沿海地区的平台占据了中国所有奖励型众筹平台的 77%。

中国的奖励型众筹项目可以分为七大类：技术、影视、农业、旅游、音乐、出版和游戏。按活动数量排名，技术、农业和音乐是奖励型众筹的前三大类别。截至 2018 年，技术以 3558 个项目位列第一，第二是农业，有 3351 个项目，音乐以 806 个项目排名第三。前三名的项目类别占项目总数的 42%。

中国的奖励型众筹项目的投资者与其他成熟众筹市场（如美国众筹市场）的投资者相比更加"现实"。大多数中国投资者将资金投资于项目以购买未来的产品。此外，他们更少有兴趣参与共创过程（Yuan and Chen，2018）。从这个意义上说，他们的行为更像是消费者而不是投资者。因此，在中国，奖励型众筹可以认为等同于产品预售。奖励型众筹已被中国电子商务巨头用作在线的营销或市场测试渠道（例如，阿里巴巴、京东）。这些企业参与众筹并非为了筹款，而是为了推广自己的产品，强化产品意识，寻找潜在的消费者。与其他奖励型众筹市场不同，大多数中国的奖励型众筹平台不会收取佣金。平台通过网上营销和广告服务获得收入。

1.3　众筹平台运营机制

1.3.1　众筹参与主体

筹资者、投资者和众筹平台是众筹模式下三足鼎立的参与主体，它们之间的活动最终能够为社会生产创造新的价值，其创造新价值的过程主要包括匹配、获取和发现，整个过程推动了商业民主和"草根"创新。众筹的参与主体主要包括四个部分：筹资者、投资者、众筹平台和第三方托管机构。

筹资者：大多数是创业初期的中小企业。小企业的创始人凭借自身的努力，产生可能有价值的新产品或服务的想法，然而他们缺乏足够的资金，不利于创新想法的转化，这些创始人便通过众筹平台来获得启动资金。

投资者：是对项目给予资金支持的人，这些人通常是不知名的普通大众，由于自身对创业项目感兴趣，或者被创业者的产品或者服务吸引，认为项目有趣并且有潜力，就会对这些项目进行投资，在支持这个项目的同时期望获得一定的收益。

众筹平台：是连接筹资人和投资者的双边平台，一边为筹资者提供展示新产品或服务的平台，一边为投资者提供投资渠道，与此同时，为了保障投资者的资金安全，众筹平台需要对筹资人的资质与真实性进行严格的审核。

第三方托管机构：众筹平台一般不会直接收取或支付资金，而是会与专门的银行进行签约，由该银行作为资金的托管人，对资金进行保管，一方面让投资者更放心地进行投资；另一方面确保资金能够切实地服务于投资者投资的项目，或者确保筹资不成功时资金能够及时返还。

众筹中最常见的模式之一是全有或全无（all-or-nothing，AON），其工作原理如下。

（1）创始人在众筹平台中发起一个新项目，指定项目的详细信息（性质、产品、服务、行业、项目进度等）和想要实现的目标金额，以及它会提供什么回报——可以是一个它旨在开发的产品（基于奖励的）、某些新企业的股份数量（以股权为基础）、偿还资助者提供的金额和利息（基于贷款）、承认贡献并报告项目结果（赞助模式）或其他形式的身体或心理上的好处。

（2）平台上架的项目将被公众查看（潜在投资者）。

（3）有兴趣的投资者可以承诺他们愿意提供资金的数额来支持该项目。

（4）如果在截止日期内达到目标金额，则该项目视为成功筹资。众筹平台届时将总金额转给创始人。在项目资金超额的情况下，创始人会收到总筹资额而不仅仅是它的目标金额。相反，如果目标金额未达成，该项目被视为未成功筹资，资金不足的项目将结束，承诺的金额将退还给个人投资者。

（5）一个成功获得资金的项目随后应该去完成预定的项目目标并在众筹平台中更新该项目的进展。

1.3.2 众筹平台运作流程

1. 奖励型众筹的运作流程——以京东众筹为例

1）奖励型众筹的一般流程

（1）明确目的。筹资者需要明确发起众筹的主要目的，是以融资为主还是以营销为主，如果是为了获得众筹资金，则以股权、借贷或捐赠型众筹为主，否则，奖励型众筹将是更好的选择。

（2）选择平台。确定众筹目的之后，便需要针对适合的平台投放众筹方案，涉及发起者背景信息、奖励型众筹产品内容、募集资金用途以及必要的风险披露。平台则根据规定进行审查核实，不符合要求的项目方案则退回修改完善。

（3）项目发布和宣传。项目审核通过后，发布者可以在平台上借助文字、图片和视频等描述材料先进行预热，预热成功后再借助线上和线下双渠道进行项目推广与宣传，吸引大众进行投资。

（4）项目融资。若在规定期限内达到了项目的目标融资额，则表示融资成功，此时众筹平台会根据项目复杂程度、资金募集额度和风险管理层次收取一定的管理服务费和项目保证金。若失败，所筹资金将原路返还给投资者。

（5）履行承诺。众筹成功后，需要按照当初众筹方案宣传的承诺，对投资者进行物质或者精神回报，积累更多投资者并进行客户管理。具体如图1-5所示。

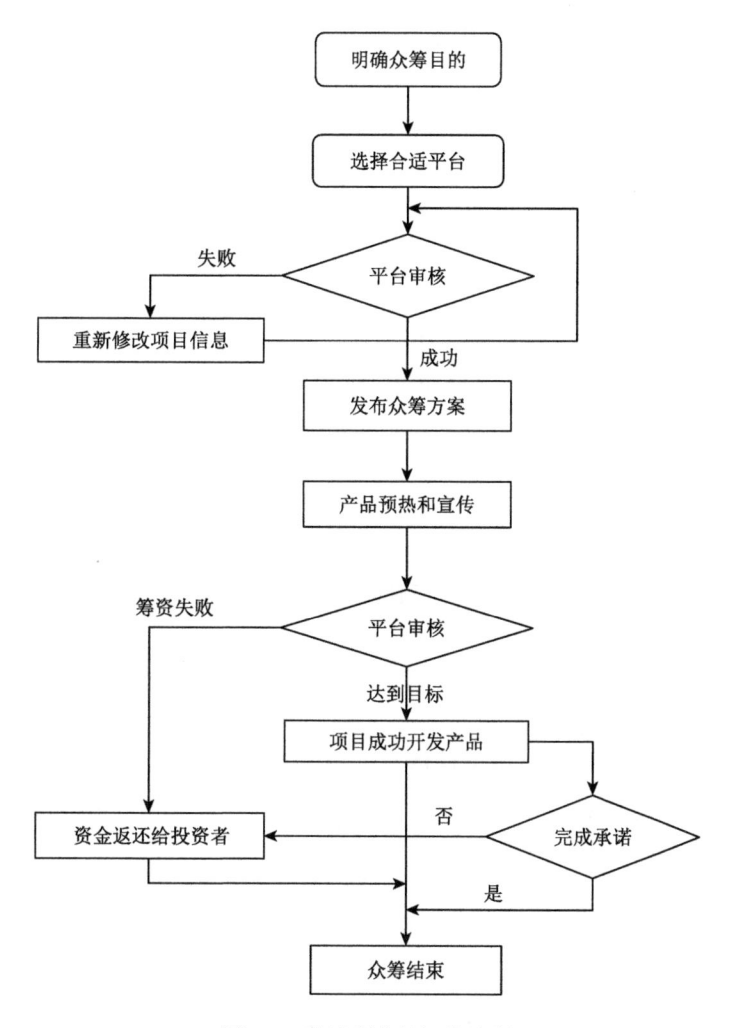

图1-5 奖励型众筹运作流程

2）京东众筹平台的运作流程

京东众筹平台成立于2014年7月1日，成立初衷便是向大众提供门槛低、创意足、全民参与性的奖励型众筹项目发布平台。经过多年的发展，其运营机制使其盈利模式达到了行业前端，在一定程度上具有典型性和参考性。

（1）京东众筹平台筹资者的流程。首先，需要进行注册，填写背景资料并进行实名认证，审核通过后便可进入京东页面，单击众筹栏目，递交项目申请方案，此时项目发起者需要详细阅读服务协议，遵循众筹平台的规定，同时发起的项目应满足京东的质量要求。其次，需要仔细填写项目信息，包括项目名称、简单说明、目标金额、筹资期限、首屏图片、预热图片、项目图片、项目简介（不超过200字）、项目详情、发起者详细自我介绍、感谢信、联系电话、截止日期和最低筹资额等。

（2）京东众筹平台投资者的流程。首先，注册用户。投资者需要像筹资者一样注册自己的账户，或者直接通过QQ、微信等社交账户登录，审核流程较为简单。其次，正式参与。对于投资者来说，参与流程相对简单，只要在众筹平台上遇到自己感兴趣的产品便可以进行点赞、关注和分享，如果有支持的打算，便可以单击支持链接进行电子结算。

（3）京东众筹平台的流程。首先，平台在接收到筹资者的项目申请后，会对筹资者的背景和项目可行性进行初审和复审，只有符合规定的项目才可以进行后续发布。在此期间，平台还会对参与者的相关问题进行梳理与解决，并监督和管理筹资者的项目进程。其次，在资金管理流程上，如果项目融资成功，京东众筹平台会将所筹款项扣除3%平台运营手续费后的70%作为首款打给筹资者作为项目启动资金，剩下的30%尾款则会在项目回报履行后才予以支付；若筹资失败或未按期完成承诺的回报，平台则会返还投资者资金并处以相应的罚金。

3）京东众筹平台的运营特点

京东众筹平台采用"电商+众筹"的孵化机制。京东众筹平台不只是一个供创业者发布创意项目进行筹资的平台，它在产品孵化上更是为创业者提供了方便之道。京东众筹平台依托京东金融体系，构建了一条全生态链服务流程，具体服务可分为三块：大数据技术、供应链体系和用户资源。因此，创新创业的企业在此发布奖励型众筹的成功率相对较高。

（1）大数据技术。电商平台的多年经营为京东积攒了大量消费者的偏好及消费数据。基于这些数据，可以准确地分析出用户的消费习惯与财务能力等，可以实现众筹项目和潜在投资者之间的最优匹配。

（2）供应链体系。京东众筹平台凭借着京东的供应链体系，可以为筹资者提供仓储、物流、资金管理等一系列服务，并根据已有的互联网金融经验为项目发布方做一些技术指导工作。尤其针对奖励型众筹最后的承诺回报，京东众筹平台更是可以依据其优越的物流服务为投资者提供一个满意的参与体验。

（3）用户资源。京东电商平台前期积累的大量的具有网络购物需求的用户资源,可以对接到奖励型众筹项目。这些庞大的用户不仅具有丰富的在线购物经验,敢于尝试众筹所带来的新的体验,而且作为京东的"忠实粉丝"可以为奖励型众筹项目的推广做一个保障,同时以计算机类、通信类和消费类(computer、communication、consumer,3C)电子产品起家的京东的受众群体对于这些新奇好玩的创意众筹产品也更加容易接受。

众筹论坛的社交属性:京东众筹平台设立了一个众筹社区,投资者可以在这里发帖宣传自己的产品项目吸引消费群体的关注,也可以发起评测,检验自己产品的市场需求,更可以分享自己的故事来博得大众情怀,还可以为自己的众筹项目尽情地吆喝造势。投资者和注册用户可以跟帖评论说出自己的想法与需求,可以问答式地了解众筹项目的相关内容与众筹的相关知识,也可以积极地参与讨论并贡献自己的观点与创意等。京东众筹平台方也可以根据已有的经验为各参与方提供发布流程和技术支持等相关问题的解答。众筹社区的出现,给京东众筹平台赋予了社交属性的色彩,不仅增加了众筹参与方之间的亲密度、拓宽了项目发布方的预热推广渠道,而且提高了投资者的社会价值,加大了用户黏性,促进了众筹项目的实施。

"众筹评测系统"的反馈机制:众筹评测系统类似于电商平台的产品试用评价机制。通过这个系统,项目发布方可以先制作一些体验性产品,由平台提供给一些用户进行免费体验。平台则根据消费者的信用记录、消费习惯与评价发言能力筛选出符合要求的申请产品评测的用户,确定名单后,将评测产品发给体验用户。用户收到产品后,可以免费使用该产品,但需在规定的时间内提供详细的体验报告,包括总体评分、外观和性能的评价、体验过程与实际感受以及产品使用过程中的优缺点,项目发布方则根据反馈的使用意见进行"定制化"产品改良,使其更加符合大众的个性化需求。众筹评测的过程,其实也是将产品交出市场检测的过程。通过用户的体验,满足了用户的需求,在体验与反馈过程中,也增强了用户的体验性与参与感。

2. 股权型众筹的运作流程——以大家投为例

1) 股权型众筹的运作模式

结合目前我国股权型众筹平台的运行管理情况来看,可以将其运营模式分为个人投资与集合投资两种。

(1) 个人投资。在股权型众筹平台当中,个人投资模式与淘宝网中的购物形式十分相似,如果平台运行管理模式采用个人投资模式,那么对于投资者个人的要求较高。平台在股权型众筹过程中会公布有关项目的投资信息,投资者便可通过平台对自己感兴趣的项目进行了解,以便明确项目所在行业的发展情况以及项目产品的发展潜力等信息，根据这些数据信息对众筹风险与收益进行全面评估，个人可以在此情况下选择具有投资潜力的项目进行投资。在平台个人投资模式当中，如果完成众筹工作，那么众筹平台需要寻找第三方律师机构对项目合同以及股权分配等内容进行明确，形成纸质版的文件。在世界范围内，最早出现的股权型众筹平台为Crowdcube，该平台在运行过程中便采用个人投资模式，根据具体运行情况来看，其运行情况与淘宝平台有着异曲同工之妙，Crowdcube平台能够拉近融资者与投资者之间的距离，加强彼此之间的联系。该平台在运行过程中，首先会对需要在平台展示的项目进行筛选，通过审核之后，才会在平台上展示相关项目。在项目上线之后，融资者还需要将更详细的项目信息提交审核，内容包括项目的未来发展前景、财务预测等。Crowdcube平台会在72小时之内对相关资料信息进行审核，当所有资料通过审核之后，平台上便会出现相关的融资计划。投资者此时便能够通过股权型众筹平台，对所有上线的项目进行选择，在一定期限内选择自己看好的项目进行投资。在Crowdcube平台当中，投资期限为60天，当项目获得足够的融资资金后，Crowdcube平台便会聘请专业的第三方公司或者律师对股权进行处理，完善相关合同手续。

律师在完善过程中需要对项目的融资者进行明确，还需要对项目的原股东情况进行了解。在Crowdcube平台中，一般情况下一周之内便会收到有关投资信息的邮件，如果投资项目与投资资金进行绑定，那么投资人员将会收到纸质版的合同以及股权文件等。在Crowdcube平台中，从项目上线到投资者确认合同，平台会反复地对融资者与投资者的社会背景等进行调查，避免出现洗钱等违法行为，保障每一位融资者与投资者的利益。

（2）集合投资。结合我国股权型众筹平台的运行情况来看，为了提高平台的运行质量与效率，平台当中逐渐形成了适合平台发展的领投-跟投制度，这便是人们经常说的"领投人"制度。在该模式当中，会将所有投资人进行区分，根据投资者的社会背景、投资经验等因素的差异，将其分为专业投资人与普通投资人。专业投资人相对于普通投资人而言，对于项目情况更加熟悉与专业，或者对于投资风险控制的经验十分丰富。而在股权型众筹过程中，领投-跟投制度便是由专业投资人对项目进行调查，其他的人根据专业投资人的投资情况进行跟投，通过建立合伙公司、私募基金等方式完成项目的融资活动。

2）大家投众筹平台的运作流程

领投-跟投是天使汇与大家投平台上都存在的一种模式，该模式的特点在于拥有一定领域投资经验和风险承担能力的投资者通过平台审核后成为该领域的领投人，其通过分享投资经验，带领跟投人进行合投，领投人因此获得跟投人的利益分成以及相应的股份奖励。无论"快速合投"还是领投-跟投模式，都遵循一般的融资流程，除此之外，领投人还需要经过特别的资格认证。

流程中的第一个重要环节是对投资者的审核。平台对外宣传时一般都声称通过审核的投资者都是"具有丰富的投资经验的天使投资者"。首先来看各平台对一般投资者的认证要求。从网站对投资者要求提供的注册信息来看，大家投平台中一般投资者的审核标准最低，主要是对投资者真实身份的认证，只需要提供身份证号、手机号码、手机验证码就可以注册成为投资者，并可以查看网站上公布的众筹项目的所有信息，包括项目的商业计划书、股东团队的出资情况、项目目前的盈亏情况、融资金额、项目出让股份等关键信息，并且可以直接跟投任何一个项目。如此简单的认证方式使大家投平台作为融资项目最少的平台，却拥有了最多人数的投资者。而天使汇的审核标准相较于大家投较高。天使汇要求投资者提供其所在公司和职位，提供过往投资案例的项目名称、网址和简介，提供最小和最大的投资金额（以万元为单位），在身份验证方面，不需要投资者提供身份证信息，而是采用新浪微博添加新用户或绑定上传投资者名片的方式进行验证。在平台认证成功之前，用户没有资格查看融资项目的项目介绍以外的任何资料，也不能进行合投。

其次是平台对领投人的认证要求。根据《中国天使众筹领投人规则》，领投人的定义如下：应符合天使汇的合格投资者要求；领投人应是在天使汇上活跃的投资者（半年内投资过项目或者最近一个月约谈过项目）；在某个领域有丰富的经验、独立的判断力、丰富的行业资源和影响力、很强的风险承受能力；一年领投项目不超过 5 个，有充分的时间可以帮助项目成长；至少有 1 个项目退出；能够专业地协助项目完善与确定估值、投资条款和融资额，协助项目路演，完成本轮跟投融资；有很强的分享精神，乐意把自己领投的项目分享给其他投资者。从对上述领投人的定义可以看出，领投人不仅需要符合一般投资者的认证标准，还需要拥有足够的投融资经验（包括成功投资经历）、较强的风险承担能力，并要求领投人协助创业者完成投融资。

流程的第二个重要环节是项目审核，根据各平台的要求，线上的项目审核主要是通过项目基本介绍、项目团队信息和商业计划书三部分进行的。从要求提供的资料来看，平台目前项目的审核主要是形式审查而不涉及实质审查。

流程的第三个重要环节是线下撮合投资者和创业者达成投融资合议。对于这一环节，天使汇开展"私密对接"的线下活动。在这项免费活动中，创业者可以就项目进行展示。相应地，创投圈提供了更多种类的线下活动。"创投圈挑战 120 秒""天使晚宴"，还有"天使问答""私密对接会"等活动帮助创业者与投资者进行对接。

流程的最后一个重要环节是投融资合议达成后的投资入资环节。在这一环节中提供服务的主要是天使汇和大家投。天使汇目前主要提供相关协议和法律文件的模板，并不主动参与双方签订协议的过程，但从 2016 年开始，天使汇逐步实现全流程服务，包括法律协议、公司治理的信息化托管、在线工商快速变更系统，而大家投则在线下实际帮助投资者入资。

1.3.3 众筹运作机制

结合众筹参与主体以及众筹运作流程，众筹运作有"六大机制"，它们分别是筛选机制、项目支持机制、信任建立机制、风险控制机制、投后管理机制以及退出机制，如图1-6所示。

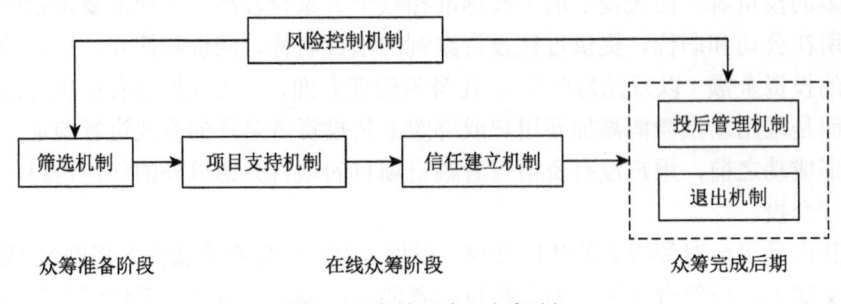

图1-6 众筹平台运行机制

1）筛选机制

一般而言，市场中的买家对产品的信息了解得比卖家少，因此买家会担心产品的质量问题，从而降低支付意愿，这种信息不对称性会导致市场失灵。同样，由于众筹活动中的参与双方主要通过互联网进行交流，很少能够面对面接触，因此关于交易项目的具体信息，投资人掌握得相对更少，因而信息的不对称性更强。与传统市场不同的是，众筹平台作为中介机构，本身有动机去主动降低参与双方之间的信息不对称性，以此来增强平台的竞争力。平台的目标在于利润的最大化，因此，平台会设计一套筛选机制，通过一系列审核来筛选出高质量的项目和信用良好的参与者，这样也有利于帮助市场发展，从而防止市场萎缩。

筛选机制包括对筹资者、投资者的资格审核，以及对需要融资的项目质量、可行性等方面进行审核。初创企业通常数据较为分散并缺乏信用评级，因此在项目筛选中潜在的质量信号尤为重要（黄玲和周勤，2014）。普通大众通常没有足够的投资经验，因此合理地评估项目并非易事，平台上高质量项目的比例会影响投资者的期望参与效用，若项目失败率过高，就会导致投资者对众筹模式失去信心。因此，平台要严格履行认真审查职责，通过设立一定的审核标准筛选出合格的项目和参与者。首先，项目发起者申请筹资时，要向众筹平台提供项目相关鉴定证明，平台会对其进行形式审查，如果项目方存在明显的欺诈行为，将不会被允许进入众筹平台。其次，由于每个众筹平台的关注点与触及的大众群体不尽相同，所擅长的行业也有所差异，平台会根据资金规模和行业经验，选择吸纳适合的项目进行网络众筹。评估和审核有两种可能的结果，即项目符合平台对筹资项目的要求，可以上线进行众筹，或项目不符合平台对筹资项目的要求，项目发起者可再选择其他网络众筹平台提交项目方案，或在该网络众筹平台提交其他项目方案。项目发起者应该充分利用图片、视频等工具和手段，尽可能清晰地向大众传达项目的内涵及价值，主动提供项目具体信息以减弱信息不对称性，增强投资者对项目的信任感。这是对投资者权益保护的一种事前预防措施，减少一些欺诈项目进入众筹平台。

2）项目支持机制

从众筹平台运营模式方面来看，众筹平台的服务一般包括基础服务和增值服务两个方面。基础服务满足项目参与方的基本要求，例如，众筹平台帮助筹资者审核与发布项目、设计项目融资流程、设定项目融资金额和明确筹资期限等相关信息，帮助投资者监管投资资金流向，维护投资者的利益等。平台为了聚集更多的用户，必然会采取一定的竞争性服务策略即增值服务。众筹平台依靠各自的服务优势来吸引筹投资双方，提高项目筹资的成功率，提高平台所占的市场份额，以此来强化双边用户对平台的信任感，在锁定双边用户的同时提升用户黏性，进而扩大网络外部性（郭新茹等，2014）。

3）信任建立机制

在互联网环境下，信息不对称性以及投机主义都增加了在线交易的风险，与传统的交易相比，众筹平台建立信任机制要更为复杂。一个成功的众筹网站需要为参与者提供安全可靠的交易环境，使参与者不用担心利益受到损害。

Zucker（1986）认为存在三种信任建立机制，即基于特征的信任建立机制、基于制度的信任建立机制以及基于过程的信任建立机制，这种观点被学术界普遍接受。其中，基于特征的信任建立机制认为，人与人之间的信任是由于某些自然特征或社会特征相似而自然产生的，如年龄、性别、种族等特征（Zucker，1986），与本章所研究的内容关系不大，在此不做讨论。而第三方支付平台和信息沟通机制可以分别归为基于制度的信任建立机制以及基于过程的信任建立机制范畴。

基于制度的信任建立机制认为信任是基于正式的社会制度保障和值得信赖的第三方机制（Zucker，1986）。线上信任的基础是可靠的第三方机制，在这样的制度环境中，消费者能够感知到被保护，进而有意愿进行线上交易（Pavlou and Gefen，2004）。在网上交易过程中，第三方支付平台及中介机构通过连接交易双方，利用平台的信誉和保障来降低交易风险，增加双方的信任，提高交易成功率。当消费者认为网站没有能力保证交易过程中不会有金钱损失时，就会认为网站不值得信任，即使消费者非常喜欢网站提供的产品或服务也不会产生实际的购买行为。目前，众筹平台管理投资者所投资金的方式主要有两种：第一种是众筹平台作为第三方机构，在众筹过程中，平台先代为保管筹集的所有项目资金，众筹成功后再将资金划给筹资者，这种情况下平台需要取得第三方支付牌照，并且要承担比较高的法律风险；第二种是为了保证投资者的资金安全，避免投资者的资金被挪作他用或者当融资项目不成功时资金不能及时退回等情况发生，众筹平台一般都会指定第三方来担任托管人，履行资金托管职责，委托第三方机构能够有效地监控资金的流向，这样对众筹平台也具有约束力。

基于过程的信任建立机制认为信任是在双方的交往互动中建立起来的（Zucker, 1986），双方在交流中对彼此产生信任感，随着彼此之间了解的深入，这种信任关系也得到了加强，因此这种机制认为平台设计良好的沟通机制，为参与者提供畅通的沟通渠道，将有利于参与者进行交流互动，有利于建立相互的信任关系，进而提高交易成功率。在传统的金融市场中，主要由中介机构负责收集筹资者的各项信息并对其进行信用评价，以降低金融活动中信息不对称带来的风险问题，同样，众筹活动的参与双方通常不能够面对面交流，筹资者和投资者之间也存在着信息不对称问题，众筹平台是传递项目信息的媒介，这时，需要平台充分发挥中介的作用，帮助双方进行沟通交流。首先，投资者群体数量庞大，用户可以通过平台主动进行社交活动，信息在用户之间能够更有效地进行传播，用户会主动宣传优质项目，降低项目的推广成本；其次，筹资者在平台上展示项目详情，潜在投资者通过平台了解项目信息，针对其中不明晰的细节还可及时与筹资者进行沟通，通过多种沟通渠道，信息的交互性更强，双方能够进行低成本和高效率的沟通，同时有实践证明，通过社交媒体参与企业互动可能会影响消费者偏好，因此某些个体更有可能成为众筹投资者。

4）风险控制机制

为了降低交易风险，众筹平台必须加强对筹资者信息披露制度的完善，强制要求筹资者披露详细的信息，尽量避免欺诈事件的发生。投资者在充分掌握项目信息和筹资者信息的前提下，才能更好地做出投资决策。因此，完善的信息披露机制是平台进行风险控制、保障用户权益的首要环节。一般而言，筹资者会被规定提供以下信息：首先是发起者的基本情况、项目详细信息及所需的相关机构的证明文件；其次是具体的项目计划、所需资金的数额和设立的筹资期限；另外，还要明确项目众筹成功后的具体实施细节、回报形式和途径等信息，若项目失败后如何补救或如何对投资者进行补偿等措施。除以上这些信息之外，投资者若需要了解其他方面的信息，可以直接与项目方进行交流沟通。项目众筹成功后，平台要及时跟进和监督项目的进展及筹资者的履约情况，平台有义务定期披露或要求筹资者及时披露相关信息，及时提醒投资者注意项目风险，以此来保障投资者的利益。

我国现在还处于一个不完善的社会信用环境中，但是现在可以通过互联网、大数据等新技术来获取信息，构建征信体系有了高技术保障，移动互联网和物联网等基于大数据可更好地进行征信和风险评估。只有构建完善的征信体系与风控能力，才能够保证平台的良性发展。

5）投后管理机制

众筹项目在融资成功后，投资者的后期利益很难得到保障，企业项目的融资成功并不是一个股权型众筹平台工作的结束，而是另一项工作的开始。初创企业几乎不存在财务审核和信息披露规范的规定，在缺乏足够的信息披露的情况下，一旦筹资者发生道德与法律风险而损害投资者利益，如何认定和计算投资者的损失、如何举证以及向筹资者追偿等，都是平台要面临的问题，同时正常诉讼的时间和金钱成本比较高昂，多数小额投资者可能会因此选择放弃维权，也可能会对众筹活动丧失信任，最终将推高众筹的融资成本，可能导致市场无法良性发展。

6）退出机制

通过退出获得回报是众筹投资者最为刚性的需求，而退出周期长、流转困难是困扰股权型众筹最大的难点。目前股权投资的传统退出方式有被并购、次轮融资退出、首次公开募股（initial public offering，IPO）上市或新三板挂牌及管理层回购等。在中国现行政策环境下，股权型众筹退出机制仍存在瓶颈，很多创业公司并不能顺利上市，而且未上市公司的股权不能在公开市场上进行交易，众筹股东想要转让所持有的股份并非易事。相应地，债权型众筹投资者通过转让股权的方式退出，即投资者将未到期的债权出售给其他投资者，以规避风险或获得资金的流动性。允许债权转让对于投资者来说，可以降低其资金到期不能收回的风险，对于 P2P 网络借贷平台来说，可以扩大其业务范围、增加收益，最终达到活跃整个行业的目的。

1.4　众筹平台的典型案例

1.4.1　奖励型众筹平台——京东众筹

2014 年 7 月 1 日，京东众筹正式诞生，在新消费升级时代下，京东众筹不仅是一个为用户提供与众不同的趋势性产品体验的品质生活平台，更是一个为创新创业企业发展提速的筹资与孵化平台。京东众筹通过产品众筹、众创生态和千树资本三大体系，为处在不同发展阶段的创新创业企业提供有针对性、完整性、延续性的解决建议和方案，帮助更多"双创"企业发现、验证、解决企业或产品发展过程中遇到的难题，为创新创业企业提供从 0 到 1 再到 100 的孵化及加速服务。

截至 2017 年 11 月末，京东产品众筹累计筹资额超过 53 亿元，共呈现 12 000 多个创新众筹项目，千万级项目 80 多个，百万级项目近 800 个。京东众筹不但帮助 8500 多个创新创业企业获得发展急需的资金和用户，也帮助企业获得最直接的消费行为反馈，为后续产品变为商品、找准市场痛点提供有效的大数据支持。

  发起京东众筹的流程大致如下。首先，京东众筹发起者必须有京东账号或者企业账号，如果没有则可以选择注册。其次，发起者需要将企业信息上传，需要提供营业执照、开户行许可证以及法定代表人身份证正反面的上传件，企业还需要提供资质信息，包括产品质检、专利及授权、获奖证书等。最后，项目通过审核后，众筹项目即可以在线发布，项目审核的时长一般为 1~2 个月。众筹发起者的审核如果不通过，退回原因可能是以下几个方面：①经营内容与发起项目不符；②法定代表人与身份不一致；③未提供对公收款账户；④行业资质提交不全。众筹发起者可以根据驳回理由，重新在系统里面提交。众筹成功后，获得的资金将到达平台的账号，平台再预付一定比例的资金给众筹者以支持其启动项目，消费者获得产品回报后，平台才会将剩余部分的保证金归还众筹者，这种模式被称为"延期支付机制"。

1.4.2 股权型众筹平台——Crowdcube

  Crowdcube 由达伦·西湖（Darren Westlake）和卢克郎（Luke Lang）在埃克塞特大学创新中心建立，被英格兰银行描述为银行业的颠覆者，因为 Crowdcube 创立了企业经营者筹集资金的新模式。有别于追随 Kickstarter 的其他众筹平台，Crowdcube 是一种以股票为基础的筹集资金平台。在这个平台上，企业家能够绕过天使投资和银行，直接从普通大众处获得资金。而投资者除了可以得到投资回报和与创业者进行交流之外，还可以成为他们所支持企业的股东。2013 年 2 月，Crowdcube 的这种模式被英国金融行为监管局认定是合法的。截至 2013 年 7 月，Crowdcube 为 54 家英国企业募集了 930 万英镑资金。其中较为经典的成就包括：①Bubble 和 Balm 在 2011 年 7 月从 82 位投资者中募集资金 75 000 英镑；②Kammerlings 于 2011 年 10 月募集资金 180 000 英镑；如今，Crowdcube 依然在金融行业发挥着重要作用。

  发起 Crowdcube 股权型众筹的步骤如下。首先向 Crowdcube 提出申请，确定公司价值和目标融资金额后，提供项目描述、退出策略、商业计划、未来三年的财务预测。在这一过程中，以专业性为主。根据历史数据和以往经验，Crowdcube 会在 72 小时内对项目的适合性进行审核，并且提供详尽的修改意见，以便公司能够再次申请。其次，通过审核后，融资者可以根据自己的融资需求，设定融资额，提供一定股权（Crowdcube 对股权比例没有限制，一般公司出售股权 10%~

20%），并把自己的融资计划发布在 Crowdcube 上，要求语言简洁、专业。在此过程中，Crowdcube 提供了一系列建议。此外，企业要制作一个关于项目的视频，以更加直观地向广大投资者展示项目计划，确保视频专业、引人入胜。融资者也可以选择付费制作视频。标书创作完成后，Crowdcube 会再次进行审核，并删除不恰当的、花哨的语言，核实每一个数据的来源，确保项目中每句话的真实性。经过审核、确认后，项目就可以上线了。最后，项目上线后，投资者就可以选择项目进行投资了。投资者可以根据自己的喜好、意愿，通过项目经营行业、公司所处阶段、已经募集金额等条件进行筛选。另外，根据法律要求，Crowdcube 不能通过收取广告费把某个项目置顶或者放在醒目的位置。Crowdcube 的默认分类是：热门—临近截止日期—新上线，其中热门定义为在一周之内募集资金达到目标金额的 50%。

1.4.3 借贷型众筹平台——Fquare

Fquare 是美国著名的一家农业众筹平台网站，其交易主要针对农村的土地使用权转让。运作模式大致如下：有土地但是不愿意耕种的农民在众筹平台上销售自己的土地，投资者在平台上投资以购买土地的使用权，购买年限为 5～20 年不等，每年投资者需要给予土地所有者一定的回报。虽然投资者往往不能直接参与土地的耕种，但是他们可以将土地租给当地的农民，因此投资者也可以从土地交易中获取收益，投资者也可以将这种权利在二级市场上进行交易。VentureBeat 报道，Fquare 已经转为公益平台。2020 年，全美有约 11.4%的人活在贫困线以下，许多家庭因为条件困难或者饮食习惯不佳，每日饮食营养不均衡，造成儿童肥胖、营养不良等疾病。Fquare 的做法是集资买一块地，然后雇佣当地的农民进行耕作，区别在于将租金换成了上缴的粮食，如图 1-7 所示。

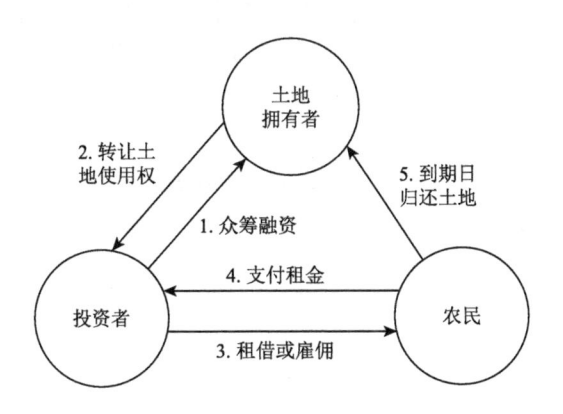

图 1-7 Fquare 网站运作流程概念图

1.4.4 捐献型众筹平台——水滴筹

水滴公司是中国领先的保险和健康服务科技平台，创建于 2016 年 4 月，以"用互联网科技助推广大人民群众有保可医，保障亿万家庭"为使命，致力于为用户提供健康保障解决方案。水滴公司通过水滴保和水滴筹业务，从保险保障端，为用户提供高效的医疗资金解决方案，并首创"大病筹款＋人身保险"的健康保障模式，提升了救急、救难的救助效率，在医保之外形成多条医疗资金供给的有效补充渠道，成功满足了覆盖整个社会阶层范围的多元化用户群的需求，建立了闭环医疗支付生态系统。水滴公司还通过水滴好药付、水滴健康业务，从健康端为用户提供问诊、用药等健康服务。水滴筹是国内领先的个人大病求助平台，也是国内互联网个人大病筹款零服务费的开创者。水滴筹自 2016 年 7 月上线，截至 2020 年 12 月底，有 3.4 亿多名爱心人士支持了平台上的大病救助项目，他们帮助支持了超过 170 万名经济困难的大病患者筹得超过 370 亿元的医疗救助款，共计产生超过 11 亿人次的爱心赠予行为。水滴筹通过移动互联网技术将民间"互助互济"的线下行为搬到社交网络上，并通过亲友分享、移动支付等方式帮助陷入困境的大病患者及家庭更便捷地发布、传播求助信息，让赠予人也可以更方便地进行帮扶。

水滴筹的大致流程如下。首先，患者需要进行材料整理，包括身份证明，如身份证、户口本等，还有病历、检查报告、诊断证明、银行卡信息，其中银行卡的持有者可以是患者的亲人，但是必须提供相应证明。患者还可以提供一些非必要材料：①各类证实生病的照片以及健康时的照片（医院就诊记录、打针和输液情况、住院记录、缴费单据、费用发票、检查报告等）；②患者经济条件证明（贫困证明、房子、车辆、负债情况等）；③特殊身份证明（学生证、残疾证、警察证、教师证、获得一些奖项或者荣誉等）；④视频（患者生病时的场景、健康时的状态、家人付出的场景等），这些材料可能会影响到众筹活动。其次，筹资者需要撰写文章，以向大众介绍患者的情况和融资目的，文章的字数一般控制在 800～1200 字。文章可以由水滴筹软件自动生成，也可以人工手写，一般情形下患者都会选择人工撰写以表达真实情感。再次，平台会进行审核，审核通过后形成在线链接和网页。患者的家属或者亲戚通过社交平台向大众分享并转发链接，以寻求捐款。最后，筹资结束时，发起者申请取款，值得注意的是，取款就代表着结束筹款，所以取款时间要好好选择，尽量在筹不动款的时候提现，减少筹款损失。

参 考 文 献

郭新茹，韩顺法，李丽娜. 2014. 基于双边市场理论的众筹平台竞争行为及策略[J]. 江西社会科学，34（7）：79-84.

黄玲，周勤. 2014. 创意众筹的异质性融资激励与自反馈机制设计研究：以"点名时间"为例[J]. 中国工业经济，(7)：135-147.

朱欣乐. 2021. 中美众筹发展现状及对我国的政策建议[J]. 科技智囊，(1)：26-33.

Agrawal A，Catalini C，Goldfarb A. 2014. Some simple economics of crowdfunding[J]. Innovation Policy and the Economy，14（1）：63-97.

Baeck P，Collins L，Zhang B. 2014. Understanding alternative finance：The UK alternative finance industry report[R]. London：Nesta & University of Cambridge：28-36.

Bernstein S，Korteweg A，Laws K. 2017. Attracting early-stage investors：Evidence from a randomized field experiment[J]. The Journal of Finance，72（2）：509-538.

Briceno Ortega A C，Bell F. 2008. Online social lending: Borrower-generated content[C]. Proceedings of 14th Americas Conference on Information Systems，Toronto：1957-1964.

Fleming L，Sorenson O. 2016. Financing by and for the masses：An introduction to the special issue on crowdfunding[J]. California Management Review，58（2）：5-19.

Fong A. 2015. Regulation of peer-to-peer lending in Hong Kong: State of play[J]. Law and Financial Markets Review，9（4）：251-259.

Freedman D M，Nutting M R. 2015. A brief history of crowdfunding including rewards，donation，debt，and equity platforms in the USA[J]. Retrieved，30：2016.

Hu T，Yang D. 2014. The people's funding of China：Legal developments of equity crowdfunding-progress，proposals，and prospects[J]. University of Cincinnati Law Review，83：445.

Huang Z，Chiu C L，Mo S，et al. 2018. The nature of crowdfunding in China：Initial evidence[J]. Asia Pacific Journal of Innovation and Entrepreneurship，12（3）：300-322.

Lin L. 2017. Managing the risks of equity crowdfunding：Lessons from China[J]. Journal of Corporate Law Studies，17（2）：327-366.

Mollick E. 2014. The dynamics of crowdfunding：An exploratory study[J]. Journal of Business Venturing，29（1）：1-16.

Pavlou P A，Gefen D. 2004. Building effective online marketplaces with institution-based trust[J]. Information Systems Research，15（1）：37-59.

Schwienbacher A，Larralde B. 2010. Crowdfunding of small entrepreneurial ventures[J]. SSRN Electronic Journal.

Stemler A R. 2013. The JOBS act and crowdfunding：Harnessing the power—and money—of the masses[J]. Business Horizons，56（3）：271-275.

Whitbeck J B. 2012. The JOBS act of 2012：The struggle between capital formation and investor protections[J]. SSRN Electronic Journal.

You C M. 2018. Recent development of FinTech regulation in China：A focus on the new regulatory regime for the P2P lending（loan-based crowdfunding）market[J]. Capital Markets Law Journal，13（1）：85-115.

Yuan Y，Chen L. 2018. China Crowdfunding Industry Development Research[M]. Shang Hai：Shang Hai Jiao Tong University Press.

Zhang B Z，Baeck P，Ziegler T，et al. 2016. Pushing boundaries：The 2015 UK alternative finance industry report[R]. Cambridge：University of Cambridge.

Ziegler T, Shneor R, Wenzlaff K, et al. 2019. Shifting paradigms—The 4th European alternative finance benchmarking report[R]. Cambridge: Cambridge Centre for Alternative Finance.

Zucker L G. 1986. Production of trust: Institutional sources of economic structure, 1840-1920[J]. Research in Organizational Behavior, (8): 53-111.

第 2 章 众筹研究进展

2.1 众筹文献计量分析

在 Web of Science 核心数据库中，以 crowdfunding 为关键词进行主题搜索，得到在商业和经济管理领域 2012~2021 年的众筹研究文章共 864 篇。随后，使用 HistCite 文献计量工具对这些文献进行引文分析，得到众筹文献引用权重最高的 20 篇文献，其关系网络图如图 2-1 所示。

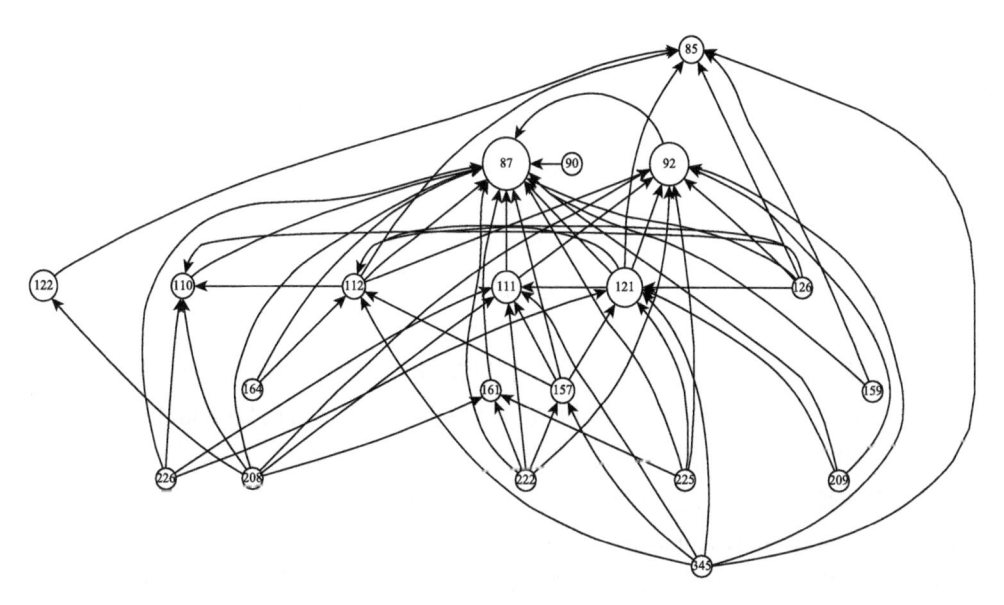

图 2-1 众筹经典文献关系网络图

图 2-1 中有 20 个圆圈，表示筛选 20 篇该领域最重要的文献，每个圆圈表示一篇文献，中间的数字表示文献在数据库中的序号。圆圈大小表示引用次数，圆圈越大，表示被引用次数越多。在表 2-1 中可以找到圆圈最大的五篇文献的详细信息。不同圆圈之间由箭头相连，箭头表示文献之间的引用关系。可以看出，最大的圆圈中的数字是 87，并有很多箭头指向这篇文章，表明这篇文章就是众筹领域的开山之作。其他圆圈较大的还有 92、121、111 和 122，表明这些文章在众筹领域文献中具有重要的地位。

表 2-1 众筹高引用文献

文献编号	文献信息（作者、标题、期刊及发表年份）	LCS	GCS
87	Mollick E. The dynamics of crowdfunding: An exploratory study. Journal of Business Venturing. 2014	544	1300
92	Belleflamme P, Lambert T, Schwienbacher A. Crowdfunding: Tapping the right crowd. Journal of Business Venturing. 2014	385	824
121	Ahlers G K C, Cumming D, Guenther C, Schweizer D. Signaling in equity crowdfunding. Entrepreneurship Theory and Practice. 2015	314	554
111	Colombo M G, Franzoni C, Rossi-Lamastra C. Internal social capital and the attraction of early contributions in crowdfunding. Entrepreneurship Theory and Practice. 2015	227	374
122	Agrawal A, Catalini C, Goldfarb A. Crowdfunding: Geography, social networks, and timing of investment decisions. Journal of Economics & Management Strategy. 2015	188	330

表 2-1 列出了众筹领域引用量前五的文献的相关信息，包括在数据库中的序号、作者、标题、期刊、发表年份以及引用量。在此主要列举了两种引用量，一种是本地引用次数（local citation score，LCS），即某篇文献在当前数据集中被引用的次数，另一种是总引用次数（global citation score，GCS），即 Web of Science 上看到的引用次数[1]。可以发现，无论以 LCS 排序，还是以 GCS 排序，这五篇文献的引用量都非常高，而且这五篇文献的年份都集中于 2014 年和 2015 年，表明这些文献对众筹领域的发展起着非常重要的引领作用。

接下来分别对众筹领域的作者、期刊以及研究机构进行统计分析。首先，对作者发表文章的数量分别按照 Recs 值（发文数）和总本地引用次数（total local citation scores，TLCS）降序排列。按照发文数进行排列可以找出众筹领域的高产作者，而按照总本地引用次数进行排列可以找出该领域的杰出研究者。通过表 2-2 可以发现，Vismara、Schwienbacher、Hornuf、Burtch、Cumming 等作者在众筹领域产出较高。其中，Vismara 与 Schwienbacher 两人的引用量也非常高。这表明这两位作者在众筹方面的研究兼具深度与广度。与他们不同的是，Mollick 与 Belleflamme 的文章数量非常少，但引用量却非常高。这表明他们的文章是众筹领域中重要的研究文献。其中 Mollick（2014）在 Journal of Business Venturing 上发表的那篇文章，已被公认为众筹研究的开山之作。Belleflamme 等（2014）的那篇关于众筹融

---

[1] GCS 表示某一篇文章被整个 Web of Science 数据库中的文献所引用的次数，有些引用这篇参考文献的文章可能和你的研究方向毫无关系，但 GCS 还是会把这个引用数据记录下来，Web of Science 对检索结果按照被引频次降序排列时用的便是 GCS 数据。LCS 表示的是某一文章被导入 HistCite 进行分析的这几百篇或几千篇文献所引用的次数。由于导入 HistCite 的文献记录都与检索词相关，可以认为这些文献与研究方向相关，因此如果某一篇文献的 LCS 值很高，则意味着它肯定是该研究领域内的重要文献。

资模式选择的理论模型文章，同样也是发表在 *Journal of Business Venturing* 上。

表 2-2 众筹文献作者统计

序号	作者（按发文量）	Recs	TLCS	序号	作者（按引用量）	Recs	TLCS
1	Vismara（意大利）	19	466	1	Mollick（美国）	4	728
2	Schwienbacher（法国）	13	609	2	Schwienbacher（法国）	13	609
3	Hornuf（德国）	11	238	3	Vismara（意大利）	19	466
4	Burtch（美国）	9	316	4	Belleflamme（比利时）	2	459
5	Cumming（美国）	9	349	5	Lambert（比利时）	1	385
6	Gleasure（丹麦）	8	64	6	Colombo（意大利）	6	375
7	Buttice（意大利）	7	81	7	Schweizer（加拿大）	4	356
8	Rossi-Lamastra（意大利）	7	350	8	Guenther（德国）	2	351

其次，对期刊发文按照 TLCS 以及总引用次数（total global citation score, TGCS）降序排列，可快速找出众筹领域的重要期刊。通过表 2-3 可以发现，*Journal of Business Venturing*、*Entrepreneurship Theory and Practice*、*Small Business Economics*、*Management Science* 以及 *Journal of Business Research* 等商学领域顶尖期刊中众筹文献被引次数较多。其中 *Journal of Business Venturing* 与 *Entrepreneurship Theory and Practice* 两个期刊被评为 FT50[①]，而 *Management Science* 与 *Information Systems Research* 则在 UTD24[②] 期刊范围内。作为各自领域的顶刊，其所发表的文章自然是众筹文献中的重要文献。

表 2-3 众筹文献期刊统计

序号	期刊	Recs	TLCS	TGCS
1	*Journal of Business Venturing*	19	1353	3138
2	*Entrepreneurship Theory and Practice*	23	1234	2077
3	*Small Business Economics*	39	685	1251
4	*Management Science*	15	351	910
5	*Journal of Business Research*	20	225	526
6	*Information Systems Research*	11	211	424
7	*Journal of Economics & Management Strategy*	2	188	331
8	*California Management Review*	8	169	356

[①] 英国《金融时报》（*Financial Times*）界定的 50 种管理类一流学术期刊。
[②] UTD24 期刊是美国得克萨斯大学达拉斯分校所选出的管理学方面最顶尖的 24 种学术期刊。

最后，给出众筹领域的高产研究机构，如表 2-4 所示，明尼苏达大学卡尔森管理学院、印第安纳大学凯利商学院、佛罗里达大西洋大学商学院以及贝加莫大学管理信息与工程学系在众筹研究中发文量较多。值得一提的是，中国科学技术大学管理学院在众筹领域的研究发文量位列第五，合肥工业大学管理学院发文量排名第八。但是，发文量较高的研究机构，其论文引用量并不一定很高。如表 2-4 所示，宾夕法尼亚大学沃顿商学院众筹研究引用量最高，作为享誉全球的商学院，该院校众筹文章大都发表在国际知名期刊上，研究深度以及广度是其他机构难以媲美的。中国科学技术大学管理学院等国内研究机构虽然发文量不少，但是文章引用量还有待提高，这也是中国学者需要进一步努力的方向。

表 2-4 众筹文献研究机构统计

序号	研究机构	Recs	TLCS	TGCS
1	明尼苏达大学卡尔森管理学院（美国）	13	347	823
2	印第安纳大学凯利商学院（美国）	11	124	277
3	佛罗里达大西洋大学商学院（美国）	10	71	225
4	贝加莫大学管理信息与工程学系（意大利）	10	142	330
5	中国科学技术大学管理学院（中国）	10	27	59
6	阿哥德大学商业与法律学院（挪威）	9	37	55
7	宾夕法尼亚大学沃顿商学院（美国）	9	773	1785
8	合肥工业大学管理学院（中国）	8	4	18

2.2 众筹参与者动机

2.2.1 发起者动机

在发起产品众筹的动机方面，Belleflamme 等（2013）将众筹发起者选择众筹作为筹资手段的动机归结于三个方面。首先是通过互联网平台方便、迅捷地寻求资本，其次是通过众筹项目的发起来获得公众的关注，最后是通过众筹的方式寻求使用产品的消费者的反馈意见。Gerber 等（2012）对市场参与者进行了半结构化访谈，并确定了产品众筹的五类动机：筹资、建立关系和网络、自我肯定、成功案例的复制和对产品的了解。Hemer（2011）认为产品众筹能够帮助企业在其生命周期的早期阶段获得资金，从而有机会弥补早期阶段项目启动的资金差额。其他确定的众筹动机还包括筹资的速度和灵活性、较少的义务约束、在市场上测试产品、积极的信号效应以及在各种企业任务中使用人群的智慧（Macht and Weatherston，2014）。

产品众筹使企业能够更有效地利用其市场潜力。产品众筹作为一种新兴渠道，让消费者同时能够兼任投资者的双重角色（Ordanini et al.，2011）。这些愿意对众筹产品进行投资的人一般是信任发起者并且相信产品能够获得成功的人。因此，企业通过产品众筹能够获得消费者信任基础，同时有助于建立客户群（Martin，2012）。Belleflamme等（2010）认为公司愿意为较早支付费用的客户提供更加优惠的价格，并通过产品众筹这一手段来识别出这些客户。Mollick（2014）认为项目的发起者不仅可以通过众筹网站为项目初期运作筹集资金，而且可以与投资者进行互动，相当于在产品投放前做的免费市场调研，同时可以宣传创新产品，培育项目发展的生态环境。Mollick和Kuppuswamy（2014）发现，产品众筹不仅能为公司提供融资方式，还有助于更好地访问客户、获得更多的新闻报道、发现更多的潜在员工和提高外部资助者的兴趣。Belleflamme等（2010）和Hu等（2015）在理论模型中表明，基于奖励的众筹（预购）可以区分众筹价格和通过零售渠道直接购买的价格。企业很难找出愿意为较早推出的产品支付溢价的客户，企业通过众筹来识别这些客户，使企业可以在市场上浏览这些额外费用。

刘明霞和黄丹（2015）通过质性分析文本资料建立了发起者参与众筹项目的动机框架，其中包括机会驱动、关系驱动、成就驱动、情感驱动、平台驱动5个主范畴，在5个主范畴的逻辑下，还包括21个二级范畴。Amara等（2014）在采访不同众筹平台的多类参与者后，采用语义分析法来推断他们参与众筹的动机，即发起者希望通过参与众筹项目获得资金，同时通过与投资者的互动来培育自身产品的消费群，通过互联网进行口碑传播，通过借鉴他人的成功经验来经营自己的项目。另外，发起者筹资最大化假设，成为学者研究互联网众筹中发起者和出资人行为、平台融资机制设计、发起者众筹模式选择以及发起者定价策略等问题的理论基础。

2.2.2 投资者动机

投资者的动机是经济回报的前景、对一项事业的贡献、慈善情感以及产品的消费效用。众筹让投资者享受到竞争的乐趣（例如，赢得早期贡献的额外津贴或获得超额认购的投资），体会到一种成为社区成员的感觉（例如，一个由支持某种事业的人组成的社区，如支持可持续发展人群），或者是享受社交互动（与企业家或其他投资者）的乐趣。投资者参与众筹的动机是多种多样的，并取决于参与的众筹类型（Ordanini et al.，2011；Lin et al.，2014）。Ordanini等（2011）对三个众筹平台的创始人和员工的访谈显示，众筹投资者具有一些共同特征：他们以创新为导向，对与他人的互动感兴趣，对公司或产品具有认同感，并对财务结果感兴趣。Hemer（2011）进一步确定了众筹投资者对使用产品或服务感兴趣，以及对这种投资类型感兴趣。Gerber等（2012）的研究认为，众筹投资者有兴趣参与到社交网络中并倾向于支持该公司或产品。Allison等（2015）和Lin等（2014）认为，社会名誉在其中扮演着重要的角色。

投资者的动机大致分为两类：外部动机和内在动机。首先，在基于奖励的众筹平台中，投资者可以受到有形奖励的外在激励，如获得产品（Mollick，2014）。基于奖励的众筹平台的投资者通常被认为是早期消费者，因为众筹作为一种预售过程（Mollick，2014），可以让人们更早地接触到新产品（Agrawal et al.，2014）。其次，投资者可能具有内在动机，无论支持是否得到回报，投资者的内在动机包括帮助他人的愿望、帮助一个新产品或一个新想法（Agrawal et al.，2014）、支持一项事业（Gerber et al.，2012）或产生有意义的影响（Kuppuswamy and Bayus，2017）。先前的研究表明，内在动机是基于捐赠的众筹中投资者行为的主要驱动因素（Burtch et al.，2013）。

针对产品众筹，Ryu和Kim（2016）提出了关于众筹投资者的四种类型：天使投资者、奖金猎人、粉丝和隐秘投资者。天使投资者的主要动机是慈善，而奖励的动机很少；奖金猎人的动机主要是奖励；粉丝是最热情开放的赞助商，具有强烈的人际关系动机；隐秘投资者在支持水平上与粉丝相似，但具有内向的性格，不寻求关系或认可。这些发现表明奖励设计应根据不同的投资者类型进行调整。Ordanini等（2011）以及Gerber等（2012）发现，内在动机如支持、鼓励、帮助和建立社区以及奖励等也是众筹投资者的主要动机。Belleflamme等（2013）强调，第一位客户的利益很重要。另外，如果众筹投资者认为他们的贡献对项目的成功具有决定性的作用，就会做出贡献，这导致众筹在达到资助目标，众筹成功之后筹资的减少（Kuppuswamy and Bayus，2017）。

刘强枫和张丹月（2016）将投资者参与众筹项目的动机分为四个部分，分别是产品制作的参与感和体验感、以低于市场价获取产品和体验感、与对方成为战略合作伙伴以及无经济目的地参与公益项目。Cholakova和Clarysse（2015）对投资者参与奖励型众筹和股权型众筹的动机做了进一步总结：其内在原因是通过帮助他人来构建自己的社交圈、为自己产生共鸣的项目提供资金支持，外在原因是获得资金回报；其非经济原因是通过切身参与项目获得效用、通过参与众筹来获得新鲜想法的刺激，其经济原因是获得现在或未来的经济报酬。Cholakova和Clarysse（2015）的一项实验显示，投资者非财务动机的作用较小，因为主要动机是通过财务方式驱动的。Mollick和Nanda（2016）将众筹决策与专家评估进行了比较。他们发现，在大多数情况下，虽然人群的决策与专家的决策相似，但是如果决策不同，人群更愿意为专家拒绝的项目提供资金。

2.3 众筹项目成功率

2.3.1 众筹项目特征

从产品众筹的项目展示质量看，附有视频介绍、更新快速、语言拼写错误较少以及曾被 Kickstarter 网站推荐过的项目更容易众筹成功（Mollick，2014；Yuan et al.，2016）。Mollick（2014）提出关于项目质量的信息会直接影响到项目的最终筹资额，如制作项目介绍视频并及时更新项目的进展状况会增加投资者的参与程度，众筹网站平台展示的信息中的拼写错误越少越会增强投资者对项目的信任。Ciuchta 等（2016）将有产品众筹视频视为成功的重要因素。据 Chen 等（2016）的研究，最好通过与情感相关的内容来推广实用型产品，这样不仅强调了产品的用途，还满足了人们的情感需求。但是，只有少数但有意义的奖励才会产生积极作用。Frydrych 等（2014）通过对 Kickstarter 平台上产品众筹数据的研究发现，所提供的实物奖励是否合适或者合理也是决定众筹是否成功的重要因素。Calic 和 Mosakowski（2016）确定了奖励水平及数量与众筹成功募集资金之间的积极联系。Thürridl 和 Kamleitner（2016）强调了奖励策略的正确应用对众筹项目成功的影响很大。因此，他们创建了一个策略奖励工具箱，其中包含五种奖励类型（例如，社会奖励、金钱奖励、物质奖励、非物质奖励和特殊奖励）。这也证实了有形的实用型产品众筹往往会比服务型众筹获得更多的资金支持（Belleflamme et al.，2013；Chen et al.，2016）。

从众筹时间与目标额来看，Mollick（2014）以 Kickstarter 产品众筹平台为研究对象发现，从产品众筹的项目策划来看，众筹目标金额越低，众筹时间越长，支持人数越多，众筹项目就越容易取得成功。对于产品众筹而言，较短的众筹持续时间与众筹的成功度呈正相关关系（Fydrych et al.，2014；Lukkarinen et al.，2016）。Lukkarinen 等（2016）发现，产品众筹成功的可能性随着资金数量和持续时间的增加而降低，较短的众筹持续时间能够鼓励投资者果断采取行动，而不是推迟决策时间。股权模型偏好更高的众筹资金目标，而产品众筹模式则偏好较低的众筹资金目标（Mollick，2014；Yang et al.，2016）。

在众筹项目动态特征上，Qiu（2013）发现，博客文章（口碑效应）、媒体报道以及所处的推广平台等，也对众筹投资者的决策有影响。Kim 和 Viswanathan（2019）研究了移动应用市场的众筹，发现专家的早期投资发出了积极的信号，并增加了从大众投资者获取众筹后续资金的可能性。此外，来自朋友和熟人的推荐也对众筹投资者的决策有影响（Lin et al.，2013）。Kuppuswamy 和 Bayus（2018）

则发现项目状态的实时更新会对众筹有影响，项目更新反映的是众筹发起者与投资者之间的互动，项目的更新会吸引更多的投资者。

在国内的研究方面，黄玲和周勤（2014）发现，针对"点名时间"产品众筹平台的研究，募资需求较小的创意项目、能够通过众筹社区有效传递项目质量信息的项目更容易取得众筹成功；王伟等（2016）以 Kickstarter 网站为例，研究了众筹项目文本的语言风格对众筹项目成败的影响，该研究主要是在众筹项目诸多的特征因素中识别出决定成功率的关键因素。黄玲和周勤（2014）引入 Kahneman 和 Tversky（1979）的前景理论，通过分析决策函数和预期价值函数，来判断不同因素对众筹成功率的影响。结果表明，项目的目标金额与筹集金额是反向关系，而项目的新颖程度、差异化设置回报种类等因素会正向影响项目的筹资结果。黄健青等（2017）通过实证研究发现，发起项目的最低及最高融资额、发起者自身的信用将显著地提高项目众筹的成功率，而目标金额、回报等级以及对风险的描述将显著降低项目众筹的成功率。因此，可以从质量、发起者特征、不确定性三个维度对众筹项目进行优化改进，从而提升众筹融资效率。杜黎等（2016）的研究结果表明，当筹款周期较长时，项目进展更新次数对筹款进度的影响会减弱；用户评论数、项目进展更新次数与筹款进度的调节作用不明显；用户支持数对用户评论数与筹款进度之间的关系具有中介作用。

2.3.2 投资者行为

从动态的角度来看，在筹集资金的过程中，不仅项目信息会影响投资者行为，投资者之间的决策也会相互作用。Agrawal 等（2015）实证分析了随着累计投资额的不断增加，投资者的投资倾向会不断加强。Kuppuswamy 和 Bayus（2018）研究了在众筹项目的整个筹资过程中投资者的行为变化，发现投资者的行为在整个过程中呈现出 U 形曲线的形状，即投资者在项目发起之初和即将到达截止日期的两段时间内的参与程度更高，此外，筹资者发起项目的经历与项目筹资过程中可能的出资者数量呈反向关系，同时他人的行为给随后的众筹投资者提供了信号（Koning and Model，2013）。Hildebrand 等（2017）发现，只有在同行的背书与个人投资相关联的情况下，同行的背书才被视为可信的信号。Kuppuswamy 和 Bayus（2017，2018）在研究了社会信息对互联网产品众筹的动态决策的影响后认为，社会信息在此所起到的作用既不同于互联网股权型众筹，也不同于互联网捐献型众筹下的情形，并通过实证检验发现，在众筹期间的前期，潜在的支持人数与已有的支持人数呈负相关性，而在后期则呈正相关性，即实时的社会信息对互联网产品众筹的动态作用结果呈现出"澡盆形"曲线。

此外，Kuppuswamy 和 Bayus（2017）发现，家人和朋友的投资提高了投资者对项目的认可度，同时在融资的开始和结束阶段中应注重宣传活动。Lu 等（2014）认为，从提高众筹成功率的角度出发，项目在众筹发起阶段就应该同步开展宣传活动，但在众筹的后期应注重与参与者进行互动。另外，投资者对项目的兴趣程度随时间变化，众筹项目的早期推广活动和最终结果之间具有强烈的相关性，而与项目本身的属性（如项目持续时间和筹款目标）的相关性则要小得多，同时一个项目的投资者的数量与项目的推广活动的数量有很强的相关性，而项目的成功率与项目的推广活动的设计有更强的相关性。然而，Lin 等（2014）认为投资者具有高度异质性，他们的策略和行为反映出不同的动机。通过对来自 Kickstarter 的公共数据进行分析，投资者可分为活跃的投资者、趋势追随者、利他主义者和大众四个类型，不同类型的投资者似乎对社交和质量信号的反应不同。Astebro 等（2019）进一步分析了股权型众筹投资者的从众效应，研究者通过建立模型，假设其中知情和不知情的投资者依次到达，并选择是否投资和投资多少。研究者使用欧洲领先的股权型众筹平台上的投资数据对模型进行了测试，在理论和实证上表明，一项投资的规模和可能性受到最近投资规模的正向影响，并且受到最近投资时间间隔的负向影响。

  中国学者针对中国的奖励型众筹平台做出了相关的研究，张淼和丁晓晨（2017）提出发起者与投资者之间的交互信息对艺术类项目筹资成功率的影响较为显著。陈波和鲁斯玮（2018）以淘宝众筹平台的 7901 个成功众筹项目为样本项目，通过实证研究发现筹资进程中，超额成功率与支持人数呈倒 U 形关系，设计类、漫画类项目则具有较为明显的融资优势。吴文清等（2016）实证分析了影响众筹项目成功率的因素，其中众筹项目的关注人数、互动话题数、价格梯度、筹资周期能促进众筹项目的成功，筹资周期与实际筹资额呈倒 U 形关系，而性别、组织类型和众筹社会媒介数量对众筹项目筹资绩效没有显著的影响，同时借鉴股市羊群行为的研究方法对众筹市场行为进行研究，探索众筹市场上是否存在羊群行为。众筹市场筹资额增长率的修正离散度与众筹市场日均筹资额增长率之间呈一种非线性关系，即筹资过程中存在明显的羊群效应。

2.3.3 众筹项目外部信号

  在产品众筹发起者背景方面，一些研究调查和比较了非营利性产品众筹与营利性产品众筹的成功率，结果是非营利性产品众筹更容易取得成功（Pitschner and Pitschner-Finn，2014；Yang et al.，2016）。众筹投资者主要对项目的实现感兴趣（Belleflamme et al.，2013），Belleflamme 等（2013）指出，与以利润为导向的组织相比，非营利性组织在实现这一期望方面具有更高的信誉。因此，Lehner 和 Nicholls（2014）提出，产品众筹与社会企业家精神应该协调一致。从管理者的角度来看，以上这些信号在选择合适的产品众筹模式时是非常重要的（Paschen，2016），不仅要关注众筹本身，而且要制定合适的众筹营销机制（Brown et al.，2017；Hu et al.，2015）。此外，众筹发起者的背景和企业的高人力资本，如经验、管理技能和教育背景，在众筹时具有积极的作用（Ahlers et al.，2015）。郑海超等（2015）还发现，发起者的信用记录、在众筹社区中积累的结构性社会资本以及与他人的互动状况是影响产品众筹成功率的关键因素。Zheng等（2014）指出不同的文化背景下，人们的消费观念各有不同，导致其对风险的判断不尽相同，这种不同的想法会直接导致投资者在参与投资时的慎重程度不同。

在发起者社会资本方面，为了表明产品众筹的质量，众筹发起者的社会资本非常重要。在产品众筹的背景中，人们确定了三种不同类型的网络：私人网络、社交媒体网络和关系网络，私人网络和社交媒体网络被视为外部社会资本，关系网络被视为内部社会资本（Colombo et al.，2015）。大多数研究者考察了外部社会资本，并得出结论：更大的私人网络和社交媒体网络可以对产品众筹起到积极作用（Lukkarinen et al.，2016）。发布产品众筹活动的社交网络的规模、产品视频的存在增加了众筹成功的可能性（Frydrych et al.，2014；Mollick，2014）。Mollick 和 Kuppuswamy（2014）发现，成功的产品众筹发起者具有外部认可和适当的背景，并且拥有许多的 Facebook 朋友（作为社交网络的代理）。Facebook 账户上的朋友越多，对产品众筹成功越能起到积极的影响，如果 Facebook 账户上只有几个朋友，则可能会成为众筹推广的障碍，因此不应将其链接到众筹活动上（Mollick，2014）。即使是 Facebook 上的虚假社交信号，也可能会给众筹结果带来负面影响（Wessel et al.，2016）。

Colombo 等（2015）研究了内部社会资本的影响，表明了其对早期投资者数量的积极影响，因此其对早期众筹募集到的资本的数量也有积极影响。他们强调，内部社会资本比外部社会资本对众筹成功的影响作用更加显著。一项已经筹集了一些资金的众筹活动意味着其他投资者对这项事业有一定的信赖，这可能会导致羊群效应（Colombo et al.，2015；Ciuchta et al.，2016）。社会资本被认为是产品众筹成功的主要动力，尤其是在投资者面临高度的不确定性的情况下（Ciuchta et al.，2016）。Zheng 等（2014）分析了文化对社会资本的影响，他们从美国和中国收集到的数据表明文化在中国的影响力要大于美国。此外，他们还发现道德义务因素在总体上也起到积极作用，这在中国的表现也更明显。文化对产品众筹成功的积极作用已得到证实，文化不仅被理解为民族文化，还被理解为社区文化（Josefy et al.，2017）。

从社交媒体的视角来看，Lu 等（2014）研究了基于社交媒体的推荐活动与产品众筹募资水平之间的内在关系，并发现众筹募资水平与社交媒体上的早期推广活动密切相关，而不是与众筹项目的特征（如众筹目标金额和众筹期限）密切相关，且通过社交媒体上的早期推广活动可以有效地预测众筹项目的最终成功率。

地理因素（如地缘偏好、地理距离等）也是影响产品众筹项目成功率的重要指标之一。Agrawal 等（2015）详细研究了地理距离因素对产品众筹成功率的影响。研究发现，众筹发起者和投资者之间的平均距离为 3000mi（1mi = 1.609 344km），但是在项目初期，这种距离更大，Agrawal 等（2015）将其解释为家族和朋友关系的影响，即一开始对众筹项目进行投资的是发起者的亲友，这样才不会受到地理距离的约束。因此，Agrawal 等（2015）通过倡导本地众筹投资者在众筹活动初期做出更多贡献，而远方投资者在后期做出贡献来完善这一状况。Mollick（2014）指出，产品类型通常反映一个地区的文化产品。因此，从当地投资者获得众筹资金的可能性更高。与风险投资相比，产品众筹虽然放宽了地域限制，但距离仍然具有负面影响。

2.4 众筹设计与平台机制

2.4.1 众筹设计

众筹设计的相关文献有 Alaei 等（2016）和 Zhang 等（2017）的研究。大多数众筹理论论文都包含一个定价决策模型。此模型与经典的定价和收益管理设置不同，目标函数中的标准不是收益。众筹平台政策通常规定，只有达到既定融资目标的活动才能获得资金，而未能达到目标的竞选活动必须向投资者返还捐款。Hu 等（2015）建立了一个两阶段模型来分析产品众筹中投资者的投资行为以及企业的产品定价决策。研究发现：投资者具有异质性时，企业应提供多种质量等级的产品来满足需求。另外，研究发现，和传统的生产销售行为相比，众筹提供质量差异较小的产品对企业更有利。

Du 等（2017）建立了众筹投资动态行为过程，发现 AON 机制的存在导致众筹存在瀑布效应，并且针对众筹项目成功率平均而言较低的现状，提出了三种激励策略来提高项目的成功率，分别为免费提供样品、更新网页产品信息以及前期限时供应礼品，并发现在项目的中间阶段采用这些策略对企业最为有利。Roma 等（2018）研究了企业在需要风险投资的时候，是否应该使用众筹这一方式发布项目进行先期融资。先期众筹项目如果失败，会向风险投资者提供一个负面信号，导致企业更难得到风险投资。因此，众筹可以帮助企业提前了解市场的需求，从而可以避免因需求不足带来的损失。邓万江等（2018）从企业生产运营的角度分析了预购型众筹的筹资阶段与销售阶段的定价策略，分析发现当估值较高的投资者比例较高时，企业会选择提高产品质量。当比例较低时，随着估值较高的投资者比例的升高，企业的收益并不一定也会升高。

2.4.2 平台机制

平台政策（如选择活动持续时间、筛选过程的性质、财团的使用）有助于解决创造者和投资者之间的信息不对称问题，减少欺诈行为，并降低道德风险。例如，Strausz（2017）认为，合适的平台设计有助于降低企业家的道德风险，并预测消费者的需求。Chakraborty 和 Swinney（2021）将众筹设计视为质量的信号。Belavina 等（2018）研究了以避免道德风险为目标的平台项目规则的设计。正如 Agrawal 等（2014）认为，与其他在线市场不同，众筹活动的创造者建立声誉的机会更少。众筹投资者没那么老练，他们获得的信息比天使投资人和风险投资人要少，受到的保护也比股票和债券投资人要少。产品众筹平台作为中介参与众筹交易，为众筹发起者和众筹投资者都提供了优势。除了提供标准化流程外，众筹平台还扮演信息流通、交换和执行门户的角色。因此，平台可以减少信息的不对称性，从而降低众筹投资者的风险（Haas et al.，2014）。平台还可以帮助众筹投资者建立信心（Burtch et al.，2013）。此外，众筹平台经常在开始正式众筹活动前对该众筹项目进行预热，而这种预热被视为众筹成功的一个主要因素（Yang et al.，2016）。

平台的信息披露机制指的是如何管理消费者信息：如果公开前序消费者的行动给后序消费者，则是序贯机制；如果不公布前序消费者的行动给后序消费者，则是同时机制。大多数研究工作的结果（包括实验和理论研究）表明，序贯机制下的系统效率要高于同时机制下的系统效率（Normann and Rau，2015）。一些研究工作的结果认为同时机制更有利于提高系统效率。Varian（1994）认为采用序贯机制会减少公共物品的供给。众筹与公共物品博弈之间存在以下差异：在公共物品博弈中，博弈者甚至无须贡献资金就可以从成功的公共物品项目中受益，即称为搭便车者；在众筹中，博弈者必须资助众筹项目才能获得回报，但是他们可以选择出资金额，所以搭便车问题仍然存在于众筹中（Hu et al.，2015）。

众筹平台的融资模式有两种：AON 或 KIA。在 AON 机制的情况下，仅在达到预先定义的阈值时才向众筹发起者付款。否则，资金将退还给众筹投资者。KIA 模型意味着所有收集到的资金都支付给众筹发起者。众筹中的 AON 机制与公共品研究中的公共提供点机制（Bagnoli and Lipman，1989）很相似。然而，众筹和公共品的区别在于，在公共提供点机制中，一旦达到了提供点，每个人都可以从成功的公共提供点机制中获益，而在众筹中，只有参与了投资的投资者才可能享受到项目的回报。因此，在公共品研究中非常重要的"免费获利"现象在众筹中的重要性降低，从而导致众筹的研究与公共品区别较大。另外一个和众筹 AON 机制关系更密切的领域是团购，在团购中必须当消费者的数量达到要求时，消费者才能享受到特别的产品价格折扣,在这一点上,团购和回报型众筹具有很多相似之处。关于团购的文献也有很多,其中,Anand 和 Aron(2003)将团购机制与传统的报价机制进行了比较。Liang 等(2014)动态地研究了团购模式下顾客的决策行为。在顾客的效用和考虑时间成本下,作者发现当团购项目更新购买人数信息的效率提高时,顾客的消费者剩余以及项目整体的成功率都会得到提高。并且信息的更新会改变市场上的需求,两者的关系呈混合影响的状态。另外文章指出,项目购买人数信息的更新最佳时间与产品的销售模式相关。披露的购买人数很多时会促进顾客推迟购买时间参与团购,而披露的购买人数较少时会促进顾客立刻购买产品,不参与团购。Wu 等(2015)通过实证分析发现消费者的购买行为集中爆发在团购目标快要完成的前后时间点。

2.4.3 AON 机制与 KIA 机制比较

现在众筹平台使用最多的筹资模式就是 AON 机制。虽然对 KIA 机制的研究还很少,但这一替代机制近年来受到越来越多的关注。现有的研究描述了两种机制之间的差异,Cumming 等(2020)通过实证数据分析了影响 AON 机制和 KIA 机制项目成功率的因素。他们认为企业选取 AON 机制是向投资者传递一个信号,表明企业只有在筹资金额足够完成项目时,在进行项目时才可以降低投资者的投资风险。相反,若项目没有达到筹资目标,整个众筹项目就会被取消,KIA 机制至少可以保证投资者获得一个较小规模的回报,从而避免完全无法获得产品或服务情况的发生。通过实证数据发现,规模较小并且规模可调整的项目更适合选取 KIA 机制,而项目规模较大并且规模不可调整的项目更适合选取 AON 机制。实证研究也支持此结论,AON 机制可以降低投资者的风险,从而使投资者更愿意进行投资,企业可以设置更高的筹资目标,也更容易达到目标;而 KIA 机制转移了企业的风险到投资者身上,从而导致投资者不愿意进行投资,因此企业只能设置较低的筹资目标,达到目标的比例也较低。

一些学者已经从理论上探究了最优的众筹融资机制。Bi 等(2019)表明,如果单位生产成本和不信任水平都较低,KIA 机制更有利可图。此外,由于内生质量,创业者将在 KIA 机制下提供更高质量的产品。Chemla 和 Tinn(2020)通过理论模型分析了 AON 机制和 KIA 机制是否有效的问题。企业通过众筹预售可以提前得到市场需求的信息,从而帮助企业有更完善的信息去做投资决策,特别是市场需求不确定性大、投资成本非常高的企业,众筹的市场需求检验功能至关重要。研究发现,AON 机制不仅比 KIA 机制更有效,而且有效性非常高,可以使投资者真实地展现个人偏好。此机制之所以不能完全有效,原因在于企业存在拿到筹款"跑路"的可能性,而理性投资者可以通过不投资这些风险较大的企业来降低这种摩擦。另外，研究表明企业应设置一个较高的筹资目标，向投资者传递信号，表明自身值得投资。Nie 等（2020）通过建立一个两阶段的模型，对两种常用的众筹机制进行了比较。分析表明，项目的启动资金和可扩展性会影响企业家的机制选择。具体来说，较高的启动资金或较低的可扩展性可能会使创业者更有可能选择 AON 机制。AON 机制的众筹活动能够通过吸引更多的投资者或企业设定更高的价格来筹集更多资金，因为创业者承诺只有达到目标后才开始生产。如果项目是可扩展的，并且启动一个资源不足的项目的风险降低了，企业将更有可能使用 KIA 机制作为补充。Liu 等（2020）研究考察了固定和灵活的奖励型众筹下的产品线设计，研究表明当质量外生时，固定的奖励型众筹比灵活的奖励型众筹有更高的成功率，并更有可能达到预期利润；但是在特定的市场条件下，创业者可以设定更高的目标和更大的价格差异，将其扩展到内生质量的情况，并得到了与外生质量相似的结果，并且有趣的是，在灵活的奖励型众筹下，产品线的质量差异化更大。

2.5 股权型众筹研究

自 2009 年以来，股权型众筹得到了飞速发展，其以在互联网平台上出售股票的方式进行资金募集，此模式涉及美国《1933 年证券法》中以公开转让股份为代表的变相发行（Kappel，2008）。因此，股权型众筹的合法性问题受到了学术界的广泛探讨。在众筹融资市场快速发展以及 2008 年金融危机导致企业资金短缺的背景下，美国逐渐放开了对股权型众筹的限制（Fink，2012）。2011 年，旨在增加中小型企业与创业企业融资渠道的《乔布斯法案》出台，并于 2012 年 4 月 5 日生效，《乔布斯法案》的主要目的是拓宽创业公司和小型公司的融资渠道，并降低融资成本。《乔布斯法案》的第三条为众筹法案，规定创业企业和小企业可以通过网络平台以将少量股票卖给个人投资者的方式每年最多筹集 100 万美元，并制定了项目发起者、投资者和股权型众筹平台开展众筹活动的规则（Martin，2012），这为股权型众筹的发展开辟了道路。但同时对企业利用股权型众筹渠道筹资的监管放宽引起了对股权型众筹法律问题的广泛讨论。

许多学者通过理论建模的方式探究股权型众筹的融资机制。Belleflamme 等（2014）通过建立理论模型比较了产品众筹融资方式和股权型众筹融资方式的异同，分析了产品众筹和股权型众筹两种众筹模式各自的优缺点，并指出股权型众筹让创业者能够通过平台以出售公司的股份的方式换取投资者的资金支持，从大众群体手中筹集资金。刘波等（2017）分析了众筹平台声誉和企业家声誉对产品众筹和股权型众筹选择的影响。曾燕等（2017）通过建立理论模型分析股权型众筹中投融资方的最优策略，发现众筹项目定价及发起者努力程度受项目边际收益、项目成功率、项目预期回报率等因素的影响。

影响股权型众筹项目融资绩效的企业内部因素主要包括企业的社会资本、人力资本、智力资本等方面。Ahlers等（2015）以信号理论为基础，研究了企业的社会资本、人力资本、智力资本和财务状况对股权型众筹项目融资成功率的影响，他们发现企业的人力资本对众筹项目成功有促进作用，而社会资本、智力资本和财务状况对股权型众筹项目成功的帮助不明显，不过他们也认为由于样本数量限制（104个样本），这一结论并不具有普遍意义。在后续的研究中，学者已经证明企业的社会资本对股权型众筹项目融资有积极影响。郑海超等（2015）通过股东人数、员工人数、最大股东学历和最大股东创业次数对企业的人力资本进行度量，发现股东人数和员工人数对项目融资绩效有正向影响。钱颖和朱莎（2017a）的研究也同样证明项目发起方的团队人数对融资绩效有正向影响。Vismara（2016）使用发起者在LinkedIn账号上的好友数量来度量发起者的社会资本，发现社会资本对项目的融资额和投资人数均有显著的正向影响。

项目层面的因素主要包括出让股权和项目估值。学者对项目出让股权与融资绩效的关系研究存在分歧，一部分学者认为项目出让的股权比例对项目融资绩效有负面影响。这是因为创业者对自有项目的投资意愿是衡量企业质量的重要指标，对自己企业的发展前景越有信心的创业者会越倾向于持有更多的股权，因此，企业保留的股权数量也是向外部投资者传递企业质量的重要信号。而另一部分学者认为出让股权比例可能会对项目融资有促进作用。方兴（2017）的研究表明出让股权比例越高，项目融资比例越高，他从两个方面解释了这一结论：一方面由于中国金融市场不够完善，且投资者专业能力欠缺，中国股权型众筹的投资者不能正确理解出让股权这一信号，反而有可能认为这是参与创业投资从而获取高额回报的好机会，进而做出投资决策，导致出让股权的比例越高融资越多的现象；另一方面，风险越大的公司越倾向于出让更多的股权，大多数发起股权型众筹项目的企业都是互联网企业，它们的风险较大，因此有出让更多股权的倾向。钱颖和朱莎（2017b）发现出让股权对项目融资的影响与项目类型有关。科技类项目中，出让股权对项目融资绩效有负向影响，但在非科技类项目中，出让股权越多反而会吸引越多的投资，这是因为对于非科技类项目，投资者较为了解，当他们判断对项目进行投资有利可图时，项目出让股权比例越高，越会吸引投资。项目估值是项目融资目标与出让股权的比值，项目估值对项目融资绩效有正向作用。

专业投资人参与对股权型众筹融资绩效有积极作用，Agrawal等（2014）对美国AngelList平台采用的Syndicates模式进行了分析，这种模式中需要有一个专业投资人建立一个投资团体，其他普通投资人则可以加入这一团体，跟随专业投资人进行投资。他们认为，这种模式可以有效解决股权型众筹中的信息不对称问题；能帮助专业投资人提高声誉、拓展社会网络、获得高额回报；为普通投资人带来更优质的投资机遇；使优质项目更有可能成功获得融资，减少逆向选择的风险；为平台吸引优质的项目和更多的投资者。Vismara（2016）则对股权型众筹平台上那些选择公开自身信息的投资者进行了分析，他认为这些选择公开信息的投资者更为专业，他们的加入对股权型众筹项目吸引早期投资者有积极影响，而早期投资者对股权型众筹项目融资成功有积极的影响。国内学者基于领投-跟投制对领投人作用进行了深入探讨，大部分学者证明了领投人对股权型众筹项目融资有积极作用。他们在验证了领投人作用的基础上也对领投人发挥作用的机制进行了进一步的探讨。方兴（2017）发现领投人的声誉对项目融资绩效没有影响，领投人的投资对跟投人会产生挤出效应。领投人的投资金额对项目融资绩效有积极的影响。但钱颖和朱莎（2017b）的研究却表明领投人的作用会受到项目类型的影响，科技类众筹项目中的领投人有助于提高项目的融资绩效，但在非科技类项目中，领投人会对项目融资绩效有负向影响。这是因为科技类项目成本高、风险大，领投人多是专业人员，他们分析项目的能力更强，拥有的信息也更多，可以降低普通投资者感知的项目不确定性。而非科技类项目中，跟投人能够理解企业的商业模式或者产品，领投人的存在反而会使跟投人额外支付金额，减少跟投人的收益，因此对项目融资有不利影响。夏恩君等（2017）则以领投人的投资金额作为中介变量，发现领投人的投资金额能够部分中和出让股权对融资绩效的负向影响和项目估值对融资绩效的正向影响。

2.6　众筹与传统融资的交互

相较于传统融资，同时获得资金和公共关注是众筹在创业融资方面的优势之一（Ordanini et al.，2011；Agrawal et al.，2014；Belleflamme et al.，2010）。有研究表明，众筹可以认为是创新企业传统融资渠道的有效补充（Giudici et al.，2013；Lukkarinen et al.，2016）。众筹投资者的参与程度对项目的后续融资有着较大的影响。特别是在项目众筹结束后，在公司的股权较为分散的情况下较难进行下一轮融资，而那些更快达到融资目标的公司开展后续的融资计划更有可能获得成功（Signori and Vismara，2018）。Drover 等（2017）的研究表明，众筹可以充当企业在种子轮融资阶段的资金来源，如果将众筹视为一种实验，项目的众筹成功代表着该项目有值得风险投资关注的特点，降低了项目后期获得融资的难度。而有学者从实证研究或理论研究方面来解释一些项目在成功众筹后会失去风险投资（venture capital，VC）融资的现象（Babich and Kouvelis，2018；Colombo and Shafi，2016；Ryu and Kim，2016）。Haniff 等（2019）的研究阐述了企业家选择在股权型众筹平台上发起项目的驱动因素，当企业缺乏内部现金流和债权融资能力较弱时，可能不得不选择以股权型众筹作为融资渠道进行融资。实证结果表明，债务水平过高与盈利能力较差是股权型众筹平台上项目的常见特征，且项目的无形资产比未在股权型众筹平台上线的项目更多。

部分学者从经验研究的视角初步探究了众筹与传统融资方式的关系。Ryu 和 Kim（2016）认为，成功的众筹项目可能会失去后续融资。由于风投公司预计项目在活动结束后会输给其他投资者，他们可能会选择在活动开始前增加捐款，从而放弃众筹。例如，612 Games 公司于 2017 年在 Kickstarter 上发起一项 25 万美元的活动。但该公司从现有投资者那里获得了额外的资金，并取消了众筹计划。Colombo 和 Shafi（2016）发现成功的众筹既可以促进也可以阻碍 VC 事后融资。Drover 等（2017）进行了一项实验室实验，证明众筹可以作为一种认证，使企业事后更容易获得融资。这些文献表明众筹收益和风投运营融资之间似乎存在权衡。

在理论建模方面，探讨众筹与传统融资的关系主要分为两个方面。一方面是众筹与 VC 的交互。Strausz（2017）认为众筹方案本身存在道德风险，创业者的众筹目标必须设定在一个低效率的高水平上，众筹可以补充但不能替代传统形式的风险投资。众筹的优势在于学习需求，而风险投资家（或银行）的优势在于控制企业家道德风险。但 Strausz 没有明确地建立模型，只是在拓展中提出对于众筹融资方式的选择。事实上，Kickstarter 报告称"对于 78%的筹款目标，超过 20%的项目都获得了成功的资助"。Babich 和 Kouveils（2018）研究了众筹如何改变创业者的融资偏好，众筹平台如何与银行、风投等传统初创企业融资渠道相适应等更广泛的问题。他们模拟了一个多阶段的谈判博弈，其中包括企业家与银行之间的道德风险问题，以及企业家与创投资本家之间关于企业家与创投资本家努力水平的双边道德风险问题。研究表明，拥有太多的资本或者拥有一个回报概率非常高的项目，可能会削弱 VC 付出更多运营努力的动机，这可能会破坏 VC 与创业者之间的谈判。此外，来自银行投资者的竞争降低了风投所获取的价值，有时甚至到了风投完全放弃交易的程度。

另一方面是众筹与银行融资的比较。Belleflamme 等（2010）从产业组织的角度，找出一些与众筹相关的值得研究的问题。他们建立了两个模型，在第一个模型中，将众筹与预购和价格歧视联系起来，研究众筹相对于传统外部融资形式的偏好条件。在第二个模型中，众筹是一种让消费者更好地了解产品的方式，为非营利组织在使用众筹方面提供了一些理论支持。Xu 等（2018）探讨了在市场不确定性与口碑传播的双重影响下，企业在推出创新产品时的最优融资选择。他们描述了企业在两种融资选择下的最优定价策略，并比较了它们的融资绩效和对社会福利的影响。研究发现，企业的最优融资选择和定价策略主要取决于市场的不确定性、口碑和初始投资需求等因素。具体来说，在众筹模式下，公司会采用跨期定价方法，具体形式由口碑和市场不确定性决定，然而，在银行融资的情况下，企业应该始终使用固定的定价策略。此外，市场不确定性对最优融资选择有非单调的影响，例如，只有在市场不确定性处于中间区间时，银行融资才是首选。Kumar 等（2020）研究了预售众筹合同的可行性和最优设计，即参与众筹的消费者支付高于未来预期现货价格的溢价，资金有限的创业者平衡通过预售众筹引入的潜在产品市场扭曲和传统外部融资成本，分析表明了这种众筹合同是如何使原本无法执行的项目得以执行的，并强调了资本成本、需求不确定性和生产之间的新互动。此外，更严格的融资虽然限制了垄断者提取盈余的能力，但可能会增加产量。

众筹研究与创业公司融资策略和运营策略交互的文献相关。早期的相关论文包括 Babich 和 Sobel（2004）与 Xu 和 Birge（2004）的研究，他们展示了融资约束如何影响企业的运营策略选择。Chod 和 Lyandres（2011）考察了产品市场竞争和需求不确定性下 IPO 的收益。Joglekar 和 Lévesque（2009）建立了一个模型来研究企业成长的连续阶段中研发和营销之间的营运资本获取及其分配。Swinney 等（2011）的研究重点是初创企业和成熟企业之间的竞争与成熟企业之间的竞争有何不同。Babich 和 Kouvelis（2018）在一篇综述中指出，众筹是运营管理和金融的交互方面的一个主要研究领域，通过研究众筹作为创业者额外的融资来源，分析众筹与传统融资选择之间的相互作用以及众筹对产品定价与产量决策的影响，来扩展这一特定领域的文献。

2.7 研究述评

2.7.1 众筹的功能

从金融的角度来考虑时，众筹可以起到引导融资的作用。众筹是基于互联网平台的融资渠道，在互联网平台上的社交群体之间存在羊群效应，同期之间以及跨期之间的消费者相互影响很大（Kim et al., 2020）。引导融资是使用替代融资方式，而不是传统的外部资金来源（如银行贷款、天使资本和风险资本）来融资。一些研究为白手起家的企业家使用不同形式的融资替代方案提供了证据（Bhide，1992；Winborg and Landström，2004；Ebben and Johnson，2006）。Bhide（1992）的研究表明，在世界 500 强公司行列中，大多数公司都是白手起家的。Cosh 等（2009）对初创公司的进一步融资方式进行了分析。Schwienbacher（2007）提供了关于使用内部和外部资源最佳时机的理论考虑。众筹是一种新型的引导融资方式，通过探究众筹与传统融资方式的替代或补充关系，可以厘清众筹引导融资的效果。

众筹还可以进行价格歧视。Bender 等（2019）认为众筹活动传统上是企业家为开发新产品筹集资金的一种方式。研究表明，基于奖励的众筹可能还有一个额外的目的，即允许企业家成功地实施价格歧视。企业家实施这种价格歧视的能力取决于他们在多大程度上渴望通过众筹活动筹集资金，而在众筹活动中，投资者渴望创新产品被成功生产。具体地说，当项目产生的总盈余相对较小时，当活动中潜在贡献者的数量相对较小时，当消费者群体的异质性程度相对较高时，通过价格歧视提高消费者剩余提取是可行的。相比之下，当传统融资渠道的发展和融资成本都比较高时，众筹作为价格歧视手段的能力就受到了限制。

2.7.2 众筹的影响

互联网众筹不仅对创业者的创新型项目融资活动起到了重要的帮助作用，其自身的创新融资模式在融资以外的属性对现有经济环境同样产生了重要的影响。学者对互联网众筹对经济的影响展开了研究，主要结论如下。

（1）互联网众筹模式扩大了筹资者与投资者的距离。Agrawal 等（2011）对互联网众筹的地理距离研究表明，互联网众筹活动的投资者具有广泛的地域分布的特征，和众筹活动发起者的平均地理距离在 3000mi 左右。互联网众筹活动大大减弱了空间邻近性对融资的影响。值得注意的是，互联网众筹模式仅削弱了与地理距离相关的经济摩擦，尚未消除与社会因素相关的经济摩擦。

（2）互联网众筹模式能够促进 VC 等风险投资的规模。Sorenson 等（2016）在宏观层面上探讨了区域互联网众筹活动和区域风险投资的关系。通过研究 Kickstarter 平台的众筹项目和风险投资的联系，发现在 2015 年每增长 1%成功融资的互联网众筹项目，风险投资在数量上会增长 0.35%左右。2015 年每增长 1%成功融资的技术型互联网众筹项目，风险投资的数量增长超过 1%。Roma 等（2018）同样基于 Kickstarter 众筹平台从微观层面对技术型众筹项目进行了研究，发现众筹项目的融资净效应越高，越能够吸引专业投资人的资金支持，从而得到大额的高质量资金支持，有力保障了后续融资活动的安全性和稳定性。但是项目获得专业投资人的支持，除了需要具有较高的融资净效应水平外，还需要项目具有丰富的专利，或者发起者具有庞大的社会网络关系。

（3）对创新活动产生影响。Stanko 和 Henard（2016）发现，互联网众筹的区域活跃程度和融资水平在宏观上对区域创新水平产生了显著的促进作用。在微观层面上，互联网众筹社区让投资者和发起者能够进行更频繁的创新对话，受投资者影响，发起者往往将激进型创新确定为之后的工作重点。除此之外，也有部分研究表明互联网众筹的融资模式对现有的行业和商业模式（Nucciarelli et al.，2017）产生了一定的影响。

参 考 文 献

陈波, 鲁斯玮. 2018. 众筹超额成功的影响因素: 基于淘宝众筹的实证分析[J]. 经营与管理, (1): 78-82.

邓万江, 李习栋, 马士华. 2018. 预付款众筹模式下新产品定价与质量设计[J]. 系统工程理论与实践, 38 (7): 1768-1777.

杜黎, 苏海莉, 钱丽新. 2016. 众筹环境下用户参与行为影响因素研究[J]. 中国管理科学, 24 (S1): 360-366.

方兴. 2017. 领投人能促进股权众筹项目成功吗？[J]. 中国经济问题, (6): 122-133.

黄健青, 黄晓凤, 殷国鹏. 2017. 众筹项目融资成功的影响因素及预测模型研究[J]. 中国软科学, (7): 91-100.

黄玲, 周勤. 2014. 创意众筹的异质性融资激励与自反馈机制设计研究: 以"点名时间"为例[J]. 中国工业经济, (7): 135-147.

刘波, 刘彦, 赵洪江, 等. 2017. 预售众筹与股权众筹的选择: 基于众筹平台与企业家声誉的视角[J]. 金融研究, (7): 175-191.

刘明霞, 黄丹. 2015. 基于扎根理论的奖励型众筹发起者参与动机研究[J]. 科技进步与对策, 32 (24): 6-11.

刘强枫, 张丹月. 2016. 关于产品众筹项目参与者的动机分析[J]. 现代营销 (下旬刊), (5): 110-111.

钱颖, 朱莎. 2017a. 股权众筹投资者决策行为影响因素研究[J]. 科技进步与对策, 34 (13): 25-29.

钱颖, 朱莎. 2017b. 基于项目类型的股权众筹羊群行为及领投人作用研究[J]. 科技进步与对策, 34 (1): 15-19.

王伟, 陈伟, 祝效国, 等. 2016. 众筹融资成功率与语言风格的说服性: 基于Kickstarter的实证研究[J]. 管理世界, (5): 81-98.

吴文清, 付明霞, 赵黎明. 2016. 我国众筹成功影响因素及羊群现象研究[J]. 软科学, 30 (2): 5-8.

夏恩君, 李淼, 赵轩维. 2017. 股权众筹投资者动机研究[J]. 科研管理, 38 (12): 78-88.

曾燕, 梁思莹, 田凤平, 等. 2017. 股权众筹投融资双方的最优策略分析[J]. 管理科学学报, 20 (9): 114-130.

张淼, 丁晓晨. 2017. 基于Indiegogo的回报类众筹项目成功的影响因素分析[J]. 全国流通经济, (16): 70-74.

郑海超, 黄宇梦, 王涛, 等. 2015. 创新项目股权众筹融资绩效的影响因素研究[J]. 中国软科学, (1): 130-138.

Agrawal A, Catalini C, Goldfarb A. 2011. The geography of crowdfunding[EB/OL]. [2011-02-14]. https://www.nber.org/papers/w16820.

Agrawal A, Catalini C, Goldfarb A. 2014. Some simple economics of crowdfunding[J]. Innovation Policy and the Economy, 14 (1): 63-97.

Agrawal A, Catalini C, Goldfarb A. 2015. Crowdfunding: Geography, social networks, and the timing of investment decisions[J]. Journal of Economics & Management Strategy, 24 (2): 253-274.

Ahlers G K C, Cumming D, Günther C, et al. 2015. Signaling in equity crowdfunding[J]. Entrepreneurship Theory and Practice, 39 (4): 955-980.

Alaei S, Malekian A, Mostagir M. 2016. A dynamic model of crowdfunding[J]. Social Science Electronic Publishing: 363.

Allison T H, Davis B C, Short J C, et al. 2015. Crowdfunding in a prosocial microlending environment: Examining the role of intrinsic versus extrinsic cues[J]. Entrepreneurship Theory and Practice, 39 (1): 53-73.

Amara M, Ben Cheikh A, Abdellatif T. 2014. Crowdfunding: Determinants and motivations of the contributors to the crowdfunding platforms[J]. SSRN Electronic Journal, 3 (16).

Anand K S, Aron R. 2003. Group buying on the Web: A comparison of price-discovery mechanisms[J]. Management Science, 49 (11): 1546-1562.

Astebro T B, Fernández Sierra M, Lovo S, et al. 2019. Herding in equity crowdfunding[C]//Paris December 2018 Finance Meeting Eurofidai-AFFI.

Babich V, Kouvelis P. 2018. Introduction to the special issue on research at the interface of finance, operations, and risk management (iFORM): Recent contributions and future directions[J]. Manufacturing & Service Operations Management, 20 (1): 1-18.

Babich V, Sobel M J. 2004. Pre-IPO operational and financial decisions[J]. Management Science, 50 (7): 935-948.

Bagnoli M, Lipman B L. 1989. Provision of public goods: Fully implementing the core through private contributions[J]. The Review of Economic Studies, 56 (4): 583-601.

Belavina E, Marinesi S, Tsoukalas G. 2018. Designing crowdfunding platform rules to deter misconduct[J]. SSRN Electronic Journal.

Belleflamme P, Lambert T, Schwienbacher A. 2010. Crowdfunding: An industrial organization perspective[C]//Prepared for the Workshop Digital Business Models: Understanding Strategies, Paris: 25-26.

Belleflamme P, Lambert T, Schwienbacher A. 2013. Individual crowdfunding practices[J]. Venture Capital, 15 (4): 313-333.

Belleflamme P, Lambert T, Schwienbacher A. 2014. Crowdfunding: Tapping the right crowd[J]. Journal of Business Venturing, 29 (5): 585-609.

Bender M, Gal-Or E, Geylani T. 2019. Crowdfunding as a vehicle for raising capital and for price discrimination[J]. Journal of Interactive Marketing, 46: 1-19.

Bhide A. 1992. Bootstrap finance: The art of start-ups[J]. Harvard Business Review, 70 (6): 109-117.

Bi G B, Geng B T, Liu L D. 2019. On the fixed and flexible funding mechanisms in reward-based crowdfunding[J]. European Journal of Operational Research, 279 (1): 168-183.

Brown T E, Boon E, Pitt L F. 2017. Seeking funding in order to sell: Crowdfunding as a marketing tool[J]. Business Horizons, 60 (2): 189-195.

Burtch G, Ghose A, Wattal S. 2013. An empirical examination of the antecedents and consequences of contribution patterns in crowd-funded markets[J]. Information Systems Research, 24 (3): 499-519.

Calic G, Mosakowski E. 2016. Kicking off social entrepreneurship: How a sustainability orientation influences crowdfunding success[J]. Journal of Management Studies, 53 (5): 738-767.

Chakraborty S, Swinney R. 2021. Signaling to the crowd: Private quality information and rewards-based crowdfunding[J]. Manufacturing & Service Operations Management, 23 (1): 155-169.

Chemla G, Tinn K. 2020. Learning through crowdfunding[J]. Management Science, 66 (5): 1783-1801.

Chen S, Thomas S, Kohli C. 2016. What really makes a promotional campaign succeed on a crowdfunding platform?: Guilt, utilitarian products, emotional messaging, and fewer but meaningful rewards drive donations[J]. Journal of Advertising Research, 56 (1): 81-94.

Chod J, Lyandres E. 2011. Strategic IPOs and product market competition[J]. Journal of Financial Economics, 100 (1): 45-67.

Cholakova M, Clarysse B. 2015. Does the possibility to make equity investments in crowdfunding projects crowd out reward-based investments?[J]. Entrepreneurship Theory and Practice, 39 (1): 145-172.

Ciuchta M P, Letwin C, Stevenson R M, et al. 2016. Regulatory focus and information cues in a crowdfunding context[J]. Applied Psychology, 65 (3): 490-514.

Colombo M G, Franzoni C, Rossi-Lamastra C. 2015. Internal social capital and the attraction of early contributions in crowdfunding[J]. Entrepreneurship Theory and Practice, 39 (1): 75-100.

Colombo M G, Shafi K. 2016. When does reward-based crowdfunding help firms obtain external financing[J]. SSRN Working Paper.

Cosh A, Cumming D, Hughes A. 2009. Outside enterpreneurial capital[J]. The Economic Journal, 119(540): 1494-1533.

Cumming D J, Leboeuf G, Schwienbacher A. 2020. Crowdfunding models: Keep-it-all vs. all-or-nothing[J]. Financial Management, 49 (2): 331-360.

Drover W, Wood M S, Zacharakis A. 2017. Attributes of angel and crowdfunded investments as determinants of VC screening decisions[J]. Entrepreneurship Theory and Practice, 41 (3): 323-347.

Du L, Hu M, Wu J. 2017. Contingent stimulus in crowdfunding[J]. Rotman School of Management Working Paper.

Ebben J, Johnson A. 2006. Bootstrapping in small firms: An empirical analysis of change over time[J]. Journal of Business Venturing, 21 (6): 851-865.

Fink A. 2012. Protecting the crowd and raising capital through the JOBS act[J]. SSRN Electronic Journal.

Frydrych D, Bock A J, Kinder T, et al. 2014. Exploring entrepreneurial legitimacy in reward-based crowdfunding[J]. Venture Capital, 16 (3): 247-269.

Gerber E M, Hui J S, Kuo P Y. 2012. Crowdfunding: Why people are motivated to post and fund projects on crowdfunding platforms[J]. Proceedings of the International Workshop on Design, Influence, and Social Technologies: Techniques, Impacts and Ethics, 2 (11): 10.

Giudici G, Guerini M, Rossi Lamastra C. 2013. Why crowdfunding projects can succeed: The role of proponents' individual and territorial social capital[J]. SSRN Working Paper.

Haas P, Blohm I, Leimeister J M. 2014. An empirical taxonomy of crowdfunding intermediaries[C]. International Conference on Information Systems.

Haniff W A, Halim A H, Ismail R. 2019. The regulation of equity crowdfunding in United Kingdom and Malaysia: A comparative study[J]. Academic Journal of Interdisciplinary Studies, 8 (3): 45.

Hemer J. 2011. A snapshot on crowdfunding[R]. Washburn: Arbeitspapiere Unternehmen und Region.

Hildebrand T, Puri M, Rocholl J. 2017. Adverse incentives in crowdfunding[J]. Management Science, 63 (3): 587-608.

Hu M, Li X, Shi M. 2015. Product and pricing decisions in crowdfunding[J]. Marketing Science, 34 (3): 331-345.

Joglekar N R, Lévesque M. 2009. Marketing, R&D, and startup valuation[J]. IEEE Transactions on Engineering Management, 56 (2): 229-242.

Josefy M, Dean T J, Albert L S, et al. 2017. The role of community in crowdfunding success: Evidence on cultural attributes in funding campaigns to "save the local theater" [J]. Entrepreneurship Theory and Practice, 41(2): 161-182.

Kahneman D, Tversky A. 1979. Prospect theory: An analysis of decision under risk[J]. Econometrica, 47: 263-291.

Kappel T. 2008. Ex ante crowdfunding and the recording industry: A model for the U.S.[J]. Loyola of Los Angeles Law Review, 29: 375.

Kim C, Kannan P K, Trusov M, et al. 2020. Modeling dynamics in crowdfunding[J]. Marketing Science, 39 (2): 339-365.

Kim K, Viswanathan S. 2019. The experts in the crowd: The role of experienced investors in a crowdfunding market[J]. Mis Quarterly, 43 (2): 347-372.

Koning R, Model J. 2013. Experimental study of crowdfunding cascades: When nothing is better than something[J]. SSRN Working Paper.

Kumar P, Langberg N, Zvilichovsky D. 2020. Crowdfunding, financing constraints, and real effects[J]. Management Science, 66 (8): 3561-3580.

Kuppuswamy V, Bayus B L. 2017. Does my contribution to your crowdfunding project matter?[J]. Journal of Business Venturing, 32 (1): 72-89.

Kuppuswamy V, Bayus B L. 2018. Crowdfunding creative ideas: The dynamics of project backers[A]//The economics of crowdfunding. Cham: Palgrave Macmillan: 151-182.

Lehner O M, Nicholls A. 2014. Social finance and crowdfunding for social enterprises: A public-private case study providing legitimacy and leverage[J]. Venture Capital, 16 (3): 271-286.

Liang X, Ma L, Xie L, et al. 2014. The informational aspect of the group-buying mechanism[J]. European Journal of Operational Research, 234 (1): 331-340.

Lin M, Prabhala N R, Viswanathan S. 2013. Judging borrowers by the company they keep: Friendship networks and information asymmetry in online peer-to-peer lending[J]. Management Science, 59 (1): 17-35.

Lin Y, Boh W F, Goh K H. 2014. How different are crowdfunders? Examining archetypes of crowdfunders and their choice of projects[J]. Academy of Management Proceedings, (1): 13309.

Liu X, Zhang H, Xi N, et al. 2020. Financing target and product line design on the flexible and fixed reward crowdfunding[J]. Mathematical Problems in Engineering: 1-10.

Lu C T, Xie S, Kong X, et al. 2014. Inferring the impacts of social media on crowdfunding[C]//Proceedings of the 7th ACM International Conference on Web Search and Data Mining, New York: 573-582.

Lukkarinen A, Teich J E, Wallenius H, et al. 2016. Success drivers of online equity crowdfunding campaigns[J]. Decision Support Systems, 87: 26-38.

Macht S A, Weatherston J. 2014. The benefits of online crowdfunding for fund-seeking business ventures[J]. Strategic Change, 23 (1/2): 1-14.

Martin T. 2012. The JOBS act of 2012: Balancing fundamental securities law principles with the demands of the crowd[J]. SSRN Working Paper.

Mollick E R. 2014. The dynamics of crowdfunding: An exploratory study[J]. Journal of Business Venturing, 29 (1): 1-16.

Mollick E R, Kuppuswamy V. 2014. After the campaign: Outcomes of crowdfunding[J]. UNC Kenan-Flagler Research Paper.

Mollick E R, Nanda R. 2016. Wisdom or madness? Comparing crowds with expert evaluation in funding the arts[J]. Management Science, 62 (6): 1533-1553.

Nie T, Wang X, Zhu Y, et al. 2020. Crowdfunding mechanism comparison when product quality is uncertain[J]. International Transactions in Operational Research, 27 (5): 2616-2657.

Normann H T, Rau H A. 2015. Simultaneous and sequential contributions to step-level public goods: One versus two provision levels[J]. Journal of Conflict Resolution, 59 (7): 1273-1300.

Nucciarelli A, Li F, Fernandes K J, et al. 2017. From value chains to technological platforms: The effects of crowdfunding in the digital game industry[J]. Journal of Business Research, 78: 341-352.

Ordanini A, Miceli L, Pizzetti M, et al. 2011. Crowd-funding: Transforming customers into investors through innovative service platforms[J]. Journal of Service Management, 22 (4): 443-470.

Paschen J. 2016. Choose wisely: Crowdfunding through the stages of the startup life cycle[J]. Business Horizons, 60 (2): 179-188.

Pitschner S, Pitschner-Finn S. 2014. Non-profit differentials in crowd-based financing: Evidence from 50,000 campaigns[J]. Economics Letters, 123 (3): 391-394.

Qiu C. 2013. Issues in crowdfunding: Theoretical and empirical investigation on Kickstarter[J]. SSRN Electronic Journal.

Roma P, Gal-Or E, Chen R. 2018. Reward-based crowdfunding campaigns: Informational value and access to venture capital[J]. Information Systems Research, 29 (3): 679-697.

Ryu S, Kim Y G. 2016. A typology of crowdfunding sponsors: Birds of a feather flock together?[J]. Electronic Commerce Research and Applications, 16: 43-54.

Schwienbacher A. 2007. A theoretical analysis of optimal financing strategies for different types of capital-constrained entrepreneurs[J]. Journal of Business Venturing, 22（6）: 753-781.

Signori A, Vismara S. 2018. Does success bring success?The post-offering lives of equity-crowdfunded firms[J]. Journal of Corporate Finance, 50: 575-591.

Sorenson O, Assenova V, Li G C, et al. 2016. Expand innovation finance via crowdfunding[J]. Science, 354（6319）: 1526-1528.

Stanko M, Henard D. 2016. How crowdfunding influences innovation[J]. MIT Sloan Management Review, 57(3): 15-17.

Strausz R. 2017. A theory of crowdfunding: A mechanism design approach with demand uncertainty and moral hazard[J]. American Economic Review, 107（6）: 1430-1476.

Swinney R, Cachon G P, Netessine S. 2011. Capacity investment timing by start-ups and established firms in new markets[J]. Management Science, 57（4）: 763-777.

Thürridl C, Kamleitner B. 2016. What goes around comes around?Rewards as strategic assets in crowdfunding[J]. California Management Review, 58（2）: 88-110.

Varian H R. 1994. Sequential contributions to public goods[J]. Journal of Public Economics, 53（2）: 165-186.

Vismara S. 2016. Equity retention and social network theory in equity crowdfunding[J]. Small Business Economics, 46（4）: 579-590.

Wessel M, Thies F, Benlian A. 2016. The emergence and effects of fake social information: Evidence from crowdfunding[J]. Decision Support Systems, 90: 75-85.

Winborg J, Landström H. 2004. Financial bootstrapping in small businesses: Examining small business managers' resource acquisition behaviors[J]. Journal of Business Venturing, 16（3）: 235-254.

Wu J, Shi M, Hu M. 2015. Threshold effects in online group buying[J]. Management Science, 61（9）: 2025-2040.

Xu F, Guo X, Xiao G, et al. 2018. Crowdfunding or bank financing: Effects of market uncertainty and word-of-mouth communication[J]. SSRN Electronic Journal.

Xu X, Birge J R. 2004.Joint production and financing decisions: Modeling and analysis[J]. SSRN Electronic Journal.

Yang Y, Wang H J, Wang G. 2016. Understanding crowdfunding processes: A dynamic evaluation and simulation approach[J]. Journal of Electronic Commerce Research, 17（1）: 47-64.

Yuan H, Lau R, Xu W. 2016. The determinants of crowdfunding success: A semantic text analytics approach[J]. Decision Support Systems, 91: 67-76.

Zhang J, Savin S, Veeraraghavan S K. 2017. Revenue management in crowdfunding[J]. Social Science Electronic Publishing.

Zheng H, Li D, Wu J, et al. 2014. The role of multidimensional social capital in crowdfunding: A comparative study in China and US[J]. Information & Management, 51（4）: 488-496.

第 3 章　众筹定价与激励决策

众筹的研究文献中有一些与本书的研究主题一样，主要集中于众筹融资的机制运作与定价的研究方向，Bellefllame 等（2014）研究了对一个固定团体应该如何定价以及如何在预订性众筹和股权型众筹中做出选择的问题。Hu 等（2015）对比了正常售卖与众筹融资下的商品在价格与产品质量方面的差异。冯醒和刘斌（2017）从众筹平台的角度用霍特林模型研究了定价策略。邵腾伟和吕秀梅（2016）用交易成本理论研究了生鲜农产品众筹的定价。与本书研究类似的是，这些定价决策的研究最后都验证并强调了定价对于众筹项目成功率的重要影响。

同样地，在研究了定价后，国外学者也进一步对众筹项目中的激励方法进行了研究。Du 等（2017）研究了在一个动态的众筹过程中，发起者应该选择什么时机改进项目以避免项目失败。他们的研究指出发起者应该给予投资者一定激励，才能显著地提高项目的成功率。Kauffman 等（2010）指出在团购中，应该用免费样品激励前期投资者，而本书的研究则采用了差异定价的方式激励前期投资者。Belleflamme 等（2015）以及 Li 和 Duan（2016）从实证分析的角度详细地阐释了改变定价会对投资者行为产生深刻的影响，从而影响项目的成功率。

目前对于众筹机制以及定价的相关研究中，并没有考虑不同阶段的众筹项目投资者之间的差异性，而事实上早期的投资者需要承受更大的等待成本和风险。不同于现有的研究中众筹项目投资者只能被动地按照预先设定的顺序进行相应的投资，本章考虑了项目投资者可能会出现的策略性延迟投资行为。

在投资者顺序到来的产品众筹平台上，当发起者发起一个产品筹资项目时，同样也会发布众筹的筹资目标 F 以及每个人的投资金额 p。投资者会对这个产品进行评估，之后决定是否投资该产品，以及何时投资，如果在规定的时间期限内筹资金额达到项目设定的目标，则项目成功并且发起者能够获得资金，否则，项目失败后筹资金额会被退还给投资者。因此众筹成功率一直是众筹中最重要的研究之一，很多发起者也会为了提高成功率而对某类特定的投资者进行激励。

以往的研究大多采用了顺序到来的两阶段模式来分析问题。在一个两阶段模式中，每个阶段都只会有一个投资者到来，观察项目并决定是否要投资在这个两阶段两投资者的模型中，显然筹资目标 $F = 2$。两阶段模式可以很好地刻画众筹项目的周期性以及投资者的顺序性。然而大部分研究没有考虑到现实中普遍存在的拖延行为，从而忽视了当投资者策略性拖延时的搭便车（free-riding）行为。

由于等待机会成本的存在以及对项目最终成功与否的高度不确定性，在很多投资者身上可以观测到投资策略延迟的行为：投资者会有意识地等到项目快结束的时候再考虑是否投资，此时若项目已经筹到足够多的资金，则投资者可以放心投资，那些对产品很感兴趣的人很希望项目成功，从而会尽早投资以增加后续投资者对项目的信心；而那些对产品兴趣一般的人并不愿意承担项目失败的风险，会选择拖延到项目的后期，在确认项目可以成功的情况下再选择投资。这种搭便车的行为会导致投资者选择在众筹项目的不同阶段投资。以往人们对于投资者到来以及投资的顺序都是预先设定的，也就是每个投资者都会在固定时期到来并且决定是否投资，不会出现拖延的行为。作为创新，本章展示了当投资者可以自由决定在什么阶段投资时，分别对发起者的定价和激励决策造成什么影响。接下来，分别在顺序到来模式和同时到来模式下分析投资者的行为。

1）顺序到来模式

在顺序到来模式中（图 3-1），两个投资者在项目的每个阶段依次到来并做出决策，投资者无法延迟自己的投资行为。用 I_i 表示在第 i 个阶段到来的投资者，并且用 V_i 表示该投资者对产品的估值，$i=1,2$。假设市场的投资者对产品的估值是独立同分布的，并且将估值标准化为[0, 1]上的均匀分布［参考 Bellefllame 等（2014）的研究］。由于第一阶段到来的投资者相比于后面阶段到来的投资者要等待更久的时间，将等待成本系数用 δ 来表示。现在采用反向倒推法来分别分析两个投资者的决策。

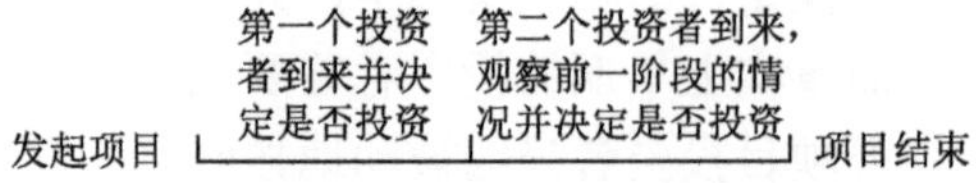

图 3-1 顺序到来模式（不存在策略延迟）

先分析第二个投资者的决策，当投资者 I_2 到来时，他会先观察第一个投资者已经做出的决策。若第一个投资者没有选择投资，即使投资者 I_2 投资这个项目也会失败，所以投资者 I_2 一定不会投资；若投资者 I_1 已经投资，由于投资者 I_2 不用承担等待成本，并且此时只要投资者 I_2 投资项目就会成功，所以当第二个投资者对产品的估值 V_2 高于产品价格 p 时，投资者 I_2 就会选择投资。第 i 个投资者的投资概率用 q_i 表示，则

$$q_i = P(V_i > p) = 1 - p \tag{3-1}$$

当第一个投资者到来时，他并不知道第二个投资者 I_2 是否会投资，但是由于投资者的估值分布等信息都是公开的，所以他能推测出 q_2，也就是如果自己投资，第二个到来的投资者会有 q_2 的概率投资这个项目，因此他会根据自己投资的期望

剩余来做决策：若投资者I_1选择投资，则有q_2的概率投资者I_2也会投资，使众筹项目最终成功，此时投资者I_1可以成功拿到产品并且获得V_1-p的消费者剩余，另外还有$1-q_2$的概率投资者I_2不投资，使众筹项目失败，从而投资者拿到退款但是无法得到任何投资者剩余。另外，无论众筹项目最后是否成功，投资者I_1投资之后需要等待更长时间直到项目结束，都需要付出一个等待成本（也就是机会成本）δp。因此，投资者I_1投资的期望剩余U为

$$U = q_2(V_1-p)+(1-q_2)\times 0-\delta p \tag{3-2}$$

只有当这个期望剩余为正时，投资者I_1才会投资，则：

$$q_1 = P(q_2(V_1-p)-\delta p > 0) = 1-p-\frac{\delta p}{1-p} \tag{3-3}$$

用S表示众筹项目的成功率，则：

$$S = q_1 q_2 = (1-p)^2 - \delta p \tag{3-4}$$

2）同时到来模式

与顺序到来模式不同的是，在同时到来模式中（图3-2），所有投资者在众筹项目初始时就到来了，他们可以自由选择在项目的任意阶段进行投资。每个投资者在项目的第一阶段可以决定是直接投资还是拖延到第二阶段，拖延的好处是如果其他投资者在第一阶段投资，则选择拖延的投资者到了第二阶段，看到在第一阶段已经有人投资以后就可以放心投资而且不用承担等待成本。在现实中，对产品项目兴趣比较低的投资者会选择这种方法，因为他们只有在确认自己投资之后项目一定会成功的情况下才愿意投资。因此，只有在那些很希望众筹产品项目成功的投资者自愿承担风险并已经投资之后，那些对众筹产品项目兴趣一般的投资者才会愿意投资。如果他们拖延到第二阶段后发现前面并没有人投资这个项目，那么他们就不会投资而离开这个项目，这种搭便车的行为在公共品中非常常见。此时投资者的投资行为成为一个贝叶斯博弈，计算出投资者决策的贝叶斯均衡即可。

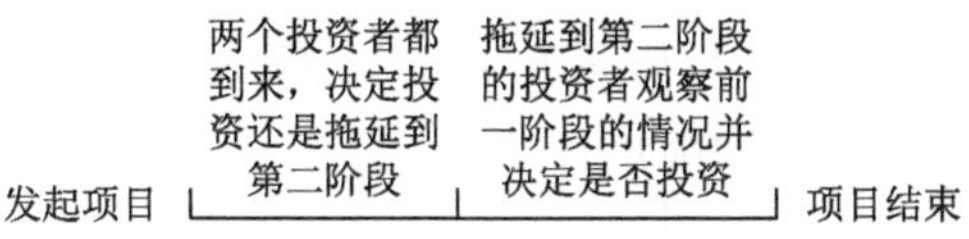

图3-2 同时到来模式（存在策略延迟）

此时两个投资者处于相同的地位，知道对方估值的概率函数，但是无法得知对方具体的估值是多少。在第一阶段决定是投资还是拖延的时候，也无法观察到对方的决策。因此，在达到均衡时，两个投资者的均衡点一定是一样的。假设对于每个投资者来说，在达到均衡时，有q_1^s的概率在第一阶段就投资，$1-q_1^s$的概

率拖延投资到第二阶段搭便车,并且拖延到第二阶段后搭便车投资的概率是 q_2^s。

从投资者 I_1 的角度(选取两个投资者中任意一个即可,两个投资者是对称的)来分析投资决策:假设此时投资者 I_1 有 q_1^s 的概率在第一阶段就投资,$1-q_1^s$ 的概率拖延到第二阶段投资,并且拖延到第二阶段后搭便车投资的概率是 q_2^s。

从投资者 I_1 的角度来分析问题,如果投资者 I_1 在第一阶段投资,那么项目成功的条件是投资者 I_2 必须也在第一阶段投资或者拖延到第二阶段搭便车投资。

显然,投资者 I_2 在第一阶段也投资的概率是 q_1^s,而拖延到第二阶段搭便车投资的概率是

$$P(I_2\text{拖延到第二阶段且搭便车投资}) = P(I_2\text{搭便车投资}|I_2\text{拖延})P(I_2\text{拖延})$$
$$= q_2^s(1-q_1^s)$$

因此,如果 I_1 在第一阶段投资,有 $q_1^s + (1-q_1^s)q_2^s$ 的概率 I_2 也会投资使项目成功。同时 I_1 在第一阶段投资有 δp 的等待成本,所以 I_1 在第一阶段投资的期望剩余为 $(q_1^s + (1-q_1^s)q_2^s)(V_1 - p) - \delta p$。

投资者 I_1 拖延到第二阶段搭便车投资的前提条件是需要 I_2 对产品有较高的估值并已经在第一阶段投资了众筹产品项目,所以有 q_1^s 的概率能够得到 $V_1 - p$ 的剩余。因此可以得出 I_1 在第一阶段投资的边界条件是

$$(q_1^s + (1-q_1^s)q_2^s)(V_1 - p) - \delta p > q_1^s(V_1 - p)$$
$$\to V_1 > \frac{(q_2^s(1-q_1^s) + \delta)p}{(1-q_1^s)q_2^s} \tag{3-5}$$

因此,就得到了投资者 I_1 决策的均衡点:$V^* = \frac{(q_2^s(1-q_1^s) + \delta)p}{(1-q_1^s)q_2^s}$,由于两个投资者所处位置对称,他们达到的均衡点肯定也相同,所以投资者 I_2 决策的均衡点也是 V^*:

$$q_1^s = P(V_2 > V^*) = 1 - \frac{(q_2^s(1-q_1^s) + \delta)p}{(1-q_1^s)q_2^s} \tag{3-6}$$

$$q_2^s = \frac{P(V^* > V_2 > p)}{P(V_2 < V^*)} = \frac{\delta}{q_2^s(1-q_1^s) + \delta} \tag{3-7}$$

解方程可以得到 q_1^s、q_2^s 以及均衡点 V^*:

$$\begin{cases} q_1^s = 1 - p - \sqrt{\delta p} \\ q_2^s = \dfrac{\sqrt{\delta}}{\sqrt{\delta} + \sqrt{p}} \\ V^* = p + \sqrt{\delta p} \end{cases} \tag{3-8}$$

图 3-3 展示了在同时到来模式中,当投资者达到贝叶斯均衡时,投资者根据自己不同的估值会采用的不同策略。$V^* = p + \sqrt{\delta p}$ 是一个临界值,估值高于这个

值的投资者对产品很喜爱，比较希望项目可以成功，所以会主动在第一阶段投资，以给予其他投资者信心，从而提高项目的成功率。估值低于这个值但是高于 p 的投资者对该众筹产品项目兴趣一般，所以只愿意等到众筹项目的后期，在确认自己投资后项目就一定会成功的情况下再投资。

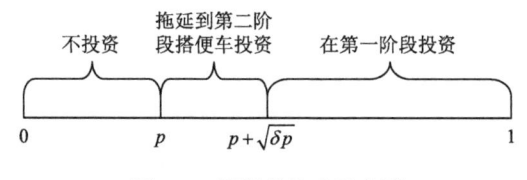

图 3-3 投资者策略示意图

在这种情况下，我们将愿意在第一阶段投资的投资者称为高估值投资者，那么两个投资者中必须至少有一个投资者是高估值投资者，项目才会成功。如果所有投资者都想拖延到后期搭便车或者根本不愿意投资，那么项目会失败。用 S^s 表示有策略延迟情况下项目的成功率，则：

$$S^s = (1-V^*)(1-p) + (V^*-p)(1-V^*) \\ = (1-p)^2 - \delta p \tag{3-9}$$

3.1 众 筹 定 价

众筹定价，是指在众筹活动发布的过程中，众筹产品价格的设定。在没有投资者可以多投资的情况下，众筹价格就等于众筹产品项目投资者的出资额。众筹的定价十分重要，一方面关系着众筹的成功与否；另一方面也与筹资速度有关，合适的定价可以激励投资者进行投资，从而加快众筹项目的成功。

筹资者对众筹产品的定价可能受到很多因素的影响。首先是产品的质量，质量的高低对众筹定价有着不同的影响，产品的质量越高，功能越高级，使用的技术越先进，众筹定价应该设置得越高。

其次，众筹定价和众筹的成功率之间相互影响。一般来说，众筹定价过高，会影响众筹最终目标的达成，众筹定价低一些，众筹的成功率会提高一些。反过来说，众筹产品项目如果要求相对更高的成功率，对众筹产品的定价肯定有着很大的影响。因此制定更合适的定价策略可以提高众筹产品项目的成功率。

最后，众筹的目标对众筹的成功率有一定的影响，从而间接地影响众筹的定价。一般情况下，众筹目标和众筹定价都由筹资者来设定。因此，设定合理并且合适的众筹目标和定价，对筹资者来说十分重要。

对于众筹差异定价的研究方面，两种到来模式的研究展示了不同时期的投资者对于项目的投资概率并不相同,所以现实中有很多发起者会提出各种激励机制:有的发起者会给最先投资的人价格折扣来弥补等待成本;有的则会选择在项目筹资的后期提供较低的价格来激励投资者。可以看到,顺序到来模式和同时到来模式下的项目成功率虽然是相同的,但是每个投资者实际的决策过程却并不一样。因此,当发起者决定制定激励策略时,投资者是否有策略延迟的表现会直接决定发起者制定何种相应的决策。

下面来研究众筹项目有成本约束的情况(如有固定的生产成本)。在有成本约束时,发起者没有办法轻易降低众筹目标或者提供价格折扣来刺激投资者。在这种情况下,发起者一般只能采用维持总的筹资金额不变的策略,通过对投资者采用差异定价的策略来提升项目成功率。

用 Δp 来表示不同阶段投资者之间的价格差,假设第一阶段的投资者需要支付 $p-\Delta p$ 的价格,第二阶段的投资者则需要支付 $p+\Delta p$ 的价格,其中 $p > \Delta p > -p$。当 $\Delta p > 0$ 的时候意味着发起者选择激励前期投资者,愿意给他们更低的价格;反过来,当 $\Delta p < 0$ 时,说明发起者选择给后期投资者降价来激励他们投资。接下来将研究投资者自身的策略性延迟搭便车投资行为如何影响发起者的差异定价策略。

对顺序到来模式来说,当发起者采用差异定价策略时,投资者无法选择自己的投资阶段,所以只能被动接受发起者制定的相应价格并决定是否进行投资。此时第二阶段投资者的价格是 $p+\Delta p$,两个投资者的投资概率分别是

$$q_2 = 1 - p - \Delta p \tag{3-10}$$

$$q_1 = P(q_2(V_1 - p + \Delta p) - \delta(p - \Delta p) > 0) = 1 - p + \Delta p - \frac{\delta(p - \Delta p)}{1 - p - \Delta p} \tag{3-11}$$

在差异定价中,顺序到来模式的成功率为

$$S_d = (1-p)^2 - \delta p + \delta \Delta p - \Delta p^2 \tag{3-12}$$

$$\frac{\partial y}{\partial x} = \delta - 2\Delta p = 0 \rightarrow \Delta p = \frac{\delta}{2} \tag{3-13}$$

定理 3-1 在顺序到来模式中,不存在策略性延迟搭便车投资行为,当众筹项目发起者打算进行差异定价时,激励第一阶段到达的投资者可以显著提高众筹项目的成功率。

注:证明参见毕功兵等(2019)的研究。

显然,可以发现当发起者分别给两阶段的投资者设置价格 $p_1 = (F-\delta)/2$ 和 $p_2 = (F+\delta)/2$ 时,众筹项目的成功率最高,此时的最大成功率是

$$\hat{S}_d = \frac{\delta^2}{4} + (1-p)^2 - \delta p \tag{3-14}$$

定理 3-1 展示了当投资者按顺序到来,不存在搭便车行为时,采取差异定价

第 3 章 众筹定价与激励决策

策略可以最大化成功率。并且此时发起者应该选择激励第一阶段的投资者，将他们的一部分价格压力转移到后面阶段到来的投资者身上。这是因为前面的投资者需要承受等待成本，所以他们的投资概率比后续投资者低，然而前面的投资者的投资行为对后续投资者的投资至关重要。因此，发起者应该适当降低前面投资者的价格。

对同时到来模式来说，和顺序到来模式不同的是，由于投资者可以自由选择投资时期，如果按照阶段时期来差异化定价，会发生最后筹资金额可能小于目标筹资金额的情况。例如，如果刚好两个投资者都选择在第一阶段投资，最后筹资金额是 $2p+2\Delta p=F+2\Delta p$。为了与前面的固定目标相一致，这里设定只有当投资者在不同阶段投资时，才会实行差异定价策略。如果投资者都选择在第一阶段投资，那么两个投资者支付的价格仍然都是 p。

仍然假设在达到贝叶斯均衡时每个投资者有 q_1^s 的概率在第一阶段投资，有 $1-q_1^s$ 的概率拖延到第二阶段，并且拖延到第二阶段后搭便车投资的概率是 q_2^s。则每个投资者在第一阶段进行投资的期望消费者剩余变成

$$U=q_1^s(V_1-p)+(1-q_1^s)q_2^s(V_1-p+\Delta p)-\delta p \tag{3-15}$$

相应的拖延投资到第二阶段搭便车投资的消费者剩余变成 $V_1-p-\Delta p$。此时对投资者 I_1 来说，在第一阶段就进行投资的边界条件是

$$q_1^s(V_1-p)+(1-q_1^s)q_2^s(V_1-p+\Delta p)-\delta p > V_1-p-\Delta p$$

$$V_1 > \frac{q_1^s q_2^s(p+\Delta p)+q_2^s(p-\Delta p)-\Delta p q_1^s-p\delta}{q_2^s(1-q_1^s)} \tag{3-16}$$

在差异定价策略的情况下，投资者进行相应投资决策的均衡点是

$$V^*=\frac{q_1^s q_2^s(p+\Delta p)+q_2^s(p-\Delta p)-\Delta p q_1^s-p\delta}{q_2^s(1-q_1^s)}$$

由此可以得到方程：

$$q_1^s=P(V>V^*)=\frac{\Delta p(q_2^s+q_1^s(1-q_2^s))+(1-p)(1-q_1^s)q_2^s-p\delta}{q_2^s(1-q_1^s)} \tag{3-17}$$

$$q_2^s=\frac{p\delta-\Delta p(2q_2^s(1-q_1^s)-q_1^s)}{(1-q_1^s)^2 q_2^s} \tag{3-18}$$

解方程可以得到 q_1^s、q_2^s 以及均衡点 V^*：

$$q_1^s=\frac{1}{2}(2-\Delta p-2p)-\frac{1}{2}\sqrt{-4\Delta p+5\Delta p^2+4\Delta pp+4p\delta} \tag{3-19}$$

$$q_2^s=\frac{\sqrt{-4\Delta p+5\Delta p^2+4\Delta pp+4p\delta}-\Delta p}{\sqrt{-4\Delta p+5\Delta p^2+4\Delta pp+4p\delta}+\Delta p+2p} \tag{3-20}$$

$$V^* = \frac{1}{2}\left(\Delta p + 2p + \sqrt{-4\Delta p + 5\Delta p^2 + 4\Delta pp + 4p\delta}\right) \quad (3\text{-}21)$$

因此，当投资者可以延迟到第二阶段搭便车投资且发起者可以采取差异定价策略时：

$$V^* = \frac{1}{2}\left(\Delta p + 2p + \sqrt{-4\Delta p + 5\Delta p^2 + 4\Delta pp + 4p\delta}\right)$$

是新的投资者估值临界阈值。估值高于这个值的投资者会主动在第一阶段投资，以给予其他投资者信心，从而提高项目的成功率。估值低于这个阈值但是高于 p 的投资者只愿意等到众筹项目的后期搭便车进行投资。在差异定价策略下，同时到来模式的成功率为

$$S^s_{\Delta p} = 1 - \Delta p^2 / 2 + p^2 - p(2+\delta) + \Delta p\left(-1 + p + \frac{1}{2}\sqrt{-4\Delta p + 5\Delta p^2 + 4\Delta pp + 4p\delta}\right)$$

定理 3-2 在同时到来模式中，投资者存在策略延迟行为，第一阶段到达的投资者可以选择搭便车推迟投资。当发起者打算选择差异定价策略时，只有选择激励后面投资的投资者，才能使众筹项目的成功率最高，项目才最有可能成功。

注：证明参见毕功兵等（2019）的研究。

很明显，对比之前得出的结论，发现投资者的延迟投资搭便车行为会完全改变发起者的激励策略。

一是在顺序到来模式下，发起者会选择降低前面投资者的投资价格策略来弥补前面投资者的等待成本的损失。

二是在投资者可以选择投资阶段的同时到来模式中，投资者自动根据自己对产品的估值高低分成了两类，特别希望项目成功的投资者主动承担众筹项目失败风险和等待成本，对项目期望不是很高的投资者选择等到后期搭便车延迟投资。在这种情况下，前期的投资者对产品的估值非常高，他们自愿承担项目早期投资的风险。此时发起者会选择激励后面的投资者，因为给予后面投资者 Δp 的价格折扣可以使那些估值在 $(p-\Delta p, p)$，也就是原来不会投资项目的投资者选择拖延到后期搭便车投资，这样会增加市场占有率以及提高众筹项目的成功率。

从上述研究结果可以发现，在投资者可以选择投资阶段的时候，后期的投资者不仅选择采用搭便车的方式将早期投资风险和等待成本转移给前面的投资者，还可以获得一定的价格折扣。因为愿意早期进行投资的投资者本身对于产品的估值很高，所以甘愿承担更高的价格来提高众筹项目的成功率。这一发现在 Hu 等（2015）的数学模型研究中也曾被证实，前期的高估值投资者为了保证众筹项目的成功，甘愿承担更大的风险和更高的众筹价格。因此，投资者的延迟投资搭便车行为可能会彻底改变发起者采取的定价策略和激励决策。在不同的投资模式中，可能要激励不同的投资者才能起到提升众筹项目成功率的作用。

3.2 众筹平台激励

众所周知，成功的众筹项目可以惠及所有参与者：发起者可以获得足够的资金来创业；投资者可以利用闲置现金进行有前途的投资；平台可以从组织那里赚取佣金。然而，由于不确定性和信息的不对称性，大约三分之二的项目在众筹阶段失败了。由此可见，激励更多投资者进行更多数额的投资来提高众筹项目成功率的研究是有价值的。

3.2.1 产品型众筹机制下的激励策略

对于一个众筹产品项目投资者来说，在众筹项目早期投资相对要承担比较大的风险，因为早期投资需要等待更长的时间以及承担更高的众筹过程中的不确定性风险。而且早期投资还会产生一定的等待成本。因此有时候众筹项目的投资者确实会表现出策略性延迟投资行为，选择延迟到项目后期再决定是否要搭便车投资。现实中发起者一般会选择差异定价、价格折扣、提前发货等方式来激励投资者，从而提高众筹产品项目的成功率。发起者需要决定具体的激励方式以及何时给予激励，现实中有的发起者会选择激励最早到来的投资者，而有的发起者倾向于等到项目快结束时再进行激励。本章发现投资者的到来模式以及策略性延迟搭便车投资行为可能会彻底改变激励策略的选择。因此，为了给项目发起者和企业提供有效的管理启示，需要鼓励发起者意识到投资者的行为模式，并需要制定出最有效的价格激励策略。

研究发现，投资者的策略性延迟投资行为会导致投资者自动分类，并让一部分投资者出现搭便车投资行为。当投资者想要通过改变众筹价格来提高成功率时，顾客的策略性延迟投资行为可能彻底改变发起者的价格激励策略。下面主要研究项目发起者如何根据投资者不同的投资行为和价格激励方式制定最优激励方案。

当项目没有固定成本约束时，发起者经常会选择给予投资者一些额外的奖励激励，以往的研究中就介绍过发起者有时候会给最前面的投资者额外的价格折扣或提供一些免费样品等福利（Kauffman et al., 2010）。之前介绍的差异定价策略是指在不降低项目总利益的前提下调整价格，给一方低价激励就必然意味着另一方要付出高价，而价格折扣策略则是指发起者会主动给予投资者一个额外的奖励，降低项目的总利润来提高成功率，对促成项目成功以及激励各个投资者会有正面的作用。因此如何使价格折扣产生最大的效果是发起者需要特别关注的事情。为了保证全书的一致性，假设发起者愿意给予的额外价格折扣也是 Δp，研究将价格折扣给予不同阶段的投资者分别有什么不同的效果。

定理 3-3　在投资者没有策略性延迟投资行为的顺序到来模式中,一是将价格折扣给早期投资者比给晚期投资者更加能够提高众筹项目的成功率;二是当 Δp 的取值满足:

$$\max\left\{\frac{2p+\delta p-1-p^2}{1-p},0\right\} < \Delta p < \min\left\{p,\frac{1-4p-3\delta p+3p^2}{p-1-\delta}\right\}$$

时,发起者给早期投资者价格折扣之后其期望收益会上升。反之,其期望收益会下降。

注:证明参见毕功兵等(2019)的研究。

上面得到的结论与之前在顺序到来模式下得到的结论是一致的,即给予任何一个投资者相同的折扣 Δp 都可以提高众筹产品项目的成功率。但是给 I_1 比 I_2 能够多提高 $\delta \times \Delta p$ 的成功率,显然这个差异是由等待成本 δ 造成的,发起者应该把价格折扣给第一个投资者作为损失的弥补。同时,还发现当发起者能够给的价格折扣很大时,把价格折扣进行平分会更好,因为此时折扣数额太大,没必要都用来激励前面的投资者。另外,虽然发起者舍弃了一部分自己的利润来给前面的投资者降价,但是当价格折扣小于 $\frac{1-4p-3\delta p+3p^2}{p-1-\delta}$ 时,发起者可以获得更高的期望收益,这个发现可以为资金相对充足的那些发起者提供有建设性的建议和管理启示,可以帮助他们利用价格折扣来提高项目的期望收益。

上面的研究结果显示在顺序到来模式中,发起者不管采用价格折扣策略还是差异定价策略,本质上都是激励早期投资者来弥补他们的等待成本。然而研究发现,对于同时到来模式,当出现延迟投资搭便车行为时,价格折扣策略会产生与差异定价策略相反的结论。

定理 3-4　在投资者可以采取延迟投资的同时到来模式中,一是将价格折扣给前面的投资者比给后面的投资者更加能够提高项目的成功率;二是当 Δp 的取值范围满足:

$$\max\left\{\frac{2p+\delta p-1-p^2}{1-p},0\right\} < \Delta p < \min\left\{d',\frac{\delta p}{1+\delta-p}\right\}$$

时,众筹项目发起者给前面参与众筹项目的投资者一定的价格折扣之后,其期望收益会上升,否则,期望收益会下降。

其中

$$d' = (1+4p^4 - 3p(2+\delta) - p^3(12+5\delta) + p^2(13+8\delta+\delta^2))/(1-p)^2 \times (p-1-\delta)$$

注:证明参见毕功兵等(2019)的研究。

将此研究结论与之前所得到的结论进行对比发现,在同时到来模式中,存在投资者延迟投资的搭便车行为,在差异定价和价格折扣两种激励策略模式中,一般来说,发起者会做出两种完全不同的决策。

（1）前面的研究已经显示，在差异定价时，由于早期投资的都是高估值投资者，这些投资者为了项目的成功自愿承担早期投资的众筹项目不确定风险和等待成本。

（2）在价格折扣激励策略下，同时到来模式产生了新的观点：由于缺少固定成本约束，投资者可以自由选择到达顺序。此时如果给早期投资者提供一个价格折扣，只要两个投资者在早期投资就都可以享受 $p-\Delta p$ 的产品价格，这是在顺序到来模式以及成本约束的情况下所不曾出现的。此时激励早期的投资者，可以激励两个投资者都在众筹的早期阶段投资并且获得一个价格折扣，所以发起者选择给早期投资者一个价格折扣时可以提高此众筹项目的成功率。

3.2.2 投资型股权众筹机制下的激励策略

在投资型股权众筹下，设置投资者激励机制可能又有所不同。在投资型股权众筹机制下，可以设计利润分配机制来激励众筹产品项目投资者。利润平均分配在同时到达的投资者众筹平台下是运行良好的。然而，在实际生活中，投资者往往是在不同时间段先后到达的。因此，利润分配机制设计可能也有所不同，需要研究如何设计更加合适的利润分配机制来提高投资型股权众筹项目的成功率。

研究发现，规模效应和 δ 效应决定了企业家的激励策略。δ 效应是指投资者因为等待而产生的成本效应，规模效应是指每批到达的投资者的规模大小而产生的规模效应。

接下来，本节将主要探索在投资型股权众筹中，企业家对动态到达时间投资者的利润分配机制，研究如何设计合适的利润分配机制激励投资者进行投资来提高众筹项目的成功率。基本模型集中在只有两个投资者进行投资的情况下，其中只考虑两个投资者的动态进入时间。研究表明，利润分配机制对投资者的承诺投资概率以及项目的成功率有很大影响。在此之后，模型将从两个投资者转移到两个投资队列群体的情况，其中动态投资者被假定为两个投资队列依次到达平台。通过考虑每个队列群体投资者的规模，可以分析在各种更一般化的实际情况下一个众筹项目的成功率。

比起投资型股权众筹，团购与奖励型产品众筹有更多相似之处。团购项目通常是由一些运行良好的公司提供的，他们推出这些项目一般是为了宣传自己的品牌，扩大市场份额。这些规模相对比较大的公司很容易为了吸引顾客扩大需求而放弃自己的边际利润。但投资型众筹项目总是与急需启动资金的中小型初创企业联系在一起。因此，平台为需要启动资金的企业家提供了一种新的提高成功率的方法，即重新设计利润分配机制。

在投资型众筹平台上,项目发起者启动一个项目时,会有详细的提案、目标资金数额、每个投资者的单位承诺投资价格和特定的利润分配机制。投资者先后进场到达平台,并通过最大化自己的预期效用来决定是否投资。等到项目结束时,如果项目成功(即目标实现),企业家将实施初定方案,实施后投资者将按照预先设定的利润分配机制获得报酬。否则,平台将把承诺投资额返还给投资者,发起者将得不到任何回报。

由于退款政策的实施,发起者的目标是尽可能提高众筹项目最后的成功率。因为一旦确定了目标资金数额和单位承诺投资价格,最终的利润分配机制将成为影响项目成功率的剩余关键因素,这也是本章研究的重点。

作为研究众筹投资利润分配机制的一次尝试,本章将研究两个群体投资的情况,即投资者人群作为两个群体,分别在两个特定的时期到来。这个两阶段的假设被广泛用于研究众筹过程(Hu et al., 2015; Jing and Xie, 2011; Liang et al., 2014)。事实上,研究的许多结果可以推广到多个队列的情况。例如,后面章节的研究得出结论,企业应该在早期群体中激励投资者,该群体的回报随着等待成本的增加而增加。这个结论与后面算例研究多周期的情形一致。此研究结果表明,每个群体的收益随其到达投资时间的增加而减少,即群体到达的时间越晚,分配给它的收益就越少。在接下来给出的基本模型中,关注两个投资者的情况,即每个群体只包含一个投资者。在基本模型之后的部分中,将研究的结果推广到两个群体模型。

图 3-4 所示为两个投资者情形下众筹的基本流程。具体而言,单位投资价格为 p,筹资目标资金数额为 $F = 2p$,有两个潜在投资者 I_1 和 I_2,在每个时期 t_i ($i = 1, 2$),投资者 I_i 到达并做出投资决定。在周期 t_2 结束时,项目结束。如果 I_1 或 I_2 选择不进行承诺投资,则项目失败;否则,项目成功,企业家在 t_3 期间实施项目方案。项目方案实施后,投资者在 t_3 期末获得收益。注意,t_3 通常比 t_1 和 t_2 长得多。

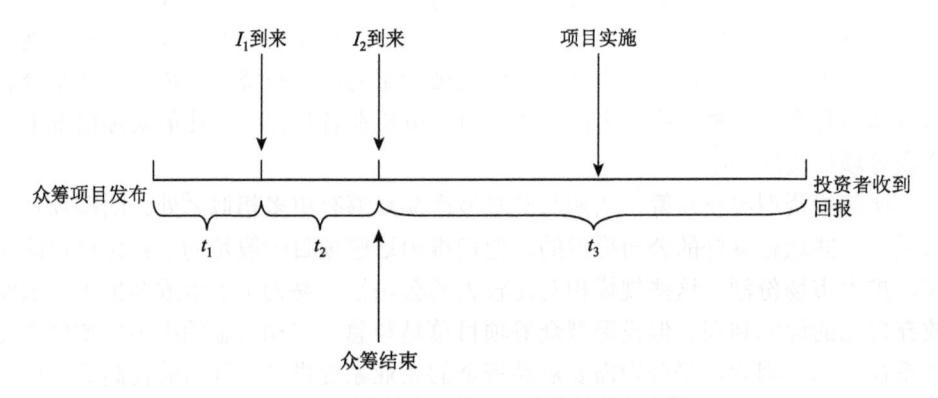

图 3-4 两个投资者情形下众筹的基本流程

在做出承诺投资决策时，每个投资者通过比较投资的预期收益（expected return from pledging, ERP）和不投资的预期收益（expected return from not pledging, ERNP）来最大化自己的期望效用。为了衡量 ERP，将 $I_i(i=1,2)$ 的估值表示为 V_ip，其中 V_i 可视为 I_i 估计的估值收益率。在一定的利润分配机制下，I_i 的 ERP 就是他的收益份额 V_ip。对于估值 V_i，假设 $V_i(i=1,2)$ 为离散同分布的，是在区间 $[0,V]$ 上均匀分布的，以应对不同投资者的异质性。均匀分布的假设也可以在其他文献中找到（Belleflamme et al., 2014）。此外，投资者的估值率被假定为私人的，而他们的分配是彼此和项目发起者都知道的。这种假设在众筹研究中也被广泛使用（Hu et al., 2015）。V_i 为预期估值，已考虑到众筹项目成功且实施项目方案之后可能无法拿到承诺收益的违约风险。

为了计算投资者的 ERNP，用 R 表示在 t_3 时期市场的无风险回报率，也就是对于固定投资 p，每个投资者在 t_3 时期都可以得到无风险收益 Rp。此外，注意 I_1 投资更早，直到项目结束，比 I_2 多等待 t_2 时间。设 $R'=1+\delta$ 为 t_2 时期市场的无风险收益率，其中 δ 可视为 I_1 的等待成本系数。因此，如果 I_1 选择不投资，则其在 t_2 和 t_3 期间的无风险收益为 $(1+\delta)Rp$。通过比较 ERP 和 ERNP，投资者可以做出自己是否承诺投资的决定。

很显然，不同的最终利润分配机制导致投资者的承诺投资策略不同，进而决定了众筹项目的成功率。本节将关注两个投资者的情况，也就是整个投资过程只有两个潜在投资者。

在现有的大多数研究中，尽管投资者的进入时间也是动态的，但利润分配机制只是在所有的投资者之间进行简单的均匀分配，本章将其称为均匀分配机制。本章将通过在投资者之间不均衡地分配利润来拓展研究众筹投资情形。形式上，对于给定的利润分配机制 $(\beta,1-\beta)$，设最终分配给 I_1 的收益份额为 $\beta(0<\beta<1)$，因此，就可以把最终分配给 I_2 的收益份额写成 $1-\beta$。例如，当 $\beta>0.5$ 时，无论众筹项目获得多少收益，早期投资者获得的每股收益总是比后期投资者获得的更多。

本章首先采用逆向归纳的方法研究利润分配机制对投资者承诺投资策略的影响，具体细节如下文所示。

当投资者 I_2 在 t_2 期间到达时，他可以观察到投资者 I_1 的承诺投资决定。如果投资者 I_1 不投资，投资者 I_2 将直接离开，因为即使其进行投资，筹资目标 F 也无法实现，项目肯定会失败。否则，只要投资者 I_2 投资，项目就会成功。一方面，由于对于投资者 I_2，此项目的估值收益率为 V_2，因此得到的 ERP 为 $(1-\beta)V_2 \cdot P = 2p(1-\beta)V_2$；另一方面，投资 p 的投资者 I_2 在 t_3 时期的 ERNP 为简单的 Rp。在这种情况下，只有当他的 ERP 超过 ERNP 时，投资者 I_2 才会承诺投资，即
$$2p(1-\beta)V_2 > Rp$$

也就是等价于:

$$V_2 > \frac{R}{2(1-\beta)} \quad (3-22)$$

注意到假设 V_2 是服从区间 $[0,V]$ 的均匀分布，可以确定，当投资者 I_1 承诺投资时，I_2 承诺投资的概率可以表示为 q_2，即 $1-R/(2V(1-\beta))$。

当投资者 I_1 在 t_1 期间到达时，虽然他不知道投资者 I_2 的承诺投资决策，但由于知道 V_2 的分布，他可以推测投资者 I_2 的投资策略。具体来说，投资者 I_2 承诺投资的前提条件是投资者 I_1 在之前的阶段已经参与投资，其承诺投资的概率为 q_2。在这种情况下，投资者 I_1 的 ERP 可以写成 $q_2\beta V_1 P+(1-q_2)Rp=q_2 \times 2\beta V_1 p+(1-q_2)Rp$，前半部分是投资者 I_2 投资时投资者 I_1 的预期收益，而后半部分是投资者 I_2 不投资时的预期收益，众筹项目失败，投资额退还给投资者 I_1。另外，对于投资额为 p 的投资者 I_1 来说，其 ERNP 为 $R(1+\delta)p$，其中包括 t_2 和 t_3 时期的无风险收益。因此，投资者 I_1 只有在满足下面的条件时才会进行承诺投资：

$$2\beta V_1 pq_2 + (1-q_2)Rp > R(1+\delta)p$$

等价于：

$$V_1 > (\delta+q_2)R/(2\beta q_2) \quad (3-23)$$

因此，可以得到投资者 I_1 的承诺投资概率（记为 q_1）是 $1-(\delta+q_2)R/(2\beta \cdot q_2 V)$。

由于只有在两个投资者都承诺投资的情况下众筹项目才会成功，因此众筹项目的成功率（记为 S）为 $q_1 q_2$。设 $r=R/V$，则投资者的承诺投资概率和项目的成功率表示为

$$q_1 = 1 - \frac{\delta r(1-\beta)}{2\beta(1-\beta)-\beta r} - \frac{r}{2\beta} \quad (3-24)$$

$$q_2 = 1 - \frac{r}{2(1-\beta)}, \quad S = q_1 q_2 \quad (3-25)$$

这个比率 $r=R/V$ 可以看作无风险市场相对于投资者所提供众筹项目方案的竞争力的一个因素。而且在实践中，r 也指众筹平台上其他项目的竞争力。投资者在做出投资承诺时，总是可以随时离开而选择平台上的任何其他项目进行投资，R 可视为投资者从投资其他项目中可以获得的预期收益回报率。在这种情况下，仍然假设 $R \leqslant V$；否则，即使是对其估值最高的投资者最终也不会选择投资，项目也注定会失败，因此无须研究。因此，本章中的比率 r 指的是众筹市场的综合竞争表现性能。当 r 比较高时，众筹市场竞争激烈，投资者对此众筹项目方案不感兴趣，当 r 相对较低时，结果正好相反。

对于发起者来说，在一个众筹在线平台上启动众筹项目之前最重要的步骤之一就是检测众筹项目的可行性，即验证众筹项目成功率是否是正的以及对其进行

求解。由 q_1 和 q_2 的表达式可以看出，成功率是由 r、δ 和 β 决定的，其中 r 和 δ 是外生的，而 β 可以由发起者调整。

需要注意的是，$r=R/V$ 所反映的是无风险市场对众筹项目方案的竞争力。现在从 r 的角度来研究项目的可行性。下面的结论表明，在 r 上存在一个容忍上界，在这个容忍上界上，给定任意的 δ 和 β，众筹项目注定都会失败。

引理 3-1 在一个给定的利润分配机制 $(\beta, 1-\beta)$ 下，只有当 $r < \bar{r}(\beta, \delta)$ 时，此众筹项目才是可行的，其中：
$$\bar{r}(\beta,\delta) = 1 + (1-\beta)\delta - (1 + (1-\beta)^2\delta^2 + 2(1-\beta)(\delta - 2\beta))^{1/2}$$

注：证明参见 Yang 等（2020）的研究。

可以发现，只有当 $r < \bar{r}(\beta, \delta)$，$r$ 足够小时，发起者才会发起这个众筹项目。由于在实际生活中，承诺投资周期 t_2（即 δ 值）的长度难以减小，因此需要研究 β 中 $\bar{r}(\beta, \delta)$ 的单调性，其结果如下所示。为了简单起见，当上下文没有出现混淆时，可以将 $\bar{r}(\beta, \delta)$ 简写为 $\bar{r}$，并且同样的操作在下文中应用于所有其他函数。

命题 3-1 对于给定的 δ，函数 $\bar{r}$ 关于 β 是单峰函数，最大容忍上界 $\bar{r}^*$ 等于
$$\frac{2(\delta + 2 - 2\sqrt{\delta})}{4 + \delta^2}。$$

注：证明参见 Yang 等（2020）的研究。

函数 $\bar{r}$ 关于 β 的单峰性可以这样来解释。无论两个投资者之间承诺投资决策的相关性如何，投资者 I_1 和投资者 I_2 参与投资的概率分别随着 β 和 $1-\beta$ 的增加而增加。然而，由于一个项目的可行性是由这两个参与投资的概率来决定的，一个简单的结果是，$\bar{r}$ 关于 β 的单调性与 $\beta(1-\beta)$ 关于 β 的单调性相一致。也就是说，$\bar{r}$ 是关于 β 的单峰函数。显然，可以根据命题 3-1 得出最大容忍上界。

命题 3-1 表明，对于任意给定的 δ，如果 $r > \bar{r}^*$，无论发起者制定怎样的利润分配机制，众筹项目都是不可行的。特别地，当 $\delta = 0$ 时，最大的容忍上界为 1。这表明当时期 t_2 足够短，使 I_1 的等待成本接近 0 时，成功率是正数的必要条件就是 $R < V$（$r < 1$），也就是此众筹项目方案的收益回报率有可能超过无风险市场的收益回报率。

1. 项目的成功率

前面的分析提供了众筹项目有机会成功的必要条件（r 的上界 $\bar{r}^*$）。下面将重点关注 $r < \bar{r}^*$ 的情况，即该众筹项目在某种利润分配机制下是可行的，研究不同的利润分配机制下项目的成功率会发生怎样的变化。

前面已经证明了两个投资者的承诺投资概率和项目的成功率是
$$q_1 = 1 - \frac{\delta r(1-\beta)}{2\beta(1-\beta) - \beta r} - \frac{r}{2\beta}$$

$$q_2 = 1 - \frac{r}{2(1-\beta)}, \quad S = q_1 q_2$$

由 q_1 和 q_2 的表达式可以发现，q_2 随着 β 单调递减，然而 q_1 和 S 关于 β 的单调性未知。因此，有定理 3-5 证明 S 关于 β 的单调性。

定理 3-5 众筹项目的成功率 S 是关于 β 的单峰函数，并且在 β^* 点时达到最大值，其中 β^* 等于 $(2 + 2\delta - r - ((2-r)(2+2\delta-r))^{\frac{1}{2}})/(2\delta)$，并且大于 $1/2$。

注：证明参见 Yang 等（2020）的研究。

众筹项目的成功率 S 的单峰性是可以预测的，可以用一种类似于在解释命题 3-1 时所用的方式来解释定理 3-5。因此，可以说众筹项目的成功率 S 对 β 的单调性与 $\beta(1-\beta)$ 关于 α 的单调性是一致的。对于任何给定的 δ 和 r，众筹项目发起者都能够通过让 β 等于 β^* 来最大化众筹项目的成功率。此外，在直观上，当 $\beta^* > 1/2$ 时，众筹项目发起者应该补偿 I_1 在第二阶段的等待成本。与使 $\beta(1-\beta)$ 最大化的 $\beta = 1/2$ 相比，发起者应该用更大的投资回报激励投资者 I_1。因此，可以说，为了使众筹项目的成功率 S 最大化，发起者应该总是站在第一个投资者一边。

由于众筹项目发起者应该以更大的投资回报补偿 I_1 的等待成本，而不是平均分配最终利润，所以希望计算出在最优利润分配机制（$\beta^*, 1-\beta^*$）下投资者的承诺投资概率如何变化，结果如命题 3-2 所示。

命题 3-2 投资者 I_1 的投资概率关于 β 是单峰的，在 $\beta = \beta^*$ 处达到最大值。因此，与平均分配利润相比，在最优利润分配机制（$\beta^*, 1-\beta^*$）下，投资者 I_1 的承诺投资概率增大，而 I_2 的投资概率减小。

注：证明参见 Yang 等（2020）的研究。

首先解释两个投资者的承诺投资概率的单调性。$q_2(\beta)$ 随着 β 递减，这是很直观的，因为当 β 增大时，分配给 I_2 的回报收益份额减少。然而，命题 3-2 揭示了 I_1 的承诺投资概率关于 β 是单峰的，而不只是简单地增大。一个众筹项目的成功需要有足够的投资者参与投资，所以投资者 I_1 必须考虑投资者 I_2 参与投资的意愿。当 β^* 变得很大时，投资者 I_2 参与投资的概率就会很小，尽管分配给投资者 I_1 的收益份额增加了，但投资者 I_1 仍然不会愿意参与投资。因此，可以看出，与传统贸易或融资中投资者都是相互独立地做出决策不同，众筹中投资者的决策相互影响。

由命题 3-2 可知，在最优利润分配机制下，由于 $\beta^* > 0.5$，投资者 I_2 参与投资的概率会降低。这揭示了一些后期投资者在本项目的收益回报份额降低到 $1-\beta^*$ 后，会转向投资其他项目的情况。同样，投资者 I_1 参与投资概率的增加说明最优配置会吸引更多的投资者在前期参与投资。根据定理 3-5，在最优利润分配机制（$\beta^*, 1-\beta^*$）下，众筹项目整体成功率增高。因此，即使会不可避免地损失一部分后期投资者，企业也应该实行此利润分配机制。

现在用一个数值例子来说明 β 如何影响投资者的投资概率和众筹项目的成功率。结果如图 3-5 所示，其中 $\delta=0.1$，$r=0.4$，横轴代表 β，纵轴分别代表众筹项目的成功率和投资者参与投资的概率。图 3-5（a）证实了 S 在 β 中的单调性，且投资者 I_1 的最优收益份额大于 0.5，与定理 3-5 一致。在图 3-5（b）中，逐渐递减的虚线表示 q_2，单峰的实线表示 q_1。

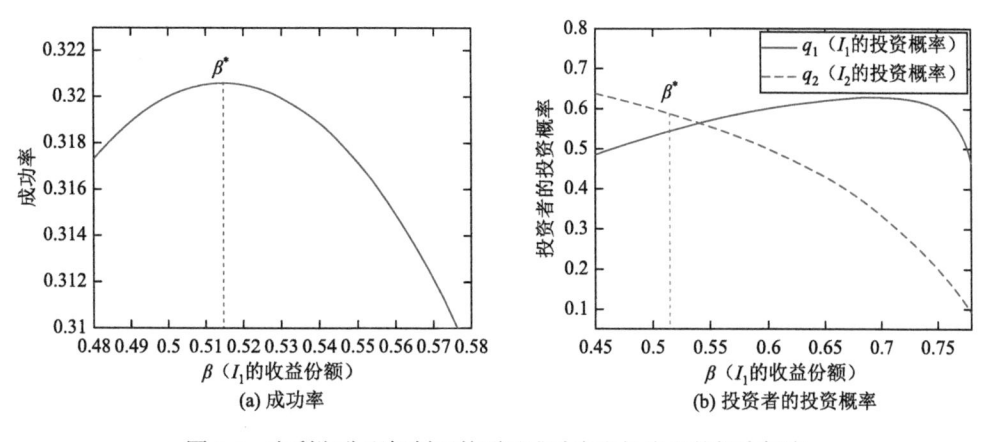

图 3-5 在利润分配机制下的项目成功率和投资者的投资概率

从定理 3-5 可以看出，使众筹项目的成功率 S 最大化的最优 β^* 同时由 r 和 δ 决定。现在在命题 3-3 中证明 β^* 关于 r 和 δ 的单调性。

命题 3-3 对于众筹项目成功率 S 的最优的 β^* 分别随着 δ 和 r 的增加而增加。

注：证明参见 Yang 等（2020）的研究。

请注意，可以分别得到投资者 I_1 和 I_2 的无风险回报：$(1+\delta)Rp$、Rp。与投资者 I_2 相比，投资者 I_1 产生了额外的等待成本 δRp。因此，当 δ 或 R 增加时，建议众筹项目发起者将更多的利润回报分配给投资者 I_1。将 β^* 随着 δ 的增加而增加称为等待成本效应，简称 δ 效应。需要注意的是，δ 反映了早期投资者的不利地位，它可能包括许多方面，如等待成本、缺乏信息和观察学习。δ 效应鼓励发起者补偿早期投资者的这些劣势。由命题 3-3 可知，虽然 t_3 时期通常比 t_2 时期要长，δ 值相对较小，但由于 $R\delta p$ 的合并影响，不应忽视补偿投资者 I_1 的重要性。

2. 两群体模型

前面研究了基本模型情况，即只有两个潜在投资者依次到达平台选择是否参与投资。在本节中，将把研究结论扩展到更加一般的情况，即有两组潜在的投资者群体参与投资。

两群体模型的主要变化可以总结如下，将 t_1 和 t_2 时期依次顺序到达平台的两个群体队列分别表示为 C_1 和 C_2。设 $\beta_1=\beta$ 和 $\beta_2=1-\beta$ 为众筹项目的发起者分别分配给群体 C_1 和群体 C_2 的收益份额。对于每个群体 $C_i(i=1,2)$，有 N_i 个同质的投资者，每个投资者满足：①对方案具有相同的估值 V_i^N，服从 $[0,V]$ 上的均匀分布；②预期平均回报收益份额为 $\beta_i V_i^N P/N_i$。可以参考在现有的文献中每个群体内估值相同的假设（Hu et al., 2013, 2015），这种简化使得能够关注不同众筹阶段投资者之间的互动。

预计两群体模型与两投资者模型会有一些相似的结果。例如，δ 效应仍然成立，也就是说，当 δ 增加时，众筹项目发起者需要通过分配更多的收益回报份额来补偿第一个群体。然而，由于群体规模效应的出现，最优利润分配机制可能会发生一些变化。

可以这样直观地解释两个群体模型中的规模效应。对于每单位额外分配的利润，在较小群体中的个体投资者会获得更多收益，因此在参与投资概率方面，比大群体的投资者增加得更快。需要注意的是，众筹项目的成功需要所有投资者的投资承诺，众筹项目发起者可以通过偏向较小的群体来提高众筹项目整体的成功率。下面的示例可以更加直观地表现这些。假设有两个群体 C_1 和 C_2，分别包含 N_1 个和 N_2 个投资者。当发起者决定通过分配额外的 x 回报收益来激励群体 C_1 时，群体 C_1 中每个投资者的平均回报收益增加 x/N_1，而群体 C_2 中每个投资者的平均回报收益减少 x/N_2。因此，不同群体的投资者对相同的 β 变化的敏感性并不相同。为了利用这种不平等的敏感性，规模效应建议众筹项目发起者应该站在较小群体的一边来最大化众筹项目的成功率。规模效应和 δ 效应一起决定了在两群体情形下众筹项目发起者的激励策略。

从问题设置中可以明显看出，同一群体中不同投资者的参与投资策略是相同的。与两投资者模型相似，为了研究两群体情形下的最优利润分配机制，首先通过逆向归纳分析每个群体的参与投资策略。

当群体 C_2 到达时，这个队列中的投资者只有在群体 C_1 已经投资的情况下才会参与投资。一方面，如果群体 C_1 参与投资，由于群体 C_2 在众筹项目中的估值收益率为 V_2^N，那么群体 C_2 中每个投资者的 ERP 为 $(N_1+N_2)p(1-\beta)V_2^N/N_2$。另一方面，群体 C_2 中每个投资 p 的投资者在 t_3 期间的 ERNP 为 Rp。在这种情况下，群体 C_2 的投资者只有在 ERP 超过 ERNP 时才会选择参与投资，也就是

$$V_2^N > N_2 R/((N_1+N_2)(1-\beta)) \tag{3-26}$$

综上所述，当群体 C_1 参与投资时，群体 C_2 参与投资的概率为 q_2^N，等于 $1-N_2 R/((N_1+N_2)(1-\beta)V)$。

当群体 C_1 到达 t_1 时期时，群体 C_1 中的投资者知道群体 C_2 参与投资的前提条件是群体 C_1 在前期已经参与投资，参与投资的概率为 q_2^N。一方面，群体 C_1 中的每个投资者的 ERP 可以写成 $q_2^N p(N_1+N_2)\beta V_1^N/N_1+(1-q_2^N)Rp$，其中前半部分是在后期群体 C_2 参与投资，项目成功时的预期回报收益，而后半部分是在后期群体 C_2 不参与投资，项目失败时的预期回报收益。另一方面，群体 C_1 中每个投资 p 的投资者的 ERNP 为 $R(1+\delta)p$，其中包含了 t_2 时期和 t_3 时期的无风险收益。因此，群体 C_1 的投资者只有在 ERP 大于 ERNP 时才会参与投资，即

$$V_1^N > N_1(\delta + q_2^N)R/((N_1+N_2)q_2^N \beta) \quad (3\text{-}27)$$

综上所述，群体 C_1 参与投资的概率为 q_1^N，等于 $1-N_1(\delta+q_2^N)R/((N_1+N_2)\cdot q_2^N \beta V)$。

设 $\rho = N_1/(N_1+N_2)$，S_N 表示两群体情形下项目的成功率。然后，有

$$q_1^N = 1 - \frac{(1-\beta)\delta\rho r}{\beta((1-\beta)-(1-\rho)r)} - \frac{\rho r}{\beta} \quad (3\text{-}28)$$

$$q_2^N = 1 - \frac{(1-\rho)r}{1-\beta}, \quad S_N = q_1^N q_2^N \quad (3\text{-}29)$$

需要注意的是，两投资者模型是两群体模型的一个特殊情况，其中 $\rho = 1/2$。这个结果与在基本模型中推导的结果一致。

在 r 上也存在一个容忍上界 $\bar{r}_N$，只要超过这个容忍上界，众筹项目就是不可行的。很明显，$\bar{r}_N$ 是由 r、δ、ρ 和 β 决定的。通过改变 β 的值，就可以调整容忍上界。此外，还可以证明函数 $\bar{r}_N$ 关于 β 是单峰的。为了简化起见，这里省略了详细的说明，将提出推论 3-1 作为结论。

推论 3-1 在两群体模型中，容忍上界 $\bar{r}_N$ 关于 β 是单峰的，并且最大的容忍上界是

$$\bar{r}_N^* = \left(1+\delta\rho - 2\sqrt{\delta\rho(1-\rho)}\right)/((1-\delta\rho)^2+4\delta\rho^2)$$

注：证明参见 Yang 等（2020）的研究。

当一个众筹项目是可行的（即 $r < \bar{r}_N^*$）时，可以通过选择最优的利润分配机制使其成功率最大化。通过将分配给群体 C_1 的最优收益份额表示为 β_N^*，得到定理 3-6，其阐述了众筹项目发起者的利润分配策略。

定理 3-6 在两群体模型情形下的成功率 S_N 在 β_N^* 处达到最大值，当 $\rho = 1/(2+\delta)$ 时，等于 $\frac{1}{2}$，以及当 $\rho \neq 1/(2+\delta)$ 时，等于 $\frac{(1+\delta)\rho-(1-\rho)r}{(2+\delta)\rho-1} - \frac{1}{(2+\delta)\rho-1} \times ((1-2\rho+\rho^2)\rho^2 r^2 - (1-\rho)(\delta+1)\rho r + (1+\delta)(1-\rho)\rho)^{1/2}$。

注：证明参见 Yang 等（2020）的研究。

命题 3-4 当 ρ、δ、r 发生变化时，众筹项目发起者应调整最优利润分配机制。

(1) 分配给群体 C_1 的最优回报收益份额 β_N^* 随着 δ 的增加而增大。

(2) 分配给群体 C_1 的最优回报收益份额 β_N^* 在 $\rho>1/(2+\delta)$ 时随着 r 的增加而增加，在 $\rho<1/(2+\delta)$ 时随着 r 的增加而减小。

注：证明参见 Yang 等（2020）的研究。

从定理 3-6 可以看出，群体 C_1 的最优分配份额 β_N^* 是由 δ 和 r 共同决定的。命题 3-4 说明了 β_N^* 分别关于 δ 和 r 的单调性。直观上，命题 3-4（1）的结果与 δ 效应相一致。很直观地，当第一批群体投资者的等待成本增加时，众筹项目发起者需要用更多回报收益份额来补偿他们。

在基本模型中，分配给第一个投资者的最优回报收益份额只是简单地随着 r 的增加而增加，而在两群体模型的情形下，β_N^* 关于 r 的单调性是复杂的。可以这样来解释命题 3-4（2）中的结果。第一，当 ρ 很大时，由于群体 C_1 投资者数量比较多，其累积的 δ 效应就很大。重要的是要记住，δ 效应对第一个群体中的每一个投资者产生额外的等待成本 $\delta R \rho$，因此，如果 R 增加，众筹项目发起者往往用更多的回报收益份额来补偿第一个群体来提高项目的成功率，因此，β_N^* 会增加。第二，当 ρ 值很小时，群体 C_1 的累积 δ 效应很小。当 r 增大时，由于此众筹项目对所有投资者的吸引力较小，众筹项目发起者倾向于给予 C_2（投资者较多的群体）更多的回报收益份额，以提高众筹项目的成功率，因此 β_N^* 会减小。

根据命题 3-4（2），可以研究发起者在不同 ρ 值下的具体利润分配策略。具体结果如定理 3-7 所示。

定理 3-7 存在一个群体比率阈值 $\rho^* = (1+\delta-r)/(2+\delta-2r) > 1/2$：

(1) 如果 $\rho = \rho^*$，那么 $\beta_N^* = \rho$，也就是说，众筹项目发起者不会激励任何群体；

(2) 如果 $0 < \rho < \rho^*$，那么 $\beta_N^* > \rho$，也就是说，众筹项目发起者应该激励群体 C_1；

(3) 如果 $\rho^* < \rho < 1$，那么 $\beta_N^* < \rho$，也就是说，众筹项目发起者应该激励群体 C_2。

注：证明参见 Yang 等（2020）的研究。

需要注意的是，δ 效应表明众筹项目发起者站在群体 C_1 这一边。此外，由于规模效应，发起者倾向于激励人数较少的群体。因此，就可以断言存在一个比率阈值，在这个阈值上，规模大小和等待成本的影响会相互抵消，并且 ρ^* 大于 $1/2$。当 $\rho < \rho^*$ 时，众筹项目发起者将激励群体 C_1，而当 $\rho > \rho^*$ 时，众筹项目发起者将激励群体 C_2。特别地，当 $\rho = 1/2 < \rho^*$ 时，有 $\beta_N^* > \rho = 1/2$，这与定理 3-5 的结果是一致的。

现在通过图 3-6 中的一个数值例子来阐述命题 3-4（2）和定理 3-7 得出的结果。在直角坐标系中，纵轴表示分配给群体 C_1 的回报收益份额，横轴表示群体 C_1

的比率。对角线虚线表示 $\beta = \rho$ 的直线，在这条直线上，众筹项目发起者不激励任何一批群体投资者，并且回报收益也平均分配给每个投资者。在不同的 ρ 值下，实曲线与最优 β_N^* 相关联。很明显，如果 $\rho < \rho^*$，实线在虚线之上，即 $\beta_N^* > \rho$，因此，众筹项目发起者应该激励群体 C_1 使项目的成功率最大化。相反，如果 $\rho > \rho^*$，有 $\beta_N^* < \rho$，众筹项目发起者应该激励群体 C_2。根据图 3-6，可以很容易地决策出最优的利润分配机制，使给定的众筹项目的成功率最大化。

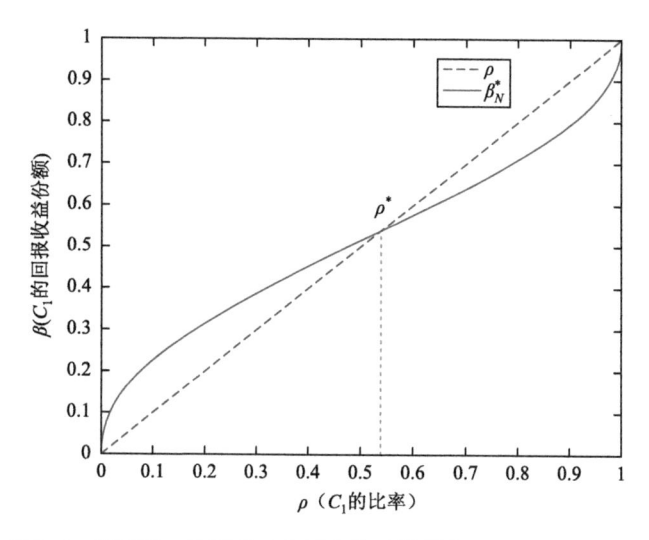

图 3-6 在不同 ρ 值下成功率最大化时的最优 $\beta(r = 0.4, \delta = 0.1)$

从定理 3-5 和定理 3-7 可以看出，由于规模效应的存在，两投资者模型和两群体模型的利润分配策略是不同的。为了消除规模大小的影响，现在研究每个投资者获得的额外回报收益随 ρ 如何变化。结果如命题 3-5 所示。对于利润分配策略，根据定理 3-7，当 $\rho < \rho^*$ 时，第一批群体投资者被激励，群体 C_1 中每一个投资者得到一个额外的收益激励，即 $\epsilon_1 = (\beta_N^*(\rho, \delta, r) - \rho) / \rho$，然而当 $\rho > \rho^*$ 时，第二批群体投资者会被激励，并且群体 C_2 中的每一个投资者会获得一个额外的收益激励，即 $\epsilon_2 = (\rho - \beta_N^*(\rho, \delta, r)) / (1 - \rho)$。

命题 3-5 设 ρ^* 是定理 3-7 中给出的比率阈值，可得到如下结果：

（1）如果 $\rho < \rho^*$，那么 $\epsilon_1 > 0$ 并且随着 ρ 的增加而减小；

（2）如果 $\rho > \rho^*$，那么 $\epsilon_2 < 0$ 并且随着 $1 - \rho$ 的增加而减小。

注：证明参见 Yang 等（2020）的研究。

命题 3-5 表明，为了使众筹项目的成功率最大化，如果群体 C_i 被激励，在群体 C_i 中的个体投资者获得的平均额外回报收益总是随着群体 C_i 中个体投资者人数的增加而减小。具体来说，就是 ϵ_1 随着 ρ 的增加而减少，ϵ_2 随着 $1 - \rho$ 的增加而减小。这正是在本节一开始时介绍的规模效应,即众筹项目发起者站在规模较小的群体一边。特别地,当 $\rho = \rho^*$ 时,有 $\epsilon_1 = \epsilon_2 = 0$,这显示众筹项目发起者不会激励任何一批群体投资者。

仍然采用图 3-6 中的数值例子来阐明命题 3-5 的结果。在图 3-7 中,横轴表示群体 C_1 的比率,纵轴表示一个投资者获得的平均额外收益激励数额。实线曲线和虚线曲线分别表示 $\rho \sim \epsilon_1$ 和 $\rho \sim \epsilon_2$ 函数。这两个函数相交于点 $(\rho^*, 0)$,在这一点上不对任何群体进行激励,众筹项目的成功率是最大的。

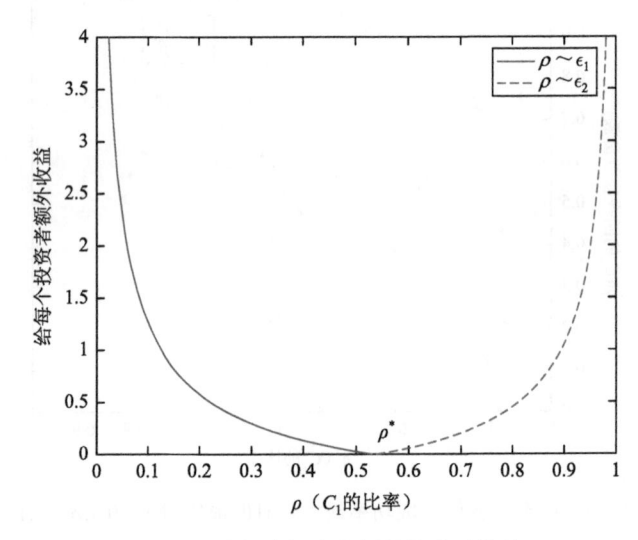

图 3-7 在不同 ρ 值下分配给每个投资者额外的激励收益 ($r = 0.4, \delta = 0.1$)

在实际生活中,许多众筹项目发起者更喜欢在他们的项目中激励早期投资者中的一小部分群体投资者。例如,在 Kickstarter 上,许多项目选择为一些早期的个人投资者提供早期投资特殊权益。许多研究人员(Adam et al.,2019;Hooghiemstra and de Buysere,2016)认为,早期投资特殊权益可以缓解 δ 效应,激发早期个体投资者,并增强羊群效应的影响,可吸引更多后期个体投资者。需要注意的是,早期投资者通常是更小规模的群体,根据规模效应,众筹项目发起者一般会选择激励更小的团体(即早期投资团体)去提高众筹项目的成功率。

3.2.3 数值实验研究

为了评估研究结果的稳健性,本节进行了数值实验来研究利润分配机制在更一般情况下的影响。后面的章节将分别展示众筹项目存在两个以上周期和考虑投资者羊群效应的情况。此外，作为对以往模型中投资者估值分布都是均匀分布假设的扩展，后面的数值实验研究进一步考察了投资者估值分布假设为正态分布的情况。

1. 多周期

定理 3-5 中得出了结论，由于等待成本，众筹项目发起者应该用更大的回报收益激励投资者 I_1。但在实际生活中，众筹项目发起者可以将整个承诺投资阶段分为多个时期而不只是两个时期。当超过两个时期时，具有动态到达时间的投资者将面临不同的等待成本。下面研究在这种情况下如何将利润分配给不同时期的投资者，使众筹项目成功率最大化。

假设有 n 个投资者 $I_1, I_2, \cdots, I_n$ 在 n 个不同的时期，并用 β_i^n 表示投资者 I_i 的回报收益份额。与前文一致，将每个时期的等待成本系数表示为 δ。那么，投资者 I_i 在众筹项目结束前需要等待 $n-i$ 段时期，其总等待成本系数为 $(n-i)\delta$。

与前文相似，可以用逆向归纳法得出 I_i 承诺参与投资的概率 q_i^n 和成功率 S_n：

$$q_i^n = 1 - \frac{\left((n-i)\delta + \prod_{j=i+1}^{n} q_j^n\right)r}{n\beta_i^n \prod_{j=i+1}^{n} q_j^n} \tag{3-30}$$

$$\sum_{i=1}^{n} \beta_i^n = 1, \quad S_n = \prod_{i=1}^{n} q_i^n \tag{3-31}$$

在数值实验研究中，令 $n=5$（假设众筹项目的一般长度是几个月，在大部分情形中，把整个众筹周期划分成 5 个部分是足够的）。数值实验研究结果如图 3-8 所示。

在图 3-8 中，横轴表示投资者，纵轴表示分配给每个投资者的回报收益份额；实线表示最优利润分配策略，即对每一个投资者 $I_i(i=1,2,\cdots,5)$，使众筹项目成功率最大化，水平虚线表示简单地将利润平均分配给每个投资者的情况。

由图 3-8 可知，在众筹项目最优利润分配策略下，分配给 I_1 和 I_2 的最终回报收益较平均分配机制增加，分配给后 3 个投资者的最终回报收益份额小于平均分配机制。而且，分配给投资者的最终回报收益份额随着他们参与众筹项目的时间的延迟而减少。此结果与在命题 3-3 中的结论是一致的。

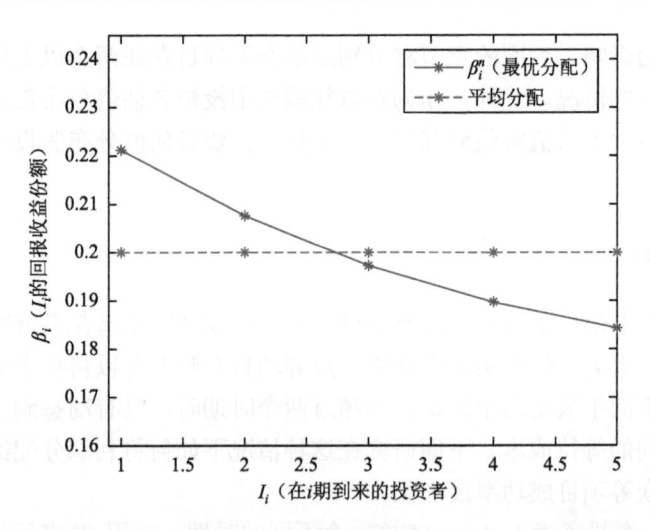

图 3-8 在 5 期众筹下的最优利润分配（$r = 0.3, \delta = 0.05$）

2. 羊群效应

一些现有的研究（Belleflamme et al., 2015; Li and Duan, 2016）已经证明了正的网络外部性的存在。在研究羊群效应的文献中，研究人员（Herzenstein et al., 2011; Lee E and Lee B, 2012）也认为，投资者在线上电子商务中面临信息不对称的情况下，会表现出羊群效应行为。因此，投资者的效用可能会受到他人决策的影响，承诺参与投资的投资者的数量会对后期到来的投资者产生正向影响。在本节的研究中，将把羊群效应纳入模型中。

用 H 表示每单位投资对该投资者的羊群效应影响，那么当投资者 I_i 到来时，发现已经有 $i-1$ 单位的已确定的投资，相应地，其效用的总增加为 $(i-1)H$。与本节中第 1 部分相似，设 $h = \dfrac{H}{PA}$，P 为目标额，将投资者 I_i 的收益份额表示为 β_i^h，可得到含有羊群效应的投资者 I_i 的承诺投资概率，表示为 q_i^h，以及项目的最终成功率 S_h：

$$q_i^h = 1 - \frac{\left((n-i)\delta + \prod_{j=i+1}^{n} q_j^h\right) r}{n\beta_i^h \prod_{j=i+1}^{n} q_j^h} + \frac{(i-1)h}{n\beta_i^h \prod_{j=i+1}^{n} q_j^h} \quad (3\text{-}32)$$

$$\sum_{i=1}^{n} \beta_i^h = 1, \quad S_h = \prod_{i=1}^{n} q_i^h \quad (3\text{-}33)$$

在数值实验中仍然令 $n = 5$，数值结果如图 3-9 所示，其中横轴表示投资者，纵轴表示分配给投资者 I_i 的回报收益份额；实曲线表示 β_i^h，即投资者的最优利润分配；水平虚线仍然是平均利润分配机制下的情形；分段虚线表示 β_i^n，即不存在羊群效应影响时的投资者的最优利润分配。

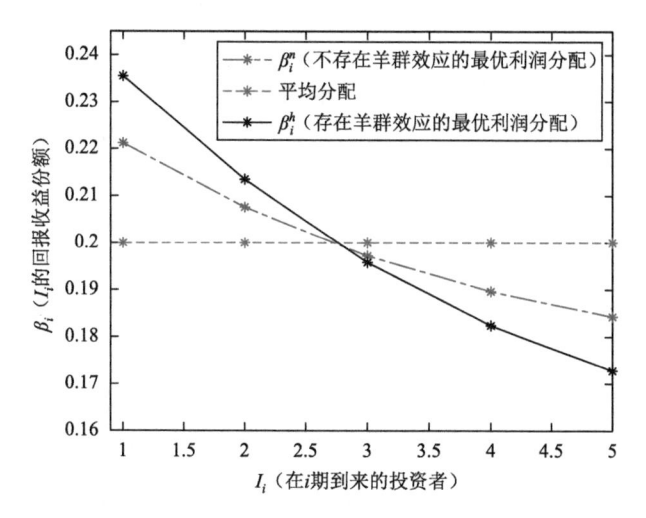

图 3-9　在羊群效应下 5 期众筹的最优利润分配（$r = 0.1, \delta = 0.05, h = 0.01$）

如图 3-9 所示，羊群效应的存在并不影响 β_i^h 关于 i 的单调性，即众筹项目发起者仍应将更多的收益分配给早期投资者。事实上，通过对比 β^h 和 β^n 可以发现，羊群效应进一步强化了早期投资者的重要性，众筹项目发起者应该分配更多的回报收益份额给早期投资者。

另外，由图 3-10 可以看出，在给定的利润分配机制下，存在羊群效应的众筹

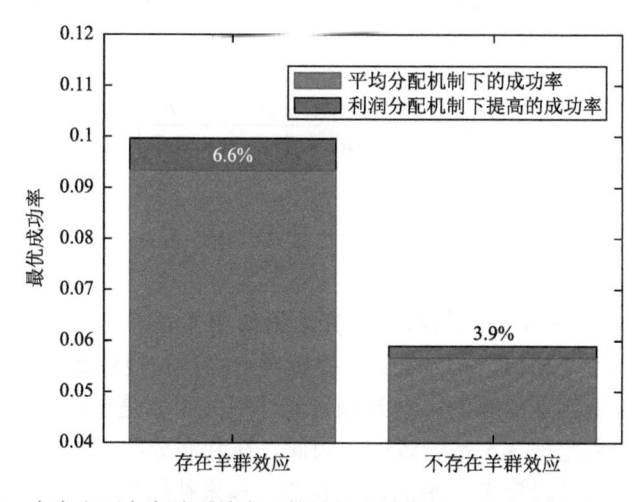

图 3-10　存在和不存在羊群效应下的最优成功率（$r = 0.3, \delta = 0.05, h = 0.01$）

项目成功率更高。特别是采用最优的利润分配机制而非平均利润分配机制，成功率的提升也有所增加。当不存在羊群效应时，采用最优利润分配机制的众筹项目最优成功率提高了 3.9%，然而，当存在羊群效应时，众筹项目最优成功率提高了 6.6%。

综上所述，羊群效应的存在增强了早期投资者的影响力和重要性。当众筹项目发起者设计一个最优的利润分配策略来激励这些早期投资者时，他们承诺参与投资概率的增加将对所有后期投资者产生积极的影响。羊群效应与等待成本的影响（之前文献中利润分配非对称性的主要驱动因素）一起激励众筹项目发起者将更多的回报收益份额分配给早期投资者。

3. 正态分布

在前面的研究中，假设投资者的估值都服从[0, 1]的均匀分布，分别研究了两投资者和两群体的情况。为了评估研究结果的稳健性，现在用[0, 1]上的正态分布 $N\left(\dfrac{1}{2}, \dfrac{1}{6}\right)$ 取代均匀分布的假设。选取均值 μ 和标准差 δ 的值，以保证 $[\mu - 3\delta, \mu + 3\delta] \in [0,1]$。为了简化，在正态分布估值的假设下，只给出了两投资者情形下的数值实验研究结果，推导的两群体情形下的数值实验研究结果与之前的理论结果一致。

与之前的研究部分类似，将正态分布 $N\left(\dfrac{1}{2}, \dfrac{1}{6}\right)$ 的累积分布函数表示为 $\psi'(x)$，可以通过比较投资者参与投资的预期回报收益和预期无风险回报收益来分析投资者的行为。可以将投资者 I_i 的参与投资概率表示为 q_i'，众筹项目成功率 S' 表示为

$$q_1' = 1 - \psi'\left(\frac{\delta r(1-\beta)}{2\beta(1-\beta) - \beta r} - \frac{r}{2\beta}\right) \tag{3-34}$$

$$q_2' = 1 - \psi'\left(\frac{r}{2(1-\beta)}\right), \quad S' = q_1' q_2' \tag{3-35}$$

S' 和 q_i' 随着 β 不断变化的数值研究结果如图 3-11 所示。可以清晰地看出，曲线的形状与图 3-5 相似。具体来说，投资者 I_1 的参与投资概率关于分配给投资者 I_1 的回报收益份额是单峰的；众筹项目成功率关于 β 是单峰的。这些数值研究结果与命题 3-2 和定理 3-5 是一致的。因此，在利润分配机制中，众筹项目发起者仍然应该给予早期投资者更多的回报收益份额来补偿其等待成本。

(a) 成功率

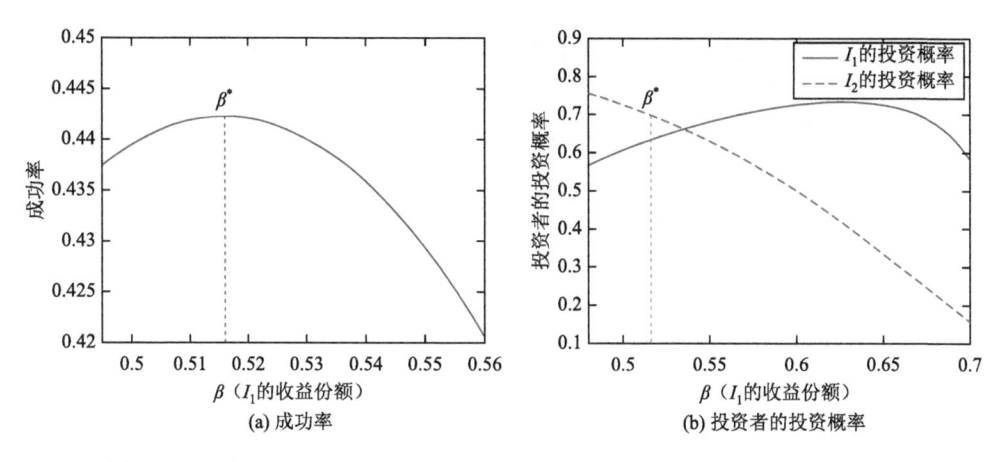

(b) 投资者的投资概率

图 3-11　正态分布估值下项目成功率以及投资者的投资概率（$r=0.4, \delta=0.1$）

3.3　小　　结

众筹正在成为小型初创企业和新创业者的重要融资来源，其市场规模近年来大幅增长。众筹成功率是众筹项目活动的核心问题，尤其是在投资型众筹中，投资者可以获得财务回报。众筹项目的前期表现对项目的成功至关重要，而投资者不太愿意承担前期承诺的高风险，因此，向投资者提供激励是非常有价值的。针对网络众筹的特点，本章从项目发起者的角度研究了投资者到来模式以及策略性延迟行为对众筹项目成功率的影响，并分析了在采用不同定价策略时最优的激励策略，最终得到了以下结论。

（1）由于等待成本的存在，先投资的投资者需要承担更大的风险和损失。如果投资者没有延迟投资行为，则前面的投资者投资意愿较低，从而会影响整个项目的表现。如果投资者展现出策略性延迟行为，则投资者会自动分级，此时对项目估值较高的投资者主动在前面的阶段投资以增加其他投资者的信心，对项目估值较低的投资者会拖延到项目的后期，并且在确认前期已有投资者投资之后再进行投资，这样可以将风险转移给对方，因此策略性延迟导致了投资者之间搭便车的行为。

（2）当发起者存在固定成本约束并采取差异定价策略时，若投资者没有延迟行为，则发起者应该为前面的投资者提供更低的价格，以弥补其承担的等待成本，从而提升众筹项目的成功率。如果投资者展现出策略性延迟行为，发起者应该给后面的投资者更低的价格。因为此时早期投资者估值更高，并且愿意承担更高的价格来增强后期投资者的信心，从而提高整个项目的成功率。

（3）当发起者没有固定成本约束并采取额外价格折扣策略时，若投资者没有延迟行为，则发起者给早期投资者折扣来弥补等待成本，若投资者展现出策略性延迟行为，发起者仍然应该选择将折扣给前面的投资者，因为这样可以激励所有投资者一起在众筹项目最初阶段投资并享受折扣。

本章后面部分不像已有文献在众筹项目活动进行的过程中提供额外的收益来激励投资者，而是研究在投资型众筹中项目发起者如何利用利润分配机制使众筹成功率最大化。在本章中，强调需要提供合适的利润分配机制给动态时间进入的投资者，以提高成功率。研究结果表明，等待成本的存在，即 δ 效应，鼓励众筹项目发起者激励早期投资者，以最大化成功率。但是，众筹项目发起者还需要考虑在不同时间点到达的群体规模的差异，即规模效应。群体越小，越适合激励。研究结果表明，众筹项目发起者在决定激励哪个群体时，同时考虑了规模效应和 δ 效应。例如，与两投资者的情况不同，当太多的投资者在众筹项目活动的早期阶段到来时，众筹项目发起者可能会选择激励后期的投资者。

此外，本章的分析也为众筹项目发起者如何根据市场变化调整其最优利润分配机制提供了指导。第一，无论哪个群体受到激励，当群体变得更小（规模效应变得更强）时，该群体中的每个投资者都应该获得更多的收益回报作为激励。第二，当早期投资者的额外等待成本增加时，众筹项目发起者应该给予他们更大的回报收益份额（δ 效应变得更强）。第三，当无风险市场对众筹方案的竞争比以前更激烈时，如果后一批投资者的数量非常大，众筹项目发起者应该给予他们更大的收益回报份额。第四，当项目有多个周期时，每个周期分配给投资者的收益份额应随着投资者进入众筹项目活动的次数逐渐减少。第五，在考虑羊群效应的同时，众筹项目发起者应加大利润回报份额分配的不对称程度，将更多的收益分配给早期投资者。

众筹作为一种重要的融资渠道，在未来的研究中需要更多关注。本章的一个局限性是：假设投资者的估值是均匀分布的，而实际生活中投资者估值可能要复杂得多，甚至会受到众筹项目发起者对产品项目的描述和广告宣传的影响。本章是在单个众筹项目活动的情况下进行的，如果存在其他众筹项目也采用利润分配机制，可能会影响提高众筹项目成功率的效果。因此，在更接近现实实践的情况下，进一步研究由竞争产生的一般均衡是很有意义的。另外，众筹项目投资者的到来是随机的，现实中投资者的数量也是不确定的，所以也可能存在资金过剩的可能性，这些都可以在未来进行分析。

参 考 文 献

毕功兵, 杨云绅, 梁樱. 2019. 策略延迟下众筹项目的定价和激励决策[J]. 中国管理科学, 27（11）：1-10.

冯醒, 刘斌. 2017. 基于 Hotelling 模型的众筹平台竞争分析及定价策略分析研究[J]. 中国管理科学, 25（S1）：398-405.

邵腾伟, 吕秀梅. 2016. 基于 F2F 的生鲜农产品 C2B 众筹预售定价[J]. 中国管理科学, 24（11）：146-152.

Adam M, Wessel M, Benlian A. 2019. Of early birds and phantoms: How sold-out discounts impact entrepreneurial success in reward-based crowdfunding[J]. Review of Managerial Science, 13 (3): 545-560.

Belleflamme P, Lambert T, Schwienbacher A. 2014. Crowdfunding: Tapping the right crowd[J]. Journal of Business Venturing, 29 (5): 585-609.

Belleflamme P, Omrani N, Peitz M. 2015. The economics of crowdfunding platforms[J]. Information Economics & Policy, 33: 11-28.

Du L, Hu M, Wu J. 2017. Contingent stimulus in crowdfunding[J]. Rotman School of Management Working Paper, No. 2925962.

Herzenstein M, Dholakia U M, Andrews R L. 2011. Strategic herding behavior in peer-to-peer loan auctions[J]. Journal of Interactive Marketing, 25 (1): 27-36.

Hooghiemstra S N, de Buysere K. 2016. The perfect regulation of crowdfunding: What should the European regulator do?[A]//Brüntje D, Gajda O. Crowdfunding in Europe. Cham: Springer: 135-165.

Hu M, Li X, Shi M. 2015. Product and pricing decisions in crowdfunding[J]. Marketing Science, 34 (3): 331-345.

Hu M, Shi M, Wu J. 2013. Simultaneous vs. sequential group-buying mechanisms[J]. Management Science, 59 (12): 2805-2822.

Jing X, Xie J. 2011. Group buying: A new mechanism for selling through social interactions[J]. Management Science, 57 (8): 1354-1372.

Kauffman R J, Lai H, Ho C T. 2010. Incentive mechanisms, fairness and participation in online group-buying auctions[J]. Electronic Commerce Research and Applications, 9 (3): 249-262.

Lee E, Lee B. 2012. Herding behavior in online P2P lending: An empirical investigation[J]. Electronic Commerce Research and Applications, 11 (5): 495-503.

Li Z, Duan J A. 2016. Network externalities in collaborative consumption: Theory, experiment, and empirical investigation of crowdfunding[EB/OL].[2016-10-18].https://business.purdue.edu/academics/MIS/workshop/ZhuoxinLi_MainPaper%202016_Crowdfunding.pdf.

Liang X, Ma L, Xie L, et al. 2014. The informational aspect of the group-buying mechanism[J]. European Journal of Operational Research, 234 (1): 331-340.

Yang Y, Bi G, Liu L. 2020. Profit allocation in investment-based crowdfunding with investors of dynamic entry times[J]. European Journal of Operational Research, 280 (1): 323-337.

第 4 章 众筹机制

众筹是一种新的外部融资方式，初创公司可以利用众筹，从投资者那里为他们的生产计划筹集初始资金（Cassar，2004；Kuppuswamy and Bayus，2018）。众筹为企业提供了诸多好处。例如，它可以帮助企业评估市场需求以避免潜在的损失（Agrawal et al.，2014），可以帮助企业让产品获得公众的注意（Mollick，2014）。众筹作为一种新的融资方式，在过去十余年经历了快速增长。

众筹具有各种形式，例如，基于奖励的、基于捐赠的、基于贷款的和基于股权的众筹（Mollick，2014；Paschen，2016），这些形式之间的主要区别在于支付给投资者的回报，例如，投资者通常从基于股权的众筹中获得对企业未来利润的分红。在所有这些不同类型的众筹中，基于奖励的众筹在市场上占主导地位。在典型的奖励型众筹项目中，众筹发起者首先向投资者（支持者）募集资金，若筹资总额在给定的时间内达到目标资金数则众筹成功，发起者获得所筹资金。随后，发起者利用所筹资金进行生产。项目结束时，发起者为投资者提供产品或服务作为回报。

本章将关注三方面的研究：奖励型众筹中固定和灵活的筹资机制比较、热心型投资者对筹资机制选择的影响、奖励型众筹中普通型单阶段众筹和预售型两阶段众筹模式的比较。

4.1 奖励型众筹机制

4.1.1 背景介绍

基于奖励的众筹项目受到多方面的影响。例如，众筹目标——众筹最重要的特征之一，对众筹项目的成功率至关重要。然而，必须注意的是，过高的众筹目标难以实现，而过低的目标可能会导致产品无法交付（Mollick，2014）。此外，发起者的社交网络的规模对项目绩效有显著的影响（Zheng et al.，2014）。在本章的研究中，将重点关注退款政策如何影响奖励型众筹项目，其中退款政策是发起者预先宣布如果项目失败，发起者将如何使用筹集的资金的政策。

关于退款政策，美国最受欢迎的奖励型众筹平台之一 Indiegogo 为发起者提供两种众筹机制来启动他们的项目。第一种机制称为固定筹资机制，在该机制下，发起者承诺如果众筹项目失败（该项目无法在预定众筹期限内从投资者那里筹集到预设众筹目标的资金额），将返还全部所筹资金给投资者。第二种机制称为灵活筹资机制，发起者可以选择不退款，也就是说即使项目失败，发起者也可以保留所筹集的资金。直观上，相对于固定筹资机制，灵活筹资机制由于为投资者带来更多的不确定性（Strausz，2017），从而降低了投资者的参与意愿。但是，固定筹资机制和灵活筹资机制在某些情况下，各有其自身的优势。

在实践中，大多数现有的众筹平台，包括 Kickstarter 在内，只采用固定筹资机制。Lending Club 和 Kiva.org 等平台只采取灵活筹资机制。显然，筹资机制选择将对众筹项目绩效产生重要影响。例如，Ubuntu Edge，一款由 Canonical 发布的智能手机于 2013 年 7 月通过 Indiegogo 寻求外部资金，这个项目采用固定筹资模式，是当时所筹资金额最高的项目，然而它未能达到 3200 万美元的众筹目标。事实上，人们普遍认为如果这个项目能够采用灵活筹资机制，将会获得巨大的成功。

在本章的研究中，将尝试比较固定筹资机制和灵活筹资机制并指导发起者如何选择众筹筹资机制。本章的主要贡献说明如下。

首先，本章的研究丰富了关于灵活筹资机制的研究。在研究过程中，首先开发静态模型来描述固定筹资机制和灵活筹资机制，其中采用灵活筹资机制导致的众筹结果的不确定性，将导致投资者对众筹项目的不信任。通过比较每种机制下的预期收益，为众筹发起者提供众筹筹资机制选择的建议。研究结果表明，当项目的单位生产成本和投资者的不信任程度较低时，发起者应选取灵活筹资机制。

其次，众筹产品通常是新上市的，并且其中大部分在其他渠道中不可获得，并且不会再次生产。投资者在做出购买决策时关心产品质量，因此，将产品质量纳入考虑范围，随后分析不同筹资策略如何对发起者的产品质量决策产生影响，并分别考虑产品质量是外生的或内生的。主要结果与 4.1.2 节中的基本模型一致。有趣的是，研究发现当产品质量内生时，在灵活筹资机制下发起者总是为投资者提供更高质量的产品，此外，投资者的不信任程度将对产品质量产生正向影响。

最后，对模型进行了拓展，考虑温情效应的影响，考虑投资者数量或异质投资者的影响，探讨众筹平台如何改进灵活筹资机制，并考虑投资者对产品估值服从更复杂的分布所带来的影响。除了数学分析，还在每个扩展后提供了有趣的管理学启示。例如，研究得出结论，由于众筹中的温情效应，捐赠型众筹项目通常更喜欢灵活筹资机制。

4.1.2 模型构建与初步分析

在奖励型众筹项目中，首先由发起者在众筹平台上发布自己的众筹项目以及相关信息，包括目标金额、筹资期限、产品的价格 p 及其单位生产成本 c。发起者还需要宣布众筹将采取固定筹资机制还是灵活筹资机制。项目发起后，投资者到达平台并基于自己对产品的估值 θ 决定是否参与众筹。发起者和投资者的目标是最大化他们自身的预期效用（利润）。

本章研究的目标是分析两种众筹机制，即固定筹资机制和灵活筹资机制。为了聚焦于对这两种机制的比较，在基本模型中，假设如下：市场上只有两个潜在的投资者，θ 在区间[0, 1]上均匀分布，投资者没有机会成本。前两个假设被广泛应用在团购和众筹文献中（Jing and Xie，2011；Belleflame et al.，2014；Hu et al.，2015）。

在固定筹资机制下，一个项目只有两个投资者都参与众筹才会成功；否则，募集资金退还给投资者。投资者的效用可以表示为 $u_i = \theta - p$。在这种情况下，每个投资者都将参与众筹当且仅当 $u_i \geqslant 0$，即 $\theta \in [p, 1]$。注意到 θ 遵循[0, 1]上的均匀分布，每个投资者参与众筹的概率是 $1-p$，众筹项目的成功率是 $(1-p)^2$。由于每个产品的单位利润是 $p-c$，投资者在固定筹资机制下的利润可以表示为

$$\pi_i = (1-p)^2(2(p-c)), \quad 0 \leqslant c \leqslant p \leqslant 1 \tag{4-1}$$

在灵活筹资机制下，即使项目失败（众筹目标最终没有实现），发起者仍保留所筹资金。在这种情况下，投资者将不信任发起者，因为后者有放弃项目、携款潜逃的风险。这种不信任反过来会降低投资者对产品的估值。设不信任程度为 σ，投资者参与众筹的效用为 $u_e = \theta(1-\sigma) - p$。在这种情况下，投资者参与众筹当且仅当 $u_e \geqslant 0$，即 $\theta \in [p/(1-\sigma), 1]$。每个投资者参与众筹的概率是 $1-p/(1-\sigma)$，而发起者从每个投资者那里获得的预期利润为 $(1-p/(1-\sigma))(p-c)$。因此，灵活筹资机制下发起者的总预期利润为

$$\pi_e = 2\left(1 - \frac{p}{1-\sigma}\right)(p-c), \quad 0 \leqslant c \leqslant p \leqslant 1, 0 \leqslant \sigma \leqslant 1-c \tag{4-2}$$

引理 4-1 在每种筹资机制下发起者的价格设定和利润为 $\hat{p}_i = \dfrac{1+2c}{3}$，$\hat{\pi}_i = \dfrac{8(1-c)^3}{27}$ 和 $\hat{p}_e = \dfrac{1+c-\sigma}{2}$，$\hat{\pi}_e = \dfrac{(1-c-\sigma)^2}{2(1-\sigma)}$。

注：证明参见 Bi 等（2019）的研究。

推论 4-1 给定最优众筹价格 $\hat{p}$，有单位利润 $\rho = \hat{p} - c$ 和投资者参与概率 $\omega = 1 - \hat{p}/(1-\sigma)$（固定筹资机制中的 $\sigma = 0$）；可得出以下结论。

（1） $\hat{p}_i$ 和 $\hat{p}_e$ 关于 c 线性增加；$\hat{p}_e$ 关于 σ 线性递减。

(2) ρ_i 和 ρ_e 关于 c 线性递减；ρ_e 关于 σ 线性递减；单位利润差距 $\Delta\rho = \rho_i - \rho_e$ 关于 c 线性递增。

(3) ω_i 和 ω_e 关于 c 线性递减；并且 ω_e 关于 σ 递减且为凹。

注：证明参见 Bi 等（2019）的研究。

推论 4-1 的主要结果是直观的。例如，当单位生产成本 c 增加时，由此产生的最优众筹价格也将提高，而众筹参与概率将降低；当不信任度 σ 升高时，发起者会倾向于降低众筹价格，提高投资者的参与概率。下面详细说明一些额外的因素。首先，$\hat{p}$ 随 c 递增，而增长率小于单位生产成本，因此单位利润 $\rho = \hat{p} - c$ 随 c 递减。此外，$\hat{p}_i$ 关于 c 的增长率大于 $\hat{p}_e$ 关于 c 的增长率，因此 $\Delta\rho = \rho_i - \rho_e$ 关于 c 递增。其次，ω_e 随 σ 递减，即使发起者降低了众筹价格，不信任对于众筹参与率的负面影响仍占主导地位。通过图 4-1 可以更好地理解推论 4-1。

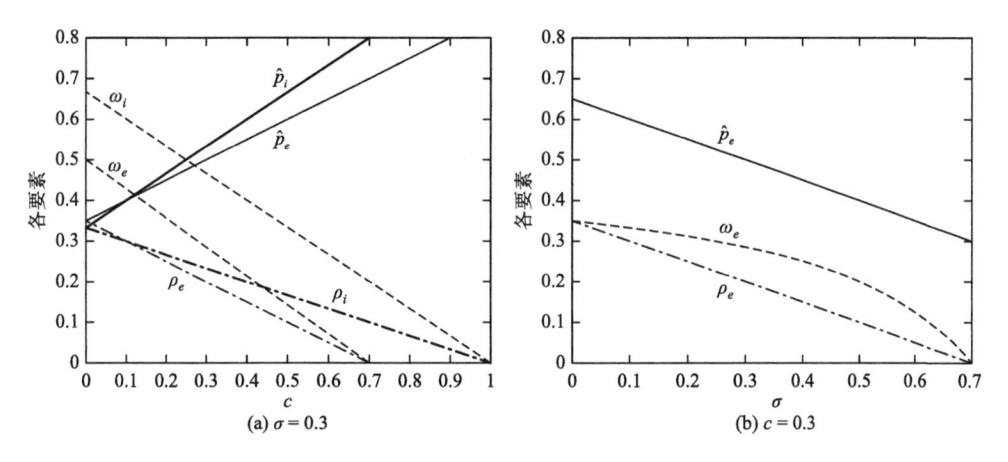

图 4-1 各要素关于 c 与 σ 的单调性

为了比较这两种机制，采用控制变量方法首先固定 σ 的值，然后观察 $\hat{p}$ 和 $\hat{\pi}$ 关于 c 的变化。详细结果如命题 4-1 所示。

命题 4-1 对于任意给定的 σ，存在两个不同的单位生产成本阈值 c_1 和 c_2，其中 $c_1 \leqslant c_2$，使得：①如果 $c \leqslant c_1$，$\hat{p}_i \leqslant \hat{p}_e$；如果 $c > c_1$，$\hat{p}_i > \hat{p}_e$；②如果 $c \leqslant c_2$，$\hat{\pi}_i \leqslant \hat{\pi}_e$；如果 $c > c_2$，$\hat{\pi}_i > \hat{\pi}_e$。

注：证明参见 Bi 等（2019）的研究。

命题 4-1 表明对于给定的不信任水平 σ，当 c 较小时，固定筹资机制下最优众筹价格和预期利润低于灵活筹资机制下最优众筹价格和预期利润；当 c 较大时，结果相反。特别是当 c 处于 c_1 和 c_2 中间时，灵活筹资机制将导致较低的众筹价格和较高的预期利润。将 c_1 和 c_2 称为固定筹资机制与灵活筹资机制间的价格相等和利润相等的单位生产成本的阈值。

推论 4-2 对于任意给定的 σ，有：①如果 $11/27 \leqslant \sigma \leqslant 1$，则 $c_1 = c_2 = 0$，且 $\hat{\pi}_i \geqslant \hat{\pi}_e$ 始终成立，即优先选择固定筹资机制；②如果 $1/3 \leqslant \sigma < 11/27$，那么 $0 = c_1 < c_2 < 1$，且 $\hat{p}_i > \hat{p}_e$ 总是成立；③如果 $0 \leqslant \sigma < 1/3$，则 $0 < c_1 < c_2 \leqslant 1$。特别地，如果 $\sigma = 0$，则 $c_1 = c_2 = 1$，且 $\hat{\pi}_i \leqslant \hat{\pi}_e$ 始终成立，即灵活筹资机制占优。

注：证明参见 Bi 等（2019）的研究。

推论 4-2 表明：当不信任程度高时，发起者将始终选择固定筹资机制来最大化预期利润；当不信任程度为中等时，固定筹资机制或灵活筹资机制都有可能被发起者选择；当投资者完全信任发起者时，发起者会选择灵活筹资机制。

为了更好地研究 c 和 σ 对发起者的筹资机制选择的影响，通过将 σ 从 0 增加到 1，得出两种筹资机制的价格和利润无差异曲线。在图 4-2 中，c 和 σ 形成的二维空间被价格无差异曲线和利润无差异曲线分为三部分。具体来说，第 I 部分所代表的子空间中，$\hat{p}_e$ 和 $\hat{\pi}_e$ 都更高；第 II 部分代表的子空间中，$\hat{p}_e$ 较低，而 $\hat{\pi}_e$ 较高；第 III 部分代表的子空间中，$\hat{p}_i$ 和 $\hat{\pi}_i$ 都更高。必须指出的是，盈利边界线以上的区域与不等式 $\sigma > 1-c$ 有关，表示灵活筹资机制下的区域无利可图，固定筹资机制是发起者的唯一选择。下面对前面介绍的三个部分进行更深入的介绍。

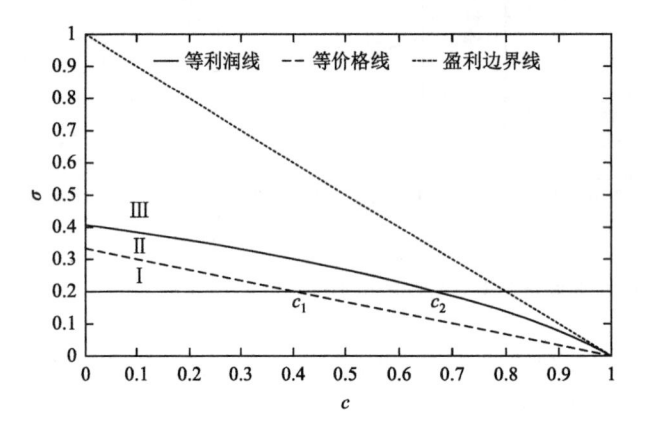

	$\hat{\pi}_e > \hat{\pi}_i$	$\hat{\pi}_e < \hat{\pi}_i$
$\hat{p}_e > \hat{p}_i$	I	—
$\hat{p}_e < \hat{p}_i$	II	III

图 4-2 不同 c 和 σ 值下发起者的最优策略

首先，对于第 I 部分，建议发起者在不信任度低时选择灵活筹资机制。这可以解释灵活筹资机制为何广泛用于 Indiegogo 等平台的慈善众筹项目中。对于这样的慈善众筹项目，投资者经常由于道德上的信任而忽略潜在的欺诈。通常情况下，慈善众筹项目的奖励包括廉价的纪念品，如 T 恤，其单位生产成本低，但具有较高的纪念价值。

其次，第 II 部分表明，不信任并不总是损害灵活筹资机制下投资者的利益。具体地说，在灵活筹资机制下存在一个子空间，其中发起者可以得到更高的预期利润，而投资者可以以更低的价格获得产品。发起者意识到投资者的不信任会影响他们的估值并降低众筹参与概率；因此，发起者将降低众筹价格以提高投资者的众筹参与概率。

最后，第Ⅲ部分表明，投资者不会参与不信任度高的项目，无论单位生产成本为何。对于此类不信任度高的项目，固定筹资机制被认为更适合发起者用于筹集资金。众筹中的一个相关现象是大多数平台采用固定筹资机制作为唯一的筹资机制（例如，Kickstarter、GoFundMe 和 Teespring）。这可以归因于投资者对这些平台的信任度较低以及发起者与投资者间的信息不对称。当一个平台获得公众认可后，灵活筹资机制可以成为替代机制。

4.1.3 产品质量决策

1. 产品质量外生

假设发起者提供的产品具有外生性质量 q。按照一些现有的文献（Guo and Zhang，2012；Hu et al.，2015）中的设定，假设生产质量 q 的产品的单位成本是 $\frac{q^2}{2}$，更高质量的产品将产生更高的单位成本。此外，令 $0 \leq q \leq \sqrt{2}$，保证单位生产成本在[0, 1]范围内，这与之前对 c 的参数设置一致。

考虑外生产品质量时，固定筹资机制和灵活筹资机制的研究结果如下。

（1）具有外生产品质量的固定筹资机制。类似于 4.1.2 节中的研究，投资者参与众筹的效用可以表示为 $u_i^{ex} = \theta q - p$。由于 θ 均匀分布在[0, 1]上，每个投资者的众筹参与概率是 $1-p/q$，项目的成功率为 $(1-p/q)^2$。注意到现在的单位利润是 $p - \frac{q^2}{2}$，可以表示产品质量外生时固定筹资机制下发起者的预期利润为

$$\pi_i^{ex} = \left(1 - \frac{p}{q}\right)^2 2\left(p - \frac{q^2}{2}\right), \quad 0 \leq q \leq 2 \quad (4-3)$$

（2）具有外生产品质量的灵活筹资机制。此时每个投资者参与众筹的效用表示为 $u_e^{ex} = \theta(q - \sigma) - p$。类似地，投资者参与众筹的概率为 $1-p/(q-\sigma)$。所以，产品质量外生时灵活筹资机制下发起者的预期利润为

$$\pi_e^{ex} = 2\left(1 - \frac{p}{q - \sigma}\right)\left(p - \frac{q^2}{2}\right), \quad 0 \leq q \leq 2, 0 \leq \sigma \leq q - \frac{q^2}{2} \quad (4-4)$$

引理 4-2 发起者在产品质量外生时，最优众筹价格和预期利润定义为 $\hat{p}^{ex}$ 和 $\hat{\pi}^{ex}$，有

$$\hat{p}_i^{ex} = \frac{q(1+q)}{3}, \quad \hat{\pi}_i^{ex} = \frac{q(2-q)^3}{27} \text{ 和 } \hat{p}_e^{ex} = \frac{2q + q^2 - 2\sigma}{4}, \quad \hat{\pi}_e^{ex} = \frac{(2q - q^2 - 2\sigma)^2}{8(q - \sigma)}$$

注：证明参见 Bi 等（2019）的研究。

给定最优众筹价格 $\hat{p}^{\text{ex}}$，可以得到产品单位利润 $\rho^{\text{ex}} = \hat{p}^{\text{ex}} - q^2/2$ 和投资者参与概率 $\omega^{\text{ex}} = 1 - \hat{p}^{\text{ex}}/(q-\sigma)$（固定筹资机制中的 $\sigma = 0$）。通过将 q 从 0 增加到 2，可以得到两种筹资机制间的价格无差异曲线和利润无差异曲线。将两个临界值设为 σ_1 和 σ_2 ($\sigma_1 < \sigma_2$)，可以得到命题 4-2。

命题 4-2 对于任意给定的 σ，有：①如果 $\sigma > \sigma_1$，$\hat{p}_e^{\text{ex}} < \hat{p}_i^{\text{ex}}$；如果 $\sigma > \sigma_2$，$\hat{\pi}_e^{\text{ex}} < \hat{\pi}_i^{\text{ex}}$；②如果 $\sigma < \sigma_1$，则存在两个产品质量临界值 q_1^l 和 q_1^h，使得若 $q_1^l < q < q_1^h$，则 $\hat{p}_e^{\text{ex}} > \hat{p}_i^{\text{ex}}$，否则 $\hat{p}_e^{\text{ex}} < \hat{p}_i^{\text{ex}}$；③若 $\sigma < \sigma_2$，则存在两个产品质量临界值 q_2^l 和 q_2^h，使得若 $q_2^l < q < q_2^h$，则 $\hat{\pi}_e^{\text{ex}} > \hat{\pi}_i^{\text{ex}}$，否则 $\hat{\pi}_e^{\text{ex}} < \hat{\pi}_i^{\text{ex}}$。

注：证明参见 Bi 等（2019）的研究。

命题 4-2 表明，对于给定的不信任水平 σ，当产品质量 q 中等时，最优众筹价格和预期利润在灵活筹资机制下较高；此外，当 q 低或高时，结果将相反。特别地，当 σ 位于 σ_1 和 σ_2 中间时，存在 q 的区间，其中灵活筹资机制导致较低的众筹价格，而获得相比于固定筹资机制更高的预期利润。图 4-3 给出了不同信任程度和外生产品质量下的最优筹资策略。区域Ⅰ、Ⅱ、Ⅲ与图 4-2 保持一致。

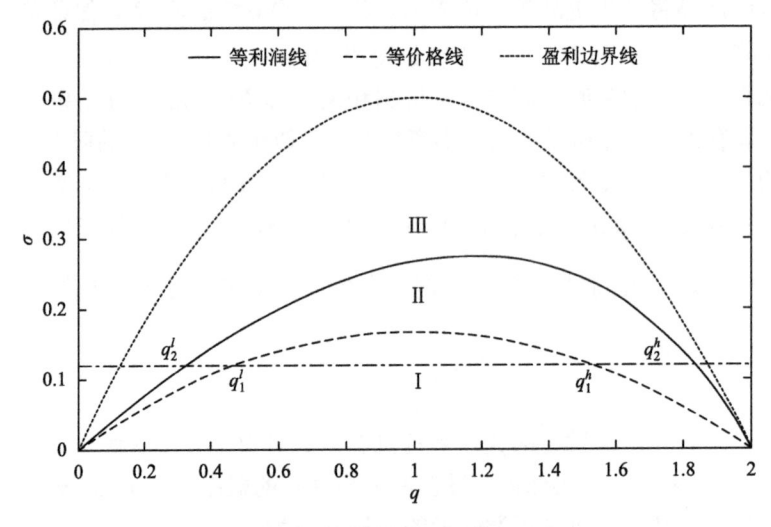

图 4-3 不同 q 与 σ 下的最优筹资策略

2. 产品质量内生

由引理 4-2 可知，对于任意给定的产品质量水平 q，在固定筹资机制和灵活筹资机制下，各自的预期利润为 $\hat{\pi}_i^{\text{ex}} = \dfrac{q(2-q)^3}{27}$，$\hat{\pi}_e^{\text{ex}} = \dfrac{(2q - q^2 - 2\sigma)^2}{8(q-\sigma)}$。

第4章 众筹机制

由于质量水平是内生的,不信任水平 σ 将是唯一的外生因素。因此,发起者将决定产品质量和众筹价格,以在两种筹资机制下最大化预期利润。

引理 4-3 产品质量内生时最优的产品质量、众筹价格和预期利润分别定义为 $\hat{q}^{en}$、$\hat{p}^{en}$、$\hat{\pi}^{en}$,有:①在固定筹资机制下,$\hat{q}_i^{en} = 1/2$,$\hat{p}_i^{en} = 1/4$,$\hat{\pi}_i^{en} = 1/16$;②在灵活筹资机制下,$\hat{q}_e^{en} = (1 + 2\sigma + \sqrt{1 - 2\sigma + 4\sigma^2})/3$,$\hat{p}_e^{en} = (2q_e^{en} + (q_e^{en})^2 - 2\sigma)/4$,$\hat{\pi}_e^{en} = (2q_e^{en} - (q_e^{en})^2 - 2\sigma)^2 / (8(q_e^{en} - \sigma))$。具体来说,$\hat{q}_e^{en}$ 关于 σ 递增且为凸,$\hat{p}_e^{en}$ 是 σ 的凸函数,并且 $\hat{\pi}_e^{en}$ 关于 σ 递减且为凸。

注:证明参见 Bi 等(2019)的研究。

引理 4-3 给出了两种机制下的最优产品质量水平、最优众筹价格和最大预期利润。特别是在灵活筹资机制下,当投资者的不信任程度较高时,发起者不得不提高产品质量来缓解负面影响,而其净预期利润仍然受到影响。

根据引理 4-3,可以比较发起者所采用的固定筹资机制和灵活筹资机制。分析结果由命题 4-3 总结,如图 4-4 所示。

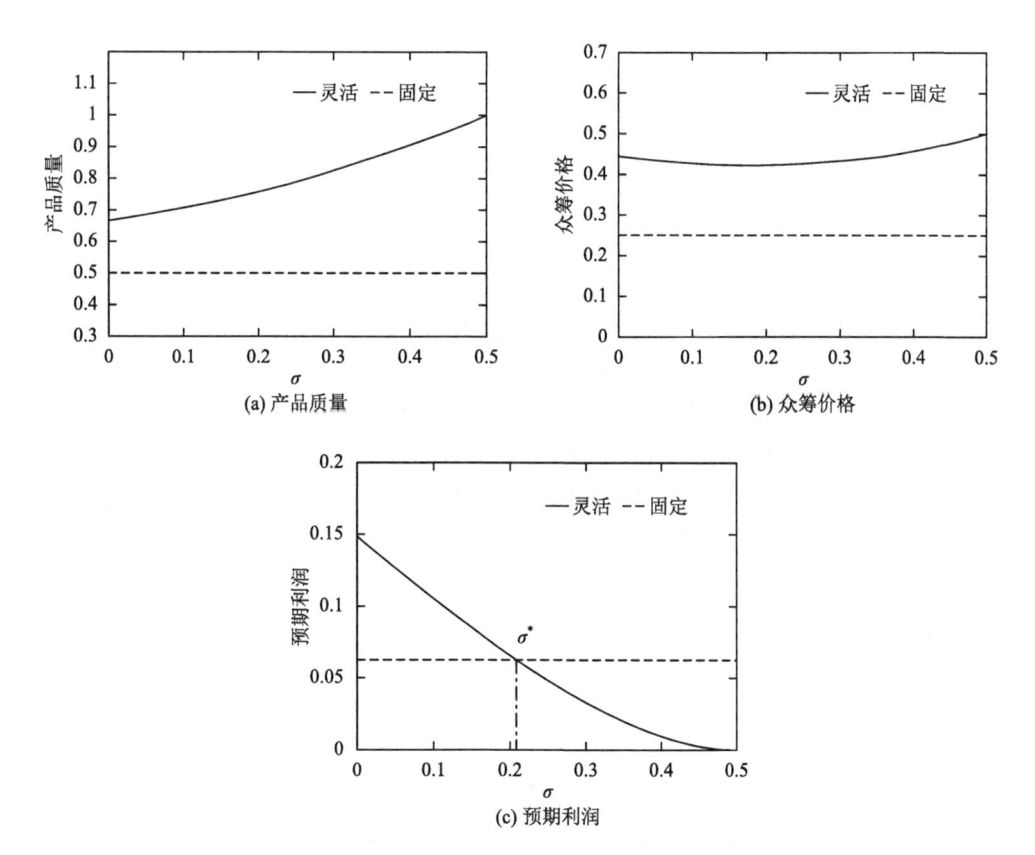

图 4-4 不同 σ 值下的产品质量、众筹价格、预期利润

命题 4-3 当产品质量为内生时，有：① $\hat{q}_i^{en} < \hat{q}_e^{en}$；② $\hat{p}_i^{en} < \hat{p}_e^{en}$；③存在唯一的 σ^* 使得若 $\sigma \leqslant \sigma^*$，$\hat{\pi}_e^{en} \geqslant \hat{\pi}_i^{en}$；如果 $\sigma > \sigma^*$，则 $\hat{\pi}_e^{en} < \hat{\pi}_i^{en}$。

注：证明参见 Bi 等（2019）的研究。

从命题 4-3 和图 4-4 可以看出，在灵活筹资机制下，发起者总是会向投资者提供更高质量的产品，即使由此产生的众筹价格会因为单位生产成本的增加而升高。从某种意义上说，这表明灵活筹资机制下的投资者的不信任程度能够提高交付产品的质量，从而使投资者受益。在每种筹资机制的预期利润方面，其结果与命题 4-3 一致，即固定筹资机制和灵活筹资机制各有优势。

4.1.4 拓展研究

本节将讨论模型的几个扩展方面，以更深入地理解固定筹资机制和灵活筹资机制之间的区别。同时为了聚焦于每个扩展内容，在下面每个部分中，基于 4.1.3 节中所研究的模型分析不同因素的影响，其中产品质量是外生的。

1. 温情效应

在 4.1.2 节和 4.1.3 节中，假设投资者是自利的。在这种情况下，如果投资者对项目的估值乘以产品质量和不信任程度大于众筹价格，则投资者将参与众筹。但是，在实践中，可能存在一些非经济效应，可能刺激投资者参与众筹，包括众所周知的温情效应，即投资者从捐赠本身的行为中获得效用。从相关文献可知，温情效应的概念是由 Becker（1974）首先提出的。随后，Andreoni（1989，1990）用这个概念来解释为什么个人会主动参与慈善活动。

简单来说，温情效应提供个人（投资者）捐赠时的额外效用，这一额外效用通常假设与捐赠额成正比（Andreoni，1990；Hu et al.，2015）。因此，如果项目成功，那么可以重新设定投资者参与固定筹资机制和灵活筹资机制下众筹的效用为 $u_i^{wg} = \theta q - p + \lambda p$ 和 $u_e^{wg} = \theta(q - \sigma) - p + \lambda p$，其中 λ 表示温情效应的大小。可以得出发起者在固定筹资机制和灵活筹资机制下的预期利润分别为

$$\pi_i^{wg} = \left(1 - \frac{p(1-\lambda)}{q}\right)^2 2\left(p - \frac{q^2}{2}\right) \tag{4-5}$$

$$\pi_e^{wg} = 2\left(1 - \frac{p(1-\lambda)}{q-\sigma}\right)\left(p - \frac{q^2}{2}\right) \tag{4-6}$$

从 u_i^{wg} 和 u_e^{wg} 的表达式可以看出，在投资者中，温情效应可以视为众筹价格的折扣，即众筹价格从 p 到 $1-\lambda p$，而发起者从每个投资者处获得的单位利润仍然

是 $p-\dfrac{q^2}{2}$。由此可见，与原始情况相比，最优众筹价格 $\hat{p}^{wg}$、单位利润 ρ^{wg}、众筹参与概率 ω^{wg} 和预期利润 $\hat{\pi}^{wg}$ 将提高。引理 4-4 总结了主要结果。

引理 4-4 在温情效应下，有：① $\hat{p}_i^{wg}$ 和 $\hat{p}_e^{wg}$ 关于 λ 递增且为凸；② ρ_i^{wg} 和 ρ_e^{wg} 关于 λ 递增且为凸；③ q_i^{wg} 和 q_e^{wg} 关于 λ 线性增加；④ $\hat{\pi}_i^{wg}$ 和 $\hat{\pi}_e^{wg}$ 关于 λ 递增且为凸。

注：证明参见 Bi 等（2019）的研究。

类似于命题 4-3，可以得到两个临界点 σ_1 和 σ_2 如何受到温情效应的影响。

引理 4-5 在温情效应下，对于任意给定的 q，都有临界点 σ_1 和 σ_2 随 λ 递增。

如上所述，从投资者的角度来看，温情效应可以看作众筹价格的折扣。因此，投资者在做出参与决策时对不信任程度的容忍度会比之前更高。此外，随着温情效应的增加，不信任的无差异阈值也增加了，即 σ_1 和 σ_2 随 λ 递增。

注：证明参见 Bi 等（2019）的研究。

引理 4-5 也有助于解释为什么在慈善众筹活动中，灵活筹资机制受到欢迎。由于慈善活动中温情效应的存在，不信任的无差异阈值增大了。在预期利润方面，灵活筹资机制超过固定筹资机制的子空间增大。

2. 平台的反应：灵活筹资机制的激励策略

从投资者的角度来看，灵活筹资机制的一个缺点是，即使项目失败了，发起者也可以获得全部所筹资金，这导致了投资者对发起者的不信任，从而降低了灵活筹资机制的适用性。就平台而言，为了增强灵活筹资机制的吸引力，可以采取对采用灵活筹资机制的项目的发起者在项目遭遇失败后施加惩罚的措施。在这种情况下，投资者对发起者的信任将得到加强，使前者更容易被采用灵活筹资机制的项目所吸引。因此，即使一个采用灵活筹资机制的项目可能会受到惩罚，它的预期利润也会随之增加，发起者也会有更多的动机选择灵活筹资机制。

将失败的惩罚成本记为 C，将相关出资人的不信任水平函数记为 $\sigma(C)$，可以将灵活筹资机制下发起者的预期利润表示为

$$\pi_e^{is} = 2\left(1-\dfrac{p}{q-\sigma(C)}\right)^2\left(p-\dfrac{q^2}{2}\right)+2\times\dfrac{p}{q-\sigma(C)}\left(1-\dfrac{p}{q-\sigma(C)}\right)\left(p-\dfrac{q^2}{2}-C\right) \quad (4\text{-}7)$$

式中，$0 \leqslant q \leqslant 2$；$0 \leqslant C+\sigma(C) \leqslant q-\dfrac{q^2}{2}$。

必须指出，$C+\sigma(C)$ 被假定小于等于 $q-\dfrac{q^2}{2}$，以确保灵活筹资机制是有利可图的。很自然地，$\sigma(C)$ 关于 C 呈递减趋势。另外，如果假定 $\sigma(C)$ 是 C 的凸函数，那么可以通过引理 4-6 来表征在灵活筹资机制下使发起者的期望利润最大化的最优惩罚。为了获得更深刻的理解，现在用众所周知的多项式形式来表示投资者的

不信任程度，即

$$\sigma(C) = aC^2 + bC + \sigma_0, \quad a \geqslant 0, b \leqslant 0, \sigma_0 \geqslant 0, \sigma_0 - b^2/(4a) \leqslant 0 \quad (4\text{-}8)$$

引理 4-6 根据式（4-8）中 $\sigma(C)$ 的表达式，有：①当 $a = 0$ 时，如果 $b > -1$，则 $C^* = 0$；如果 $b < -1$，则 $C^* = \min\{-\sigma_0/b, \bar{C}\}$；如果 $b = -1$，则 C^* 在 $[0, \sigma_0]$ 中取任意值均可；②当 $a > 0$ 时，如果 $b \geqslant -1$，则 $C^* = 0$；如果 $b \leqslant -\sqrt{4a\sigma_0 + 1}$，则 $C^* = \min\{(-b-\sqrt{b^2-4a\sigma_0})/(2a), \bar{C}\}$；如果 $-\sqrt{4a\sigma_0+1} < b < -1$，则 $C^* = \min\{(-1-b)/(2a), \bar{C}\}$。

注：证明参见 Bi 等（2019）的研究。

引理 4-6 的结果解释如下，当 $\sigma(C)$ 关于 C 线性递减时：①如果不信任水平下降速度较慢，则平台不会施加任何惩罚；②如果不信任水平下降速度很快，那么平台会将惩罚设置得尽可能高，直到产生的不信任程度为 0。当 $\sigma(C)$ 为二次型时，对于任意给定的 $a > 0$，b 的绝对值决定了 $\sigma(C)$ 在第一象限内的倾斜度。从直观上看，当 $|b|$ 较小时，曲线会相对平坦。因此，在 $C = 0$ 处达到最优惩罚，从而在点 $(0, \sigma_0)$ 处的结果的斜率最接近 1；而当 $|b|$ 较大时，曲线较为陡峭，最优点为 $(C^0, 0)$，斜率最接近 1，其中 $C^0 = \{C : \sigma(C) = 0\}$。为了更好地理解引理 4-6，可以参考图 4-5 所示的一个数值例子，其中 $a = 0.5$，$\sigma_0 = 0.2$，$q = 1$，$C^{-1} = \{C : \sigma(C) = -1\}$。

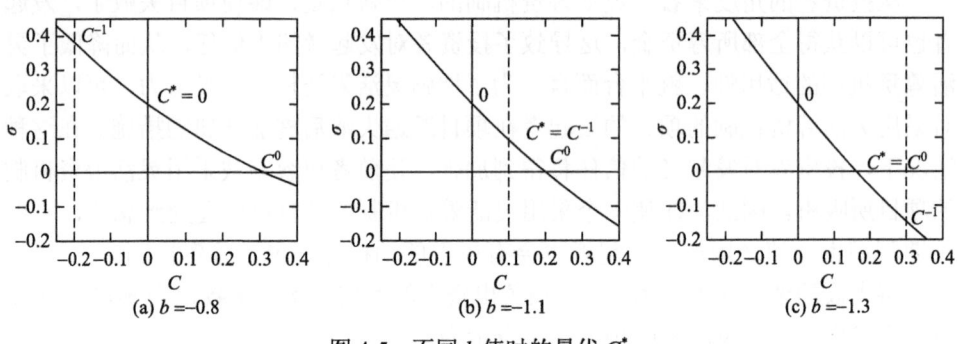

图 4-5 不同 b 值时的最优 C^*

事实上，Indiegogo 曾经采取过类似的激励策略。在灵活筹资机制下，将服务费定为成功的项目筹资额的 4%，失败的项目筹资额的 9%。然而，Indiegogo 之后放弃了这个策略。这可能归因于这样一个事实，即相关的不信任函数 $\sigma(C)$ 非常平坦，以至于惩罚的积极影响较小 [图 4-5（a）]。

4.1.5 小结

本节调查了固定和灵活两种类型的筹资机制，并分析了众筹发起者的机制选择和不同条件下的决策。研究强调了灵活筹资机制带来的不确定性以及由此产生的投资者的不信任，并研究了它们对发起者的影响。

本节的理论分析提供了几个新的管理学启示。首先，对基本模型的分析表明，在单位生产成本和不信任水平都较低的情况下，灵活筹资机制能给发起者带来更多的利润。本节研究的模型为 Indiegogo 众筹平台上的慈善众筹项目广泛采用灵活筹资机制提供了可能的解释。当考虑到利他主义的原因时，这种解释得到了验证。其次，当通过考虑产品质量水平来概括本节研究的基本模型时可以发现，在产品质量内生的情况下，灵活筹资机制下发起者总是会提供更高质量的产品。更具体地说，所提供的产品质量随不信任水平递增。这些结果表明，不信任程度可能使投资者受益于更高质量的产品。最后，本节研究也为众筹平台提供了启示。这些平台需要加强市场监管，并选择更可靠的企业来发布其创意，另外，平台还应该采取一些策略来激励发起者，例如，在灵活筹资机制下，当项目失败时收取额外的惩罚费用，但一般情况下，该策略只有在不信任程度下降速度较快时才有效。

本节的研究为两种众筹机制提供了一些见解，但仍有一些局限性。例如，在现实中，不同估值的投资者会先后进入一个项目，因此，早期投资者总是存在机会成本。这种机会成本包括以下两部分：一是投资者本可以在其他地方投入相同金额而产生的货币成本；二是投资者无法得到想要的产品而产生的心理挫折。在未来的研究中，机会成本的作用将是众筹研究的方向。如何在灵活筹资机制下激励发起者将是另一个值得深入研究的方向。

4.2 热心型投资者与众筹机制选择

4.2.1 背景介绍

在众筹中广泛存在着热心型投资者的参与，除了前面指出的温情效应，还有实证研究显示：已筹集到目标额 80%~100% 的项目的资金筹集速度是已筹集目标额 0%~20% 的众筹活动的 1.93 倍，但达到目标额后，筹资速度再次回落（Kuppuswamy and Bayus，2017）。这种现象不能用羊群或质量证明来解释，因此它揭示了热心型投资者的存在。本节主要关注这种热心型投资者的存在如何对奖励型众筹中发起者筹资机制的选择产生影响。

4.2.2 模型设定

假设一个发起者想要启动一个开发成本为 K 且边际生产成本为 0 的生产项目（Belleflamme et al.，2014；Kumar et al.，2020）。在创业时，创业者通常无法直接从传统金融机构获得融资（Griffin，2012）。发起者通过设定价格 p、融资目标 F 和筹资机制来发起众筹活动，以吸引投资者的参与。发起者可以在固定筹资机制和灵活筹资机制间进行选择。假设发起者发起众筹的目的是最大限度地为他的生产筹集资金（Nie et al.，2020；Guan et al.，2020）。

在本节中，将投资者划分为两组：战略消费者（简称消费者）和热心型捐赠者（简称捐赠者），每个投资者属于他们中的一个。当且仅当预期效用非负时，消费者参与众筹；每个消费者最多预订一个单位的产品。根据先前的研究（Bender et al.，2019；Roma et al.，2018；Chemla and Tinn，2020），假设消费者是同质的，发起者设定一个价格 p。将消费者对产品的估值归一化为 1。假设消费者的数量 n 是一个连续的随机变量，在区间[0, N]上均匀分布（Roma et al.，2018）。

假设捐赠者在消费者之后参与：当项目至少筹集了目标的 $1-d$，但尚未成功时，捐赠者将通过预购产品帮助该项目达到它的目标。在筹资额达到该比例之前，捐赠者不会参加。参数 d 衡量捐赠者愿意提供帮助的程度。不失一般性，假设 $0 \leq d < 1/2$，这意味着对于成功的项目，来自消费者的出资额占筹资目标的一半以上。

在众筹之后，如果发起者筹集到了足够的资金，他就会按照承诺制作并交付研发完全的产品给投资者。然而，如果发起者缺乏资金，他可能会根据项目产出的可扩展性提供研发不完全的质量较低的产品（Cumming et al.，2020）。

为了简化计算，将发起者关于价格和筹资目标的决策转化为关于价格和投资者目标人数的决定 $N_{\min}$，即 $F = pN_{\min}$。对于一个给定的众筹目标，如果属于消费者的投资者的人数超过 $N_{\min}$，项目在没有受到捐赠者帮助的情况下成功；如果消费者投资者的人数低于 $N_{\min}$ 但高于 $(1-d)N_{\min}$，项目在受到捐赠者帮助的情况下成功；否则，项目就会失败。本节的分析基于条件 $N_{\min} \leq N$，以避免出现捐赠者事先必须参与的情况。

4.2.3 理论分析

1. 固定筹资机制

在固定筹资机制下，当满足以下条件时，消费者参与项目：

$$u = \int_{(1-d)N_{\min}}^{N} (1-p)\frac{1}{N} \mathrm{d}n \geq 0 \tag{4-9}$$

将这个条件化简为 $p \leq 1$。发起者将设 $p = 1$。相应地，在固定筹资机制下，筹资目标的上界为 $\bar{F}_A = N$。发起者的决策问题为

$$\max_{N_{\min}} \pi_A = \int_{N_{\min}}^{N} (pn)\frac{1}{N}\mathrm{d}n + \int_{(1-d)N_{\min}}^{N_{\min}} (pN_{\min})\frac{1}{N}\mathrm{d}n \tag{4-10}$$

$$\text{s.t.} \quad pN_{\min} \geq K, \quad p = 1$$

下面的引理总结了发起者的众筹策略和他的利润。

引理 4-7 在固定筹资机制下,发起者的利润是 $\pi_A(N_{\min}) = \dfrac{N^2 - (1-2d)N_{\min}^2}{2N}$,关于 $N_{\min}$ 递减。发起者将价格设为 $p=1$,目标投资者人数为 $N_{\min} = K$,项目的成功率为 $1 - \dfrac{(1-d)K}{N}$。

注:证明参见 Guo 等(2021)的研究。

给出引理 4-7 的基本逻辑如下:在固定筹资机制下,发起者只有在筹集到足够的资金后才实施生产项目,这保证了产品的质量,使其可以收取全价。虽然较少的目标人数可能会减少捐赠者的参与,但发起者仍然将目标人数设置得尽可能少,因为他在一个失败的活动后将什么也得不到。捐赠者的帮助意愿提高了项目的成功率,从而增加了发起者的利润。

2. 灵活筹资机制

在灵活筹资机制下,即使活动失败,发起者也会获得所筹资金。然而,如果未能筹集到足够的资金,发起者可能会部分执行生产项目,并向投资者提交质量较差的产品。产品质量随着生产项目可扩展性的下降而降低(Cumming et al.,2020)。这里将生产项目分为两种类型:具有可扩展输出的项目和输出不可扩展的项目。对于一个具有可扩展输出的项目,发起者可以灵活地调整产品的质量,并在资金缺乏的情况下向投资者提供半成品。例如,电子游戏可能会因为资金短缺而忽略角色的声音。对于一个输出不可扩展的项目,如果活动失败,投资者将不会收到任何有价值的产品。对于需要大量研发费用的高科技产品,如智能手表,情况可能就是这样。

输出不可扩展的项目:由于消费者在失败的项目后既没有收到退款,也没有得到有价值的产品,他们参加众筹的条件为

$$u = \int_{(1-d)N_{\min}}^{N} (1-p)\frac{1}{N}dn + \int_{0}^{(1-d)N_{\min}} (-p)\frac{1}{N}dn \geqslant 0 \qquad (4\text{-}11)$$

将条件化简为 $p \leqslant \dfrac{N-(1-d)N_{\min}}{N}$,发起者将设置价格为 $p = \dfrac{N-(1-d)N_{\min}}{N}$。

具有可扩展输出的项目:在这种情况下,在项目失败后,发起者将使用所有所筹资金实施生产项目并提供质量尽量高的产品。因为成本关于产品质量的二次函数形式在之前的研究中被广泛使用(Guo et al., 2021;Hu et al., 2015),假设对于某个质量 q,开发成本是 $c = \dfrac{q^{1/\gamma}}{2}(\gamma > 0)$,其中参数 γ 代表产品质量相对于投入成本的弹性。γ 值越大,产品质量关于可用的资本越敏感。进一步假设消费者对产品的估值是它的质量的函数,即 $v = aq$,其中 a 是一个正常数(Hu et al., 2015)。

因此，对于给定数量的投资者，半成品对于消费者来说价值为 $v' = \left(\dfrac{pn}{K}\right)^{\gamma}$。如果发起者将众筹目标设置为与所需资本相等，即 $pN_{\min} = K$，则消费者参与众筹的条件为

$$u = \int_{(1-d)N_{\min}}^{N} (1-p)\dfrac{1}{N}\mathrm{d}n + \int_{0}^{(1-d)N_{\min}} \left(\left(\dfrac{n}{N_{\min}}\right)^{\gamma} - p\right)\dfrac{1}{N}\mathrm{d}n \geqslant 0 \quad (4\text{-}12)$$

将条件化简为 $p \leqslant \dfrac{N - \left(1 - \dfrac{(1-d)^{\gamma}}{1+\gamma}\right)(1-d)N_{\min}}{N}$，发起者将设置价格为 $p = \dfrac{N - \left(1 - \dfrac{(1-d)^{\gamma}}{1+\gamma}\right)(1-d)N_{\min}}{N}$。

下面分析统一的表达式。在价格的表达式中，$\dfrac{(1-d)^{\gamma}}{1+\gamma}$ 是唯一包含 γ 的部分，且与 $N_{\min}$ 无关。此外，对于给定的 d 值，$0 < \dfrac{(1-d)^{\gamma}}{1+\gamma} < 1$ 且 $\dfrac{(1-d)^{\gamma}}{1+\gamma}$ 关于 γ 单调递减。为了对两种筹资机制进行比较，接下来在灵活筹资机制下，分析统一的投资者参与众筹条件表达式。

$p \leqslant \dfrac{N-(1-\alpha)(1-d)N_{\min}}{N}$，其中参数 $\alpha \in [0, 1)$ 度量项目输出的可扩展性。项目输出的可扩展性越大，α 的值越高，这意味着对于可扩展性输出的项目，$\alpha \in (0, 1)$，而对于不可扩展性输出的项目，$\alpha = 0$。因此，发起者设置 $p = \dfrac{N-(1-\alpha)(1-d)N_{\min}}{N}$。在分析灵活筹资机制下发起者的策略之前，首先根据 $F = \dfrac{N-(1-\alpha)(1-d)N_{\min}}{N}N_{\min}$ 分析这一机制下的筹资目标上限。

引理 4-8 对于灵活筹资机制，如果发起者设置 $N_{\min} = \min\left\{\dfrac{N}{2(1-\alpha)(1-d)}, N\right\}$，众筹目标达到其上限 $\bar{F}_K$。

注：证明参见 Guo 等（2021）的研究。

引理 4-8 表明，在灵活筹资机制下，众筹目标在发起者目标人数上并不是单调递增的。灵活筹资机制下，一个高的目标人数增加了消费者获得半成品的风险，降低了价格。相比之下，固定筹资机制提供了产品质量保证，发起者可以收取全额费用，此时众筹目标的上限为 $\bar{F}_A = N$。因此，对于需要 $\bar{F}_K < K \leqslant \bar{F}_A$ 的生产项目，只有固定筹资机制是可行的。

在灵活筹资机制下，创业者的决策问题是

$$\max_{N_{\min}} \pi_K = \int_{N_{\min}}^{N} (pn)\frac{1}{N}\mathrm{d}n + \int_{(1-d)N_{\min}}^{N_{\min}} (pN_{\min})\frac{1}{N}\mathrm{d}n + \int_{0}^{(1-d)N_{\min}} (pn)\frac{1}{N}\mathrm{d}n \quad (4\text{-}13)$$

$$\text{s.t.} \quad pN_{\min} \geq K, \quad p = \frac{N-(1-\alpha)(1-d)N_{\min}}{N}$$

式中，π_K 的第一部分和第二部分分别代表了没有捐赠者帮助和有捐赠者帮助时众筹成功的情况；π_K 的第三部分表明了即使项目失败，发起者仍然可以保留所筹资金。

引理 4-9 在灵活筹资机制下，发起者设定价格为 $p = \dfrac{N-(1-\alpha)(1-d)N_{\min}}{N}$，利润为 $\pi_K(N_{\min}) = \dfrac{(N-(1-\alpha)(1-d)N_{\min})(N^2+d^2N_{\min}^2)}{2N^2}$。

（1）如果 $\alpha > 1 - \dfrac{d}{\sqrt{3(1-d)}}$ 且 $\pi_K(N) > \pi_K(N_{\min}^-)$，其中：

$$N_{\min}^- = \frac{N - \sqrt{[N-4(1-\alpha)(1-d)K]N}}{2(1-\alpha)(1-d)}$$

则发起者设置 $N_{\min} = N$，众筹项目的成功率为 d。

（2）否则，发起者设置 $N_{\min} = N_{\min}^-$，众筹项目的成功率为 $1 - \dfrac{(1-d)N_{\min}^-}{N}$。

注：证明参见 Guo 等（2021）的研究。

引理 4-9 意味着，与固定筹资机制不同，在灵活筹资机制下，发起者可能会设定高于所需开发成本的众筹目标。面对获得半成品的风险，消费者只有在获得价格折扣时才会参与众筹。高的 α 缓解了资金短缺对产品质量的负面影响，高的 d 提高了众筹项目的成功率，使发起者能够收取更高的价格。注意，α 和 d 的值越高，不等式 $\alpha > 1 - \dfrac{d}{\sqrt{3(1-d)}}$ 满足的可能性越大；如果高目标投资者人数的负面影响不大，那么使用灵活筹资机制的发起者可能会设定高于所需开发成本的筹资目标，以获得投资者的资助。

3. 筹资机制选择

首先基于目标投资者人数 $N_{\min}$ 来比较不同机制下发起者的利润。基于引理 4-7 和引理 4-8 求解不等式 $\pi_K(N_{\min}) - \pi_A(N_{\min}) > 0$，得到以下结果。

引理 4-10 在区间 $[0, N]$ 中，如果 $0 < d < 1/2$，最多存在一个临界值 $N_1 = \dfrac{(1-d-\sqrt{(-4\alpha^2+8\alpha-3)d^2-2d+1})N}{2(1-\alpha)d^2}$ 使 $N_{\min} \in [0, N_1)$ 时，$\pi_K - \pi_A < 0$；如果 $N_{\min} \in (N_1, N]$，则 $\pi_K - \pi_A > 0$。若临界值不存在，则 π_A 总是大于 π_K。如果 $d = 0$，临界值为 $(1-\alpha)N = \lim\limits_{d \to 0^+} N_1$，结果依然成立。

注：证明参见 Guo 等（2021）的研究。

引理 4-10 指出，如果目标人数较多，发起者往往会选择灵活筹资机制。如果选择固定筹资机制，则发起者自己承担失败的风险。如果目标人数较少，项目很容易成功，此时发起者更倾向于选择固定筹资机制来收取较高的价格。然而，如果目标人数较多，发起者就会利用灵活筹资机制来将风险转移给投资者。尽管在灵活筹资机制下，如果项目成功，所筹资金总数会更少，但这一机制确保了发起者能在失败率很高时筹集到资金。此外，从产品质量的角度很容易推断出，在筹集一定数量的启动资金时，产品质量越高，发起者就会要求越高的价格，设定的目标人数就越少。因此，高品质的产品吸引发起者选择固定筹资机制。对于一个希望提高产品质量的众筹平台来说，只提供固定筹资机制是一个可行的方法。

在下面的命题中，证明了基于资本需求 K，引理 4-10 的结果同样成立。

命题 4-4 当 $\overline{F}_K < K \leq \overline{F}_A$ 时，只有固定筹资机制是可行的。当 $K \leq \overline{F}_K$ 时，如果 $\alpha \geq \dfrac{1-d-d^3}{(1-d)(1+d^2)}$，则发起者偏好灵活筹资机制；如果 $\alpha < \dfrac{1-d-d^3}{(1-d)(1+d^2)}$，有以下可能性：当 $K \leq \min\{N_1, N_2\}$，$N_2 = \sqrt{\dfrac{1-(1+d^2)(\alpha+d-\alpha d)}{1-2d}} N$ 时，发起者偏好固定筹资机制，当 $N_2 < K \leq \overline{F}_K$ 时，发起者偏好灵活筹资机制。在其他情况下，发起者对筹资机制的选择取决于具体情况。

注：证明参见 Guo 等（2021）的研究。

如果 α 相当大，即 $\alpha \geq \dfrac{1-d-d^3}{(1-d)(1+d^2)}$，则一旦可行，发起者更倾向于灵活筹资机制。如果项目输出具有高度的可扩展性，发起者可以随时根据产品需求调整生产，并提供令人满意的产品；此时固定筹资机制提供质量保证的优势消失了。下面用图 4-6 来讨论 $\alpha < \dfrac{1-d-d^3}{(1-d)(1+d^2)}$ 条件下的结果。

设参数为 $(d, N) = (0.2, 100)$，图 4-6（a）中 α 值为 0.7，图 4-6（b）中 α 值为 0.6。此外，$\alpha \leq 1 - \dfrac{d}{\sqrt{3}(1-d)}$，意味着在两种机制下发起者将设置 $pN_{\min} = K$。实线代表发起者在固定筹资机制下的利润，点线代表发起者在灵活筹资机制下的利润，虚线代表灵活筹资机制下 $N_{\min} = N$ 时发起者的利润。当点线和虚线相交时，交点处的 K 值代表灵活筹资机制下融资目标的上限。对于中等的 α，如果两种机制都可行，则资本需求较大的发起者更喜欢灵活筹资机制，如图 4-6（a）所示。有了高的众筹目标，投资者的目标人数就会增加。相应地，遵循引理 4-10 的逻辑，发起者会选择灵活筹资机制来减少众筹项目失败时的损失。然而，图 4-6（b）说明输出的可扩展性较差时，固定筹资机制总是发起者的更好选择，由于消费者

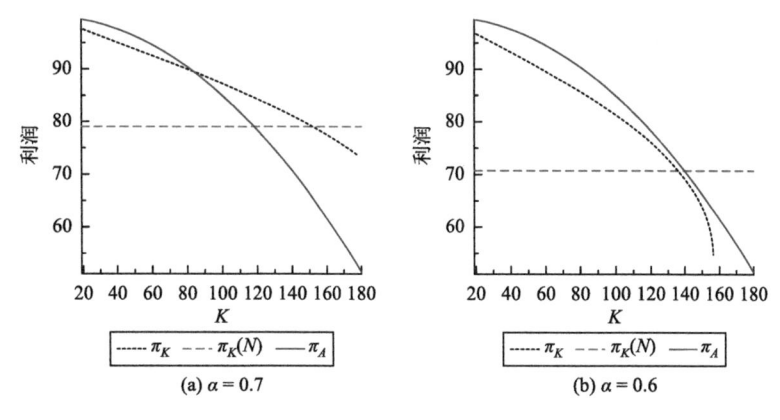

图 4-6　不同机制下的发起者利润比较

在项目失败后面临重大损失，消费者只有在价格折扣很大时才会参与众筹。在使用灵活筹资机制避免项目失败后一无所获的同时，发起者还应注意项目输出的可扩展性在选择众筹机制中的重要作用。只有在发起者可以在众筹失败后提供相当有价值的产品的情况下，才建议选择灵活筹资机制。

4.3　单阶段众筹和预售型众筹

4.3.1　背景介绍

前面的研究都是基于普通型单阶段众筹模式的研究，即只考虑产品在众筹中的销售情况，而在实际中还有另一种众筹模式存在：预售型两阶段众筹模式。在预售型两阶段众筹模式下，发起者不仅考虑产品在众筹预售阶段的利润，也同时兼顾产品生产出来后在零售市场上的销售利润。因此，在只考虑发起者采用固定筹资机制下，本节就关注这两种模式对项目的影响以及如何制定最优策略。

4.3.2　模型构建与分析

1. 普通型单阶段众筹

类似于前面部分的建模，K 为固定成本，c 为单位成本。消费者总人数为 N，当发起者设定众筹项目目标投资者人数为 n 时，项目需要筹资 $nc+K$，每个投资者应出金额为 p，因此众筹价格为 $p=c+K/n$。假设消费者对产品的估值 V 独立同分布于 $[0,1]$ 上的均匀分布。此时消费者的参与概率是 $P(V>p)=1-p=1-c-K/n$。

期望投资者人数为 $n(1-c-K/n)$，为了保证项目成功，期望投资者人数应大于目标投资者人数 n，由此可以得到使项目成功的人数条件。

命题 4-5 ①在人数为 N 的市场中，固定成本存在上界：$K<N(1-c)^2/4$；②当 $K<N(1-c)^2/4$ 时，发起者只有将目标投资者人数设置为 $n_1<n<n_2$，众筹项目才能成功。其中，$n_1=(N(1-c)-\sqrt{(1-c)^2N^2-4KN})/2$，$n_2=(N(1-c)+\sqrt{(1-c)^2N^2-4KN})/2$。

注：证明参见毕功兵等（2019）的研究。

命题 4-5 表明，当固定成本超过上界 $N(1-c)^2/4$ 时，产品无法通过众筹来筹得所需资金，且目标投资者人数 n 必须在合理范围内才能达到目标。在项目可以成功时，发起者的期望筹资金额为 $\pi_1=N(1-c-K/n)(c+K/n)$。

定理 4-1 ①当 $0<c<1/2$ 且 $K<N(1-2c)/4$ 时，期望筹资金额在 $n<2K/(1-2c)$ 时递增，在 $n>2K/(1-2c)$ 时递减，在 $n=2K/(1-2c)$ 时，众筹项目的筹资金额达到最大；②当 $1/2<c<1$ 或 $0<c<1/2$ 且 $N(1-2c)/4<K<N(1-c)^2/4$ 时，筹资金额始终随着 n 递增，当 $n=(N(1-c)+\sqrt{(1-c)^2N^2-4KN})/2$ 时，期望筹资金额最大。

注：证明参见毕功兵等（2019）的研究。

定理 4-1 表明，在不同的成本下，发起者应该采用不同的策略来制定众筹项目。当目标人数增长时，产生的正面效应是平摊固定成本的人变多，产品价格变低，消费者更愿意购买产品；但同时也会产生负面效应，因为人数的增多也意味着目标变得更难达到。当单位成本和固定成本都较低时，项目情况良好，此时在 $n=2K/(1-2c)$ 点处正面效应和负面效应达到平衡［图 4-7（a）］。当某一种成本（K

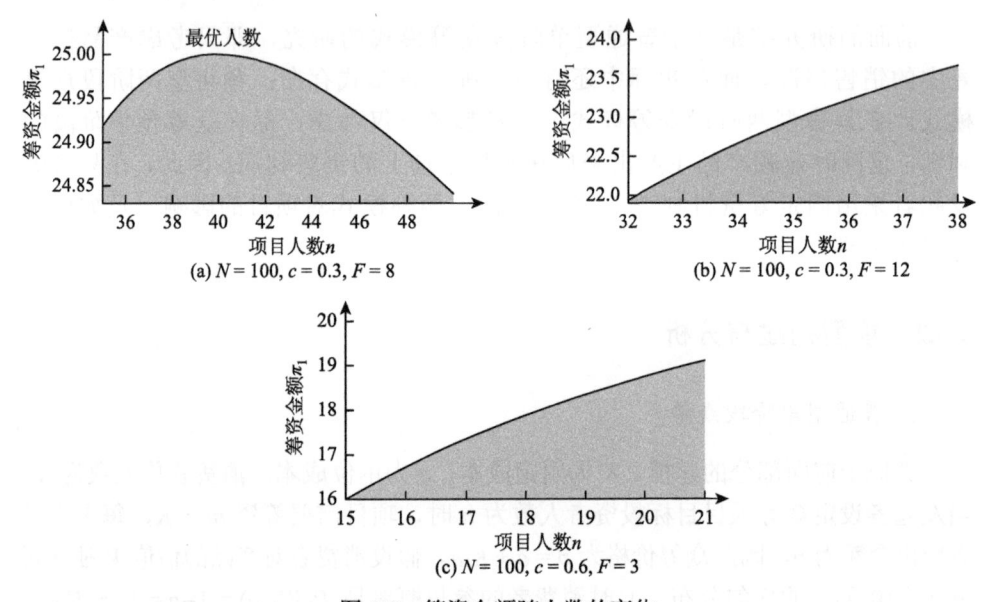

(a) $N=100, c=0.3, F=8$

(b) $N=100, c=0.3, F=12$

(c) $N=100, c=0.6, F=3$

图 4-7　筹资金额随人数的变化

或 c）很高时［图 4-7（b）和图 4-7（c）］，正面效应占主导，因为此时高昂的成本导致价格较高，消费者投资意愿很低，发起者需要尽可能地增加人数来降低价格，以吸引消费者，因此应该把人数设置为 $(N(1-c)+\sqrt{(1-c)^2N^2-4KN})/2$。

命题 4-6 在人数为 N 的市场中：①当 $0<c<1/2$ 且 $K<N(1-2c)/4$ 时，众筹项目的最大筹资金额为 $\pi_1^{\max}=N/4$；②当 $1/2<c<1$ 或 $0<c<1/2$ 且 $N(1-2c)/4<K<N(1-c)^2/4$ 时，最大筹资金额为 $\pi_1^{\max}=(2K+N(1-c)+c\sqrt{(1-c)^2N^2-4KN})/2$。

注：证明参见毕功兵等（2019）的研究。

由命题 4-6 的①可知，当项目的生产成本和固定成本都很小时，市场状况良好，发起者始终可以将人数设定为一阶极值点，此时的筹资金额恒定为 $N/4$，值得注意的是，这个金额与 c、F 无关，这说明此时由于成本较小，发起者拥有较高的主动调节能力，当 c、K 在小范围波动时，发起者始终可以通过调节 n 来维持自己的筹资金额稳定不变。

然而，当 c、K 变得太大后，根据命题 4-6 的②可知，此时发起者可以调节的空间变得较小，只能将 n 尽可能地调大；但是最大筹资金额已经无法达到 $N/4$，并且会受到 c、K 的影响，分析单调性可得如下命题。

命题 4-7 ①当 $0<c<1/2$ 且 $K<N(1-2c)/4$ 时，最大筹资金额 $\pi_1^{\max}$ 不受 c、K 的影响；②当 $1/2<c<1$ 或 $0<c<1/2$ 且 $N(1-2c)/4<K<N(1-c)^2/4$ 时，最大筹资金额 $\pi_1^{\max}$ 随着 c、K 递减。

注：证明参见毕功兵等（2019）的研究。

根据定理 4-1，当产品的单位成本或固定成本较大时，极值点不在可行范围内，发起者只能尽可能地增大 n 来吸引消费者，且无法再将筹资金额始终维持在 $N/4$，此时不管是单位成本 c 还是固定成本 K 增大，都会导致众筹项目的吸引力进一步降低，筹资金额减少。

2. 预售型两阶段众筹

某些大型的公司不仅通过众筹来筹集资金售卖产品，还会在后期在市场进行正常售卖。此时众筹作为一种预售的方式，将其称为预售型两阶段众筹项目。尽管在众筹阶段产品的价格比后期售卖的价格更高，但是市场中对产品估值较高的消费者往往会选择在众筹阶段就购买产品。这是因为这些项目通常会给予通过众筹购买的消费者更多特权，因此，在众筹阶段购买的消费者会获得一个额外的群体效应，群体效应的引入来源于 Belleflamme 等（2014）的研究。群体效应在实际生活中可能会表现为，消费者只有前期参与众筹，才可以得到限量版书本、签名或感谢信，甚至产生社交影响和集体荣誉感。本节用 δ 表示这个群体效应，并用 p_1、p_2 分别表示众筹阶段和后期的价格。

由于消费者有两次购买产品的机会，可以通过倒推法来分析发起者的决策行为。在项目的第二阶段，假设第一阶段的众筹阈值为 x，即市场上还未购买产品的消费者是那些对产品的估值 V 低于 x 的人，当发起者第二次在市场上售卖产品的价格低于他们的估值时，他们会选择购买产品。当发起者设定市场价格 p_2 后，购买产品的消费者人数为 $N(x-p_2)$，此时发起者会选取最优的市场价格 p_2 以最大化利润 $N(x-p_2)(p_2-c)$，显然第二阶段的最优市场价格为 $p_2 = (x+c)/2$。

给定众筹的第一阶段参与人数 n 及相应众筹价格 p_1，发起者可以预料到自己在第二阶段的行为，即如果自己制定的项目使消费者参与众筹的阈值为 x，则在第二阶段一定会将市场售价定为 p_2。因此，发起者可以通过制定最优的 n 与 p_1 来实现两阶段总收益最大化。对于第一阶段的消费者来说，此时他们不仅可以在第一阶段参与众筹，也可以等到第二阶段在市场上购买产品，所以，他们的决策取决于这两种购买行为消费者剩余之间的大小。消费者的估值为 V，由于群体效应 δ 的存在，参与众筹的消费者剩余是 $(1+\delta)V - p_1$，而在后期市场购买普通产品的消费者剩余是 $V-p_2$。因此，消费者参与众筹的条件为

$$(1+\delta)V - p_1 > V - p_2 \Leftrightarrow V > (p_1 - p_2)\delta^{-1} \tag{4-14}$$

可以求出均衡时 x 的表达式，即

$$x = (p_1 - (x+c)/2)\delta^{-1} \Leftrightarrow x = (2p_1 - c)/(1+2\delta)$$

由此可知，估值大于 $(2p_1 - c)/(1+2\delta)$ 的消费者会参与众筹，估值低于 $(2p_1 - c)/(1+2\delta)$ 且高于 p_2 的消费者虽然对产品也感兴趣，但是会等待产品在市场上正式发售后再购买产品；估值小于 p_2 的消费者不会购买产品。因此，发起者在两阶段的收益总和为

$$\pi_2 = Np_1(1-x) + Np_2(x-p_2) \tag{4-15}$$

命题 4-8 在人数为 N 的市场中，预售型两阶段众筹的固定成本上界为 $\bar{K} = N(2\delta + 1 - c)^2 / (8 + 16\delta)$。要使众筹项目成功，众筹目标人数 n 应设为 $n_A < n < n_B$，其中，$n_A = ((1-c+2w)N - (N(N(1-c+2\delta)^2 - 8K(1+2\delta))^{\frac{1}{2}})/(2(1+2\delta))$，$n_B = ((1-c+2w)N + (N(N(1-c+2\delta)^2 - 8K(1+2\delta))^{\frac{1}{2}})/(2(1+2\delta))$。

注：证明参见毕功兵等（2019）的研究。

与普通型单阶段众筹不同，预售型两阶段众筹的固定成本上界受到群体效应的影响。比较两种不同众筹方式的固定成本上界，可以帮助发起者认识到，如何根据项目的群众效应确定自身项目可以承担的最大固定成本。

预售型两阶段众筹项目的固定成本上界随着 δ 递增，并且当 $\delta = (1-c)(\sqrt{1+c^2} - c)/2$ 时，预售型两阶段众筹和普通型单阶段众筹的固定成本上界相同。相比于单阶段众筹项目，两阶段众筹的固定成本上界由群体效应 δ 决定。群体效应越大，说明消费者越倾向于加入众筹，因此可以实现的固定成本也增大了（图4-8）。此

第4章 众筹机制

外，如果发起者不先准确判断群体效应的大小，直接由单阶段众筹转变为两阶段众筹，可能会导致项目失败。如果两阶段众筹不可行，发起者需要通过增大众筹商品的独特性来加大群体效应，从而提升固定成本的上界，使项目变得可行。

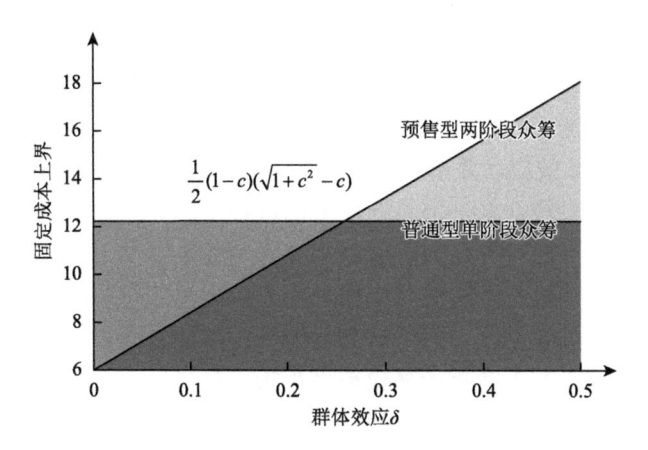

图 4-8 不同类型众筹的固定成本上界

下面在项目可行的情况下，探讨如何制定人数，使两阶段收益最大化。

定理 4-2 ①当 $(1+2\delta)^2 - c(2+6\delta) > 0$ 且 $K < K' < \bar{K}$ 时，总收益在一阶极值点 $n = n'$ 处达到最大；②当 $(1+2\delta)^2 - c(2+6\delta) < 0$ 或 $K' < K < \bar{K}$ 时，总收益在区间最右端 $n = n_B$ 处达到最大。其中，$K' = N(c(1-2c) + 2(1-3c^2)\delta + 8(1-c)\delta^2 + 8\delta^2) / (2(1+4\delta)^2)$，$n' = (K(2+8\delta)) / ((1+2\delta)^2 - c(2+6\delta))$。

注：证明参见毕功兵等（2019）的研究。

群体效应 δ 作为激励投资者参与众筹的一个影响因素，弥补了生产成本 c 的负面影响。对比定理 4-1 和定理 4-2 容易看出，定理 4-2 同样说明了最优的决策人数受固定成本 K 和单位成本 c 的束缚，然而，群体效应 δ 的存在拓展了项目可以承受的成本范围。

保证极值点落在可行域内的固定成本上界 $K'(\delta)$ 随着 δ 递增。在预售型两阶段众筹中，固定成本的约束上升为 $K'(\delta)$。预售型两阶段众筹中的群体效应 δ 增大时，会产生正面效应，使项目能够承受的固定成本变大。因此，在单阶段众筹中，因为固定成本过大而无法实现的项目，发起者可以尝试转换为两阶段众筹，同时尽量增大群体效应（增加众筹产品的特殊性等），使这个项目重新变得可行。

此外，定理 4-1 表明，单阶段众筹中，当 $c > 1/2$ 时，极值点必定落在可行区间外，发起者只能尽量将人数调到最大。然而，定理 4-2 表明，当 $c > 1/2$ 时，若群体效应足够大（$\delta > ((3c-2) + (4\sqrt{-4c+9c^2})^{-1})/4$），则 δ 的正面效应足以抵消 c 带来的负面效应，使发起者仍然可以获得最优的收益。由此可见，在发起者发起单阶段项目时，如果遇到超出可行域的固定成本，则可尝试通过转化为两阶段众筹，使项目变得可行。

命题 4-9 当 $0<c<1/2$ 且 $K<N(1-2c)/4$ 时，两阶段众筹的预期利润高于单阶段众筹的预期利润。

注：证明参见毕功兵等（2019）的研究。

命题 4-9 进一步区分了两阶段众筹和单阶段众筹。当固定成本和单位成本较小时，发起者可以选择转换为两阶段众筹，即众筹成功后继续在市场售卖；当成本较高，尤其是群体效应 δ 并不高时，发起者应该选择单阶段众筹。当 $c>1/2$ 时，发起者应该选择单阶段众筹，但是在众筹的群体效应非常大的情况下，发起者可通过两阶段众筹项目获得更高的收益。

本节的研究结论可从现实中找到例证，如电影周边等小众产品，不仅生产成本较高，更因为产品较为冷门而无法获得较大的群体利润。因此通常发起者都只会选择单阶段众筹，并不会将产品投放到市场。反之，类似京东众筹平台上的一些大公司拥有良好的市场基础，也有足够的力量降低成本，它们通常会在众筹成功后，进一步投放产品到市场进行售卖。

4.3.3 小结

本节基于奖励型众筹模式，分析了项目发起者如何根据单位成本和固定成本制定最优的众筹人数及产品价格，从而实现最大化收益，并根据不同的条件选择相应的最优众筹方式。

本节的主要结论如下：①在普通型单阶段众筹中，项目的固定成本存在上界，并且只有在单位成本和固定成本都较小时，发起者才能利用极值点设计出最优的项目人数和价格，从而最大化筹资金额；当单位成本或固定成本超过界限时，高昂的成本导致价格较高，消费者购买意愿较低，因此发起者需要尽可能地增加众筹人数来降低价格，从而吸引消费者，若极值点落在可行域右侧，发起者只能将众筹目标人数设为最大可行人数；②当固定成本和单位成本较小，发起者可通过极值点最大化筹资金额时，最大筹资金额不受成本的影响，因为发起者始终可以通过调整策略来维持自己的筹资金额；而当成本超过界限时，发起者能达到的最大金额随着固定成本和单位成本都是递减的；③当发起者采用预售型两阶段众筹时，项目固定成本的上界随着群体效应递增，因此对于某些无法在单阶段众筹中实现的项目，如果群体效应较高，发起者采用预售型两阶段众筹的方式可以将其变为可行项目；④群体效应对发起者的筹资金额有正面效应，并且可以弥补成本带来的负面影响。对于单位成本和固定成本都较小的项目，发起者应该采用预售型两阶段众筹来拓展项目潜力以及筹资金额；而对于成本较高且群体效应并不强的项目，发起者还是应该采用普通型单阶段众筹。

本节为后续对众筹人数及方式的研究提供了思路与启发，为企业与创业者的众筹策略提供了管理学启示与参考，但也存在一些不足，如未进一步刻画消费者之间的异质性等，这将在后续研究中进行拓展。

参 考 文 献

毕功兵，耿波涛，杨云绅，等. 2019. 产品众筹中的人数决策和方式选择[J]. 管理学报，16（5）：747-753.

Agrawal A, Catalini C, Goldfarb A. 2014. Some simple economics of crowdfunding[J]. Innovation Policy and the Economy, 14 (1): 63-97.

Andreoni J. 1989. Giving with impure altruism: Applications to charity and ricardian equivalence[J]. Journal of Political Economy, 97 (6): 1447-1458.

Andreoni J. 1990. Impure altruism and donations to public goods: A theory of warm-glow giving[J]. The Economic Journal, 100 (401): 464-477.

Becker G S. 1974. A theory of social interactions[J]. Journal of Political Economy, 82 (6): 1063-1093.

Belleflamme P, Lambert T, Schwienbacher A. 2014. Crowdfunding: Tapping the right crowd[J]. Journal of Business Venturing, 29 (5): 585-609.

Bender M, Gal-Or E, Geylani T. 2019. Crowdfunding as a vehicle for raising capital and for price discrimination[J]. Journal of Interactive Marketing, 46 (5): 1-19.

Bi G B, Geng B T, Liu L D. 2019. On the fixed and flexible funding mechanisms in reward-based crowdfunding[J]. European Journal of Operational Research, 279 (1): 168-183.

Cassar G. 2004. The financing of business start-ups[J]. Journal of Business Venturing, 19 (2): 261-283.

Chemla G, Tinn K. 2020. Learning through crowdfunding[J]. Management Science, 66 (5): 1783-1801.

Cumming D J, Leboeuf G, Schwienbacher A. 2020. Crowdfunding models: Keep-it-all vs. all-or-nothing[J]. Financial Management, 49 (2): 331-360.

Griffin Z J. 2012. Crowdfunding: Fleecing the American masses[J]. Case Western Reserve Journal of Law, Technology and the Internet, 4: 375.

Guan L, Mu Y X, Xu X L, et al. 2020. Keep it or give back?Optimal pricing strategy of reward-based crowdfunding with a hybrid mechanism in the sharing economy[J]. International Journal of Production Research, 58 (22): 6868-6889.

Guo L A, Zhang J J. 2012. Consumer deliberation and product line design[J]. Marketing Science, 31 (6): 995-1007.

Guo X H, Bi G B, Lv J C. 2021. Crowdfunding mechanism comparison if there are altruistic donors[J]. European Journal of Operational Research, 291 (3): 1198-1211.

Hu M, Li X, Shi M. 2015. Product and pricing decisions in crowdfunding[J]. Social Science Electronic Publishing, 34 (3): 331-345.

Jing X Q, Xie J H. 2011. Group buying: A new mechanism for selling through social interactions[J]. Social Science Electronic Publishing, 57 (8): 1354-1372.

Kumar P, Langberg N, Zvilichovsky D. 2020. Crowdfunding, financing constraints, and real effects[J]. Management Science, 66 (8): 3561-3580.

Kuppuswamy V, Bayus B L. 2017. Does my contribution to your crowdfunding project matter?[J]. Journal of Business Venturing, 32 (1): 72-89.

Kuppuswamy V, Bayus B L. 2018. Crowdfunding creative ideas: The dynamics of project backers[A]//The economics of crowdfunding. Cham: Palgrave Macmillan: 151-182.

Mollick E. 2014. The dynamics of crowdfunding: An exploratory study[J]. Journal of Business Venturing, 29 (1): 1-16.

Nie T F, Wang X X, Zhu Y G, et al. 2020. Crowdfunding mechanism comparison when product quality is uncertain[J]. International Transactions in Operational Research, 27 (5): 2616-2657.

Paschen J. 2016. Choose wisely: Crowdfunding through the stages of the startup life cycle[J]. Business Horizons, 60 (2): 179-188.

Roma P, Gal-Or E, Chen R R. 2018. Reward-based crowdfunding campaigns[J]. Information Systems Research, 29 (3): 679-697.

Strausz R. 2017. A theory of crowdfunding: A mechanism design approach with demand uncertainty and moral hazard[J]. American Economic Review, 107 (6): 1430-1476.

Zheng H, Li D, Jing W, et al. 2014. The role of multidimensional social capital in crowdfunding: A comparative study in China and US[J]. Information & Management, 51 (4): 488-496.

第 5 章 众包行业发展与实践

5.1 众包发展背景

5.1.1 众包的兴起

1. 众包相关概念

1990 年，Prahalad 和 Hamel 在 "The core competence of the corporation" 一文中首次提出了"外包"，外包（outsourcing）又称资源外包，是指企业整合利用其外部最优秀的专业化资源，从而达到降低成本、提高效率、充分发挥自身核心竞争力和增强企业对环境的应变能力的一种经营管理模式。

外包本质上是企业扬长避短的做法，是企业将自己不擅长的或者要占用大量人力、物力的工作委托给外部的专业公司。由于外包的专业性，外包业务一般发生在企业或机构之间，且有可能通过成功的合作，形成共同信任，并在未来的商业活动中继续维持伙伴关系，甚至形成战略合作伙伴关系。而相对于外包，众包出现在人们视野中的时间相对更短暂，它是由美国《连线》杂志记者 Howe（2006）首次提出的："众包（crowdsourcing）是指一个公司或机构把过去由员工执行的工作任务，以自由自愿的形式外包给非特定的（而且通常是大型的）大众志愿者的做法。"

众包模式是一次巨大的创新变革，凭借互联网的强大优势，需求方能够面向广大群众，不论专业或非专业、技能水平高或低，突破了语言、国界等限制，实现了集大众智慧的目标。例如，某一跨国公司耗费几十亿美元也无法解决的研发难题，被一个外行人在两周时间内解决了；以前单独设计商业 LOGO 需要几千元，现在通过众包竞赛，几百元就能够回收到几百个甚至上千个方案，也正是因为众包的众多优势，越来越多的企业将创新任务放到互联网上公开招募服务商。

众包是外包发展到一定阶段的产物，形式更加丰富、门槛更低，而众包在商业模式中的应用更是加速了这一创新方式的发展，以下为归纳的众包的四个重要特征（陆丹，2013）。

（1）众包是一种"自下而上"的创新。消费者可以直接参与企业研发、销售等过程，达到产销合一。

（2）众包具有动态性。众包通过在线社区进行参与，它是由社会大众相互交汇而形成的关系网络，受到客观约束和主体意识的影响，同时大众参与者参与的广度和深度影响着组织结构的变化。

（3）众包的大众参与者范围广泛，不受地域、语言等条件的限制，通过互联网平台，全球的用户被集中到一起，共同完成创新任务。

（4）大众参与者的自主性更强、自由度更高，由于发包方与接包方之间没有直接的劳动合同（在招标任务中，可以通过平台签订标书），接包方在众包项目中的参与行为更大程度上取决于自己的兴趣和期望，并通过自我意识来驱动。

众包与外包有着许多相似之处。首先，两种方式都是日益激烈的竞争下的产物，在经济不断发展的过程中，社会分工更加明确，拥有较高专业技能的第三方服务企业的兴起，为企业的发展提供了外部渠道。其次，两者都扩大了组织的边界，企业为了更好地满足企业管理、创新等需要，在有限的资源下，使用外部资源达到这一目的。再次，众包和外包的目的都是降低成本、提升效率。并非所有的企业都能够拥有创新的独立团队，对于中小企业来说，想要凭借着核心业务在市场中占有一席之地，就要将大部分的投资（人力、物力、财力）用于发展主营业务，因此，在面临创新问题时，相比内部搭建独立项目团队，利用外部资源往往能够节约成本、提升效率，进一步降低投资风险。最后，两者的创新应用范围都在不断延伸，使企业拥有了更多选择的可能性。

另外，众包和外包在成员关系、活动单元、需求满足和实现方式等方面具有较大的差异性，也正是因为如此，人们在众包和外包途径的选择上有了更加明确的倾向性。具体如表 5-1 所示。

表 5-1 外包与众包的区别与联系

	区别与联系	外包	众包
区别	实施时间	20 世纪 80 年代开始	21 世纪初
	成员关系	雇佣关系	合作关系
	实现方法	传统+网络	网络
	发包对象选择	专业人士和机构	草根阶层
	产品生产者	生产商	消费者、潜在用户
	发包对象数量	数量有限	数量无限
	付费情况	关系一旦确认，需不断付出成本	根据结果付费
联系	1. 互联网时代发展的产物 2. 均扩大了组织的边界、利用外部资源进行企业创新 3. 目的都是降低成本、提高效率、减小创新风险 4. 应用范围不限，如技术研发、产品设计等		

2. 众包的价值

众包的发展在社会新形势下为企业创新和社会就业等注入了新的力量源泉。特别在全球化 3.0 阶段，以互联网为标志的现代信息技术突飞猛进，促进了各国之间信息的相互渗透和融合。在互联网所创造的虚拟世界中，各国人民之间的界限被打破，各国人民能够以更加平等的方式进行交流讨论，鼓励大众积极创造，充分发挥个人优势。以下将从接包方和发包方两方面进行具体分析。

1) 众包对接包方的价值

（1）满足心理需求。众包参与者大都是出于兴趣爱好而投入工作，其目的往往是非商业的，如娱乐、自我表现、试验等。在内容的创作中，每个人都是独一无二的个体，每个人都拥有在别人看来很有价值的知识或才华。所以无论怀着什么目的，人们都渴望得到别人的认同，而众包带给参与者的最大价值就在于心理需求上的满足。

（2）收入。众包之所以让人兴奋，在于为众包企业提供创意或劳动的人能够获得报酬，并且对于研发等更专业的工作，报酬可能会更多。

（3）学习新知识和技能。Brabham（2008）对 iStockphoto 网站上的 651 名参与成员进行了调查，结果显示学习新知识和技能是他们参与众包的首要原因。用户从根本上创新是因为他们能从社区中学到不同的知识，相比制造商而言，他们能获得更多的收益。社区是众包背后基本的组织力量，它为志同道合的人提供了社交场所；成员免费公开自己的创新内容，形成资源共享层，从而将更多的知识传播给那些有空闲时间和学习欲望并能上网的人，让大众吸收到更多的知识和技能。

除上述原因外，Brabham（2008）表示人们参与众包的动机还包括升职、促进共同合作、无聊打发时间、认识新的人和接触社会等。

2) 众包对发包方的价值

（1）降低成本。一些学者认为，众包是发包方通过互联网发布任务的方式进行的，发包方不需要招聘专门的人员和设立专门的办公场所，实现了企业用人而不养人的目的，从而可以节约大量的成本。

（2）利用集体智慧。大众中总有一些人具有解决某个问题的能力，因此在相似的学识水平下，群体的智慧往往胜过单个最聪明的人，与其强迫内部员工加强学习，不如放手让世界各地的兼职"志愿者"与内部员工联手解决问题。

（3）生产更符合消费者需求的产品。与外包的单向业务分包方式不同，众包体现出一种公众参与的文化，即通过广大业余爱好者的普遍参与，让他们在参与和互动中培养并发展才华。

3. 众包的相关应用

1）众包想法萌发于商业需要

众包模式的兴起，鼓励了更多的企业尝试通过非专业的方式进行创新，众多的案例表明，民间有"高人"。这一通过大众解决问题的模式越来越体现出其巨大的创新能力和商业价值，企业不需要苦于寻找合适的服务企业或战略合作伙伴，而是充分利用互联网的优势，将不同背景、专业、职业、国家以及能力水平的个人通过众包服务平台联系在一起，充分发挥用户的创新热情和能力，以"用户内容生成"为核心，共同为实现企业的发展目标建言献智。至今，众包的发展已经超出了过去大家的想象，几乎在各行各业都有其足迹和落脚点（严杰等，2017）。

2）商业情景中的应用

结合众包的发展现状，众包的功能可以划分为四种，即设计与研发、测试与评估、创意与咨询以及其他（Zhao and Zhu，2014）。成立于 2006 年的猪八戒网，围绕创意、营销、开发、知识产权、财税等各种中小企业的需求，将服务从线上延伸至线下，孵化出了八戒工厂、八戒科创园等线下平台，打造了八戒知识产权、八戒金融、八戒财税等九大线上平台，已累计服务 1400 万家企业[①]。目前，以众包为盈利方式的企业层出不穷，且专业化趋势明显，如众包翻译（TransMyApp）、众包物流（美团众包）、众包设计（ThreadLess）、科研难题（InnoCentive）等。此外，另一个特殊的商业众包就是企业的用户社区，它将企业的用户聚集在一块，一方面提高企业服务能力，更快地响应用户的需求；另一方面，用户的想法也成为企业创新的源泉之一，如小米社区。

3）计算机领域的应用

近年来，众多计算机领域的学者热衷于使用众包来支持他们在数据采集、数据清理、数据标注、质量评估等方面的一系列工作。例如，在人类的面部表情数据采集过程中，通过在线媒体阅读器的形式来收集动态、自发、自然的面部反应数据（McDuff et al.，2011），Amazon Mechanical Turk 平台中有众多图像或视频处理、数据验证与清理、信息整合、数据处理等任务发布。相似的平台包括阿里众包、百度众包等，通过人工智能，可以提升数据检索、分析的准确性。

4）交通领域的应用

作为公共服务之一，高效的交通管理是社会进步的一大表现。但只有少数学者将众包运用到了交通领域，提出了众包交通监测、众包形成规划、众包配送等

[①] 资料来源：https://www.zbj.com/about。

一系列概念，为交通领域的发展注入了新的活力。例如，Yang 等（2016）提出利用人工智能收集超大规模感知数据，刘冬梅等（2018）在公共车流量和基于互联网大数据的个人轨迹分析的基础上，分析了政府和企业在众包交通大数据中可能的合作模式，努力实现精细化管理。除此之外，近年来迅速发展的众包物流（众包配送）是一个典型的众包模式在物流领域的应用，它是指将原来由企业内部快递员承担的配送任务，转交给企业之外的大众来完成的快递模式（刘雅儒，2016）。

5）图书情报领域的应用

受到众包商业模式的启发，众包在图书情报领域包括图书馆管理、文化遗产管理、档案管理等在内的多方面应用也丰富起来。众多学者的研究表明，众包在图书馆资源生成和管理中展示出极大的价值（Holley，2010；Ridge，2013）。并且文化遗产众包是近年来公共文化服务领域在数据采集与分析、信息资源建设以及知识服务创新方面的新模式，是响应数字时代科技与文化深度融合的新举措，也是图书情报与档案管理学科开展数字人文探索的新方向，对解决文化遗产大数据、群智计算、人文计算、开放科学、公众科学、人机协同等领域的诸多问题有较大潜力（赵宇翔和练靖雯，2021）。

6）科研领域的应用

科研众包是指聚集全球科研人员的智慧，协作进行科学研究，共同解决科研难题的模式（本刊编辑部和张九庆，2015）。2001 年，美国的制药企业礼来公司的 3 名科学家筹备建立了 InnoCentive，这是全球第一家旨在利用先进技术和网络将难题与其潜在"解决者"相连接的虚拟咨询平台，其经过 20 多年的发展已经成为享誉世界的创新服务中介中心。目前，在实践应用层面，国外已经有一些成熟的科研众包平台，除了 InnoCentive 外，还有 OpenIDEO、Experiment、Daemo 等，而国内的 ChemBeanGo 也不断得到科研学者的重视和关注。

5.1.2 众包发展驱动力

现在，越来越多的传统商业被互联网中的庞大用户群体的优势所吸引，开始转型。主要原因在于，众包这一新的模式可以帮助企业节约大量的成本。在过去，为了节约资金，众多发达国家的企业或工厂将目光投向发展中国家，在当地设立办事处，利用其廉价的劳动力和土地资源进行生产，而众包的兴起更是将这一劳动群体的边界消除了，利用较少的投资就能够获得大量的反馈结果；除了成本优势外，众包最初的想法来源于利用大众智慧来回答特定的问题或解决特定的需求。2001 年，为了应对顾客需求的变化，美国跨国公司礼来公司创立了 InnoCentive，作为化学和生物领域的研发供求网络平台。目前，已经有 200 多个国家、近 40 万人在平台上注册，超过 2000 项挑战在平台上获得了超过 16 万项的解决方案，并分发超过 2000 万美元的奖金。众包模式能够如此快速发展的原因有：理性消费者的力量；互联网的普及；外部巨大的竞争力量；组织的灵活性要求（马卫等，2008）。

1）理性消费者的力量

对于企业而言，传统的产品设计都是首先由公司通过直接和间接等方式调查消费者的偏好，并根据这一调研结果设计相应的产品，但是往往在产品设计开发过程中会产生较高的成本，且部分创新产品在市场中的生存周期非常短，有可能等产品设计出来后消费者的喜好已经变了，从而造成库存成本或缺货成本等。而通过互联网直接将产品的设计权交给消费者，一方面节约了调研成本，另一方面，用户对于自身设计的产品往往有独特的满足感和期望。除了设计者本身，多样性选择也能够吸引企业的其他用户，众包的一个重要特征是利用大众的非专业性，他们能够提供更好的机会进行创新的再组合，防止随着知识和技能的积累而造成认知固化问题（Maier，1931；Duncker，1945），企业提供了将用户想法转化为实际产品的功能，并提供了用户之间互动的场所，加强了用户的黏性。

美国芝加哥的 T 恤设计公司（ThreadLess）利用众包进行创新，每星期都会收到上百件来自业余或专业艺术家的设计，并通过用户评价、排名，将最受喜爱的想法投入生产。此外，由于平台面向所有的消费者开放，消费者能够提前预订，只有预订单达到一定数量的 T 恤才会正式被排入生产线，这意味着零市场风险和负的运营资本，公司需要做的仅仅是维护网站的正常运行。这样的例子还有很多，如海尔的 HOPE 创新生产平台、奥迪开设的虚拟实验室等。

2）互联网的普及

过去为了降低企业生产成本，发达国家纷纷在发展中国家设立工厂，利用其廉价劳动力和土地成本为企业的全球化战略提供较大的优势。随着互联网的普及（图 5-1），越来越多的企业寻找资本转移的机会，"雇佣"来自全球的互联网用户，实现更大的投资收益。截至 2021 年 1 月，全球手机用户数量为 52.2 亿人，互联网用户数量为 46.6 亿人，社交媒体用户数量为 42 亿人。目前，全球互联网普及率达到 59.6%，遍布全球的用户能够在短时间内搜索各个国家、行业的任务，自主选择"雇主"并达成协议[①]。通过创新众包平台，不仅企业的创新方式在发生改变，它还为用户提供了更加灵活、自由的工作选择机会。此外，近年来关于众包等灵活用工平台的法律法规不断完善，越来越多的社会大众愿意将线上工作作为新的收入渠道，并为此投入更多的时间和努力，推动了众包的发展。

---

① 该数据参考了前瞻产业研究院的研究数据。

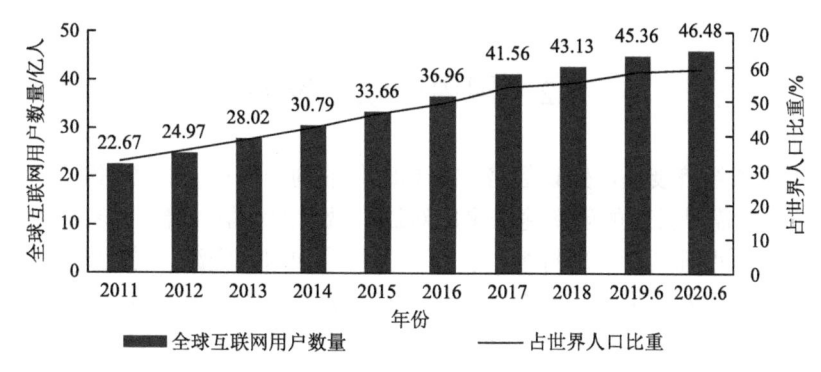

图 5-1　2011~2020 年全球互联网用户数量及其占全世界人口比重

资料来源：前瞻产业研究院的研究报告

3）外部巨大的竞争力量

创新如今已经成为全球发展和竞争的主旋律，也深刻地改变着世界格局和社会生产生活方式。在社会迅速发展的当下，各行各业开始意识到创新带来的极大优势，如过去跨国企业通过垂直整合，加速技术创新，并利用这一技术优势控制市场、资源并占领价值链的两端。然而，随着技术的更新迭代，创新的方式也更加丰富多样，由于企业在提升创新能力的同时需要支付巨大的成本，并不是每一个企业都能够承担这一创新代价。此外，数据的爆炸式增长使信息不再可控，企业通过主动获取市场需求，并在此基础上进行产品开发、市场营销等适应性创新的方式显得更加困难，特别是社会需求的多样性和快速变动与规模生产的经济效应形成的矛盾，也促使企业通过更加灵活、网络化、全球化的方式提升企业的创新能力。在激烈的竞争市场中，众包这种"自下而上"的创新方式，往往比企业高价聘请专业顾问或研发团队带来的效果更理想。

4）组织的灵活性要求

众包在一定程度上能够集中公司的人力资源，缩减人力成本。企业的组织结构越庞大、复杂，企业在管理上所需要投入的成本就越高，并且应对市场变化的能力越低，这对企业管理提出了更高的要求。通过众包，企业仅需要支付较低的成本就能赢得大众的努力成果，在众多的众包平台中，用户拥有较大的忠诚度，我们经常能够看到，服务商一旦方案中标，就会愿意无偿按照需求方的要求进行修改，直到对方满意。此外，企业不需要承担创新失败的风险，因为需求方与服务商之间并没有直接的雇佣关系。因此，众包为社会创新提供了一种组织劳动力的全新方式。

基于此，众包平台像雨后春笋一样快速兴起，如亚马逊推出的 Amazon Mechanical Turk、大型人力资源众包市场 Freelancer 等，这一新的工作方式吸引了很多人参与进来，并且由于平台为需求方提供了较低的门槛，不仅是企业等组织，许多个人也纷纷加入，发布他们的想法和需要，如取名、撰写报告等。

5.2 国内外众包发展

随着全球经济衰退,知识经济和信息时代的到来使社会经济朝着全球化方向发展,企业急需寻找新的创新途径来应对这一激烈的竞争环境。更多企业认识到,依靠单一团体很难具有实现持续创新所需的技术知识和资源,劳动力市场分工也是商业发展的必然结果。一家企业无论具有多么雄厚的技术力量,也不可能拥有创新所需的全部资源和技术,社会经济的发展需要各个企业之间进行资源的有效整合,进而形成完整的开放式创新体系(Teece,1986)。多年来,各国企业纷纷加强与外界的合作,利用外部的资源和优势推动企业不断发展,众包的兴起更是打破了创新资源的界限,为企业从全国乃至全球寻求解决方法提供了更大的可能性,面向社会大众和非专业群体,同样也能够帮助企业发现"隐藏"的专家与人才。与此同时,因为某一个问题,大众被聚集到一块,众包平台提供了大家想法碰撞、互相讨论并进行深入合作的机会,因此,在一定程度上,众包也很好地促进了社会创新能力的进步。

5.2.1 全球众包市场基本概况

在企业和大众的推动下,全球众包市场正在经历戏剧性的增长,且功能越来越丰富和强大。例如,基于区块链的众包去中心化平台的出现,以及用户生成内容的推广应用等,这些趋势促使用户能够借助众包平台,通过人工智能来理解复杂的任务。一些公共资源数据库在形成过程中,利用众包来实现大众创新、创造,并通过群体的智慧对数据、信息等进行反馈和优化,在极大地提升搜索效率的同时,也实现了信息的"主动"更新和资源共享。随着计算机技术的进步和更新,众包也开始向着去中心化方向发展,实现数据与奖励之间的公平交换、数据的保密(即提交的数据除请求者外,对所有人都保密和问责),这一去中心化框架的技术进步也推动了先进的众包模型的引入,因此更多的政府机构、商业企业、组织等愿意将组织内部的难题通过加密的方式向大众公开,并寻求解决方案。例如,Kaggle 拥有丰富的数据库资源,参赛者能够在了解相关需求背景之后,下载真实的数据库并建立相应的数学模型,显然,这一做法对于解决实际需求问题、为数据分析人员提供真实的业务环境和训练技能来说,都是很有价值的。

全球众包市场的发展受到众多驱动因素的影响,首先,众包在非营利组织、教育和学术机构以及医疗保健机构等组织中日益普及,以评估个人对特定业务的技术能力;其次,组织和众包机构之间越来越多地进行合作,以寻找具备各种职能所需技能的人,这是推动市场的另一个因素。例如,2019 年,Arrow Electronics

公司与澳大利亚众包网站 Freelancer 合作，推出电子和电气工程市场，进行电气和电子元件的设计和制造，这种合作关系拉近了财富公司与拥有足够技能以满足特定业务要求的自由职业者之间的差距。另外，灵活经济的发展在缓解社会就业压力的同时，让更多的人在就业选择时有了更多的选择方向，特别是从传统行业开始转向线上工作。随着社会经济和全球化的发展，在欧洲、亚洲等地区的国家出现了多种形式的灵活用工模式。民间职介机构国际同盟（International Conference of Private Employment Agencies，CIETT）的调查数据显示，2017 年日本灵活用工市场渗透率达到 40%。2020 年受新冠疫情的影响，企业用工成本上升、劳动者就业压力加剧，灵活用工市场爆发。

众包市场最初在北美获得增长势头，然后是欧洲和亚太地区。作为全球商业和经济中心，美国是典型的资本密集型市场，企业的发展往往不依赖人群的聚集，而是依赖技术的推动和强大的创新能力，因此，对于众多企业而言，它们的主要任务是专注于实现品牌的增值，在人力成本不断上升的背景下，企业对于众包这一灵活用工方式有了更大的需求。一些科技公司越来越多地利用众包平台构建基于语音的应用程序，并加强人与人之间的互动，这是推动北美众包市场增长的主要因素。此外，欧洲众包市场也受到越来越多的市场参与者组成的战略联盟以及平台在招聘市场的渗透的影响，加速了众包在欧洲市场的发展。与此同时，亚洲用户也在支持众包。早在 2012 年，猪八戒网就"工人"数量来说，就已经是全球最大的雇主了，且一品威客、时间财富、任务中国等众多企业也不断兴起。除了中国之外，印度由于语言、成本等优势，成为众包行业最大的受益者，和其他来自亚洲的国家一起占据了较大的用户市场。

随着众包这一新的商业模式不断在市场上得到认可，更多国家的企业也积极地使用众包进行创新。众包行业发展报告数据显示，在收入方面，2018 年全球众包市场为 9519.53 亿美元，并且预计到 2027 年将达到 154 835.74 亿美元[①]。

5.2.2 国内外众包行业发展现状

当前，以大数据、云计算、物联网为代表的新一代信息技术不断发展，为社会创新发展提供了重要的推动力。众包平台作为全开放式创新模式，凭借着灵活、可获得、低成本等特点，已经深入公众的工作和生活各个方面，越来越多的企业也将众包作为创新的重要途径。现在比较常见的众包方式分为两种，即企业众包社区（或平台）和第三方众包平台，前者的代表企业有戴尔、阿迪达斯、宝洁、

---

① 该数据参考了"Crowdsourcing Market 2019-2027"报告。https://www.absolutemarketsinsights.com/reports/Crowdsourcing-Market-2019-2027-296。

海尔等,吸引用户、大众共同解决企业商业问题,如新产品开发、技术优化更新等。而相比于企业众包社区(或平台),第三方众包平台并不局限于某一行业的问题,用户规模是社区无法比拟的。

此外,从功能方面来说,众包平台大部分是在某一领域为行业内的企业提供众包服务,或者是为客户提供定制的整体服务方案,如以软件开发为代表,国内外的优秀代表有开源众包、程序员客栈、快码众包、TopCoder、GetCoder、Stack Overflow 等,这些平台更多地以发布任务、解决任务的方式来运营,在此过程中,平台也从中获得利益收入。但是也有一些社交平台、数据库平台等,它们往往提供的服务是免费的,如维基百科、百度百科等,在学术界也称为合作众包,这些平台依赖于大众的智慧和时间投入,还有专门用于知识创新共享的平台,如经管之家、知乎、B 站、Quora 等。众包模式目前广泛应用于人工智能、技术转化、数据科学、创意设计、IT 软件与算法、众测、物流/外卖行业、科研平台、人力资源以及信息收集及流程管控 10 类等,如表 5-2 所示。除表 5-2 中所讨论的类型之外,也存在一些小众的类型,如图书馆情报众包、政府众包等,但是不管形式上怎样变化,众包本质上的应用是类似的。

表 5-2 国内外众包模式的应用举例

类别	国内	国外
人工智能	百度众包、阿里众包、数据堂任务平台	Amazon Mechanical Turk
技术转化	庖丁技术转化中心	Innoget
数据科学	DataFountain、BienData	Kaggle、DrivenData
创意设计	猪八戒网、一品威客、任务中国、51design、时间财富	Fiverr、ThreadLess、99designs、Designhill
IT 软件与算法	码市、快码众包、开源众包、程序员客栈	TopCoder、CodaLab
众测	百度众测、乌云众测、人人测、Testin 云测	Applause、GfK
物流/外卖行业	京东众包、美团众包、蜂鸟众包、滴滴打车	Uber
科研平台	ChemBeanGo	InnoCentive、Zooniverse、Evolution Megalab
人力资源	小鱼儿网、程序员客栈	Upwork、Freelancer、Guru
信息收集及流程管控	拍拍赚、随手拍拍、TaskDodo 任务多多、微差事、爱调研、小鱼儿网——我的技能时间交易平台	

在代表性平台的发展状况及其运作模式方面,本章分别选取国内外知名平台,如国内的猪八戒网、一品威客等综合性平台,京东众包、美团众包等众包物流平台,以程序员客栈、开源众包为代表的软件开发平台,以阿里众包为代表的任务型人工智能平台,并相应地选取国外代表性平台,如表 5-3 所示。

表 5-3 代表性众包平台发展情况与众包模式

	众包平台	成立年份	国家/地区	用户量	平台融资	众包模式①	众包模式②	众包模式③	众包模式④
国内	阿里众包	2015		—	（非独立公司）			○	
	猪八戒网	2006		>1300 万人	完成 C 轮融资/8 轮融资	○		○	
	一品威客	2010		>2500 万人	完成 B 轮融资/6 轮融资	○		○	
	小鱼儿网	2013		>15.9 万人	—	○			
	ChemBeanGo	2015		—	—		○		
	京东众包	2017	中国	—	（非独立公司）			○	
	美团众包	2015		>295 万人	（非独立公司）			○	
	百度众测	2011		—	（非独立公司）			○	
	68design	2003		>210 万人	—				
	程序员客栈	2015		>60 万人	完成 Pre-A 轮融资/3 轮融资				
	开源众包	2018		>350 万人	—	○			
	海尔的 HOPE	2009		>100 万人	（非独立公司）				○
国外	Amazon Mechanical Turk	2005	美国	>50 万人	（非独立公司）			○	
	InnoCentive	2001	美国	10万~20万人	完成 B 轮融资/4 轮融资	○			
	ThreadLess	2000	美国	>300 万人	1 轮风险融资				○
	Kaggle	2010	美国	>100 万人	完成 A 轮融资/2 轮融资	○			
	Upwork	2015	美国	>1200 万人	12 轮融资（IPO）	○		○	
	Freelancer	2004	澳大利亚	>5360 万人	4 轮融资（IPO）	○		○	
	Fiverr	2010	以色列	>310 万人	完成 E 轮融资/6 轮融资（IPO）			○	
	TopCoder	2001	美国	—	1 轮风险融资	○			
	99designs	2008	澳大利亚	>44 万人	完成 B 轮融资/2 轮融资		○		
	戴尔的 IdeaStorm	2007	美国	—	（已关闭）				○

注：众包模式①、②、③和④分别为竞赛、合作、雇佣和社区；

平台融资情况中，加括号的为非独立公司，表明平台资金来源不同；融资轮次的划分为种子轮、天使轮、A 轮、B 轮、C 轮、D 轮、E 轮等，但根据实际情况，有些项目也会进行 Pre-A 轮、A+轮、C+轮融资；IPO 表示上市。

相比国外众包行业的发展，国内众包起步相对较晚，国内众包行业仍处于成长期阶段，如图 5-2 所示，主要原因有以下几点。

（1）众多平台在实践中随着时间的推移，用户存留率不高，主要是因为平台的规章制度不够完善，众多接包方在参与之后在一些方面表示不满，如评选机制、奖励机制等。

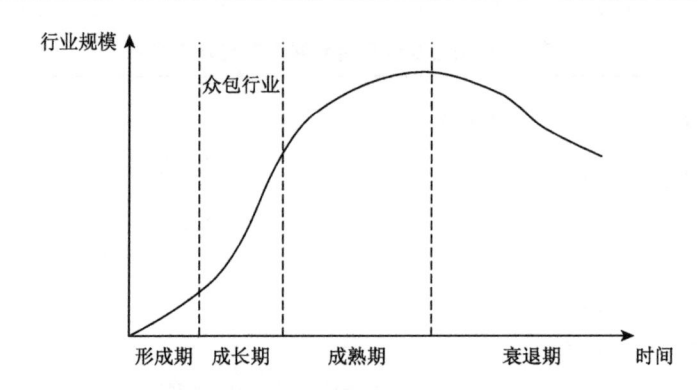

图 5-2 中国众包行业所处行业周期

资料来源：前瞻经济学人 APP

（2）平台运营管理有待加强，如用户纠纷处理等方面，众多用户对于平台无故扣押奖金的行为表示不满。相比之下，国外众包平台的问题处理流程更加便捷、快速，且能够更好地满足客户的需求，如在 Freelancer 上发布一个需求，如果中途发包方遇到需求变动，在与客服交流、说明情况之后，能够较快地终止项目，从而为发包方和接包方带来更多的权益保障。

（3）众包平台存在的风险问题需受到重视。国内众包平台中对于用户进入没有系统、规范的筛选和验证机制，进入人员质量参差不齐，存在用户投机行为，用户的利益难以得到保障，但是国外众包平台如 Upwork，设置了较高的准入门槛，从而能够更好地保障用户利益。

（4）平台功能设计有待调整。国内众包平台功能布局有所偏重，有较多的企业推广内容，而对于平台任务的推荐、用户服务等功能较少，由于众包业务范围的延伸，平台显得过于庞大而不聚焦，用户归属感难以建立，相比之下，国外平台相对简洁，以需求方和接包方服务为中心，拥有较强的用户黏性。

5.3　众包平台运行机制

5.3.1　众包模式的运作主体

众包模式的运作主体包括发包方、接包方和众包平台，其中发包方与接包方参与业务之间的往来，平台是联系发包方和接包方的桥梁。众包平台的形式多种多样，包括第三方机构的创新开放平台、大型企业的用户社区、为实现某一特定目标而设立的合作平台等。借由众包平台，发包方与接包方在数量上通常呈现一对多的关系，即当发包方发布一个项目后，有众多的接包方参与进来，接包方在参与众包的过程中处于弱势地位。

发包方：那些存在一些问题迫切需要解决的企业或者个体都可以充当发包方（宋喜凤，2012）。发包方通常对需求有一定的定位，需要在项目发布前明确需求内容，包括具体要求、项目周期、结果呈现方式以及规格、奖金额、对接包方的技能水平的要求、中标方案个数、是否设置隐藏、发包方式（招标、悬赏/竞赛、计件、大赛）等，发包方往往十分看重劳动力和时间成本，且对于结果的需要也因人而异，如有的发包方更加注重整体质量，而有的只在乎最优方案的质量水平（Terwiesch and Xu，2008）；有的发包方会设置多个中标方案，即多个方案共同分配奖金总额，有的发包方只选择一个方案。众多研究表明，发包方的行为会对接包方的参与行为产生重要影响，如发包方对于最终中标方案选择的保证、过程中的反馈（Jian et al., 2019）等对接包方的参与热情有显著的影响。

接包方：是指在任何互联网平台，网络大众看到了发包方发布的需求的潜在参与者。接包方来自社会大众，他们可能是某行业领域的专家、大学生、正常工作人员、失业人员等，相对于具有特定需求的发包方，这些大众是优质的信息和物质资源，具有无限的潜力。他们并不隶属于发包方，但是通过互联网平台，可以短暂或者在一定时间内进行合作，发挥个人的专业优势，并且有潜在的可能性在未来的时间中继续合作。接包方参与众包的行为具有异质性。众多学者对接包方的参与动机、激励因素等进行了研究，如任务奖金（Yang et al., 2008）、用户信任程度（涂艳等，2015）、学习知识（Brabham，2008）等。

众包平台：连接接包方与发包方的桥梁就是众包平台，它的作用是组织并协调需求双方，暂存资金并发放报酬等。根据不同平台的性质，众包平台设置的准入门槛也会有差异，如众包平台会在用户注册时设置一定的验证途径，以减小由于不良用户进入而带来的风险。也有一些平台对用户进入没有限制，但参与众包活动会设置要求，如在猪八戒网中，接包方参与招标项目，必须缴纳一定的保证金才能够将资金转化成个人收入，而对于悬赏等项目的要求较低。随着平台运营的不断优化，有更多的功能可供用户选择，从而可提升用户黏性和参与热情，如对于计算机行业，用户对于获得自我提升与参与讨论的兴趣往往超过了获得奖金的需求。因此，平台会为用户提供进行讨论交流的途径。开源中国是目前国内最大的开源技术社区，形成了开源软件库、代码分享、资讯、协作翻译、讨论区和博客等几大频道内容，为信息技术开发者提供了一个发现、使用并交流开源技术的平台，目前开源平台已拥有超过 500 万名会员[①]。有众多的学者研究众包平台的收费模式。由于众包平台具有商业性质，平台的运营管理和发展依赖于稳定的利

---

① 资料来源：https://zb.oschina.net。

润来源，包括外部组织的投资和从发包方或接包方收取一定的服务费，如固定额度收费、固定奖金比例收费（赵国平，2020）。

5.3.2　众包模式的运作流程

众包模式的运作依赖于众包主体之间的相互协调，其中发包方是驱动力，只有存在源源不断的需求，众包才有存在的必要；接包方是众包模式成功的关键，广大群众展现了社会创新的巨大潜力，而平台既是众包兴起的契合点，又是众包发展的产物。众包模式的运作流程从表现形式上看，正是众包平台规定的一系列步骤，如图 5-3 所示。不同平台的运作流程可能并不一样，但本质上并没有太多的差异。

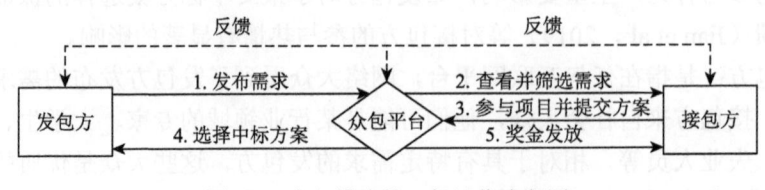

图 5-3　众包模式的一般运作流程图

众包运作的具体步骤如下。

（1）具有创新需要的发包方在平台中发布需求，明确需求信息，如需求内容、发包方式（悬赏、计件、招标）、奖金额度、中标数量、项目周期、技能要求等。

（2）拥有特定技能的接包方筛选项目，按照自由自愿的原则，也可通过系统推荐的方式参与项目。

（3）接包方按照发包方的需求描述，进行创新设计，在截止日期前提交方案。通常平台允许接包方重复提交方案，也有可能单个接包方可提交的次数有限，如在猪八戒网中，规定接包方参与竞赛项目至多提交三次方案。

（4）发包方可登录平台查看所有接包方提交的方案，并最终选择中意的方案设置中标，且发包方可以提前选标；若项目到了截止日期，发包方仍没有找到满意的方案，则可以向平台请求协商。一旦平台审核通过，项目宣布失败且无须支付奖金。由于这一行为加大了接包方的参与风险，为了更好地保障接包方的个人利益，也有平台建议发包方进行中标保证，如在 Freelancer 中，发包方可以在发布项目时选择奖金保证（prize guarantee），Jian 等（2019）发现，这一行为降低了接包方的努力风险，从而吸引了更多的用户参与。

（5）若发包方成功选择中标方案，平台将公布项目结果并向中标接包方发放奖金。

在分析众包运作流程时，有以下几点需要注意，首先，众包的全过程都伴随着反馈，包括发包方与接包方之间的反馈、接包方与接包方之间的反馈等。其次，众包流程中涉及奖金分配的问题，具体根据平台规则而定。有的平台规定发包方发布需求要支付一定的服务费；在部分平台中，只有接包方参与项目需要支付费用；也有的平台对发包方和接包方都收取费用。此外，有的众包平台考虑到项目的结果，规定成功的项目才支付费用，而失败的项目则不需要支付费用。因此，发包方实际支付的或接包方得到的与平台中呈现的价格并不一致。最后，众包平台主要起到服务、协调的作用。为了更好地激励接包方，部分平台提供了统计和可视化的功能，接包方能通过排名情况、发包方的反馈信息等了解到自身的能力水平以及获胜的可能性，如数据分析平台 Kaggle 提供了两种排名计算方式。

5.3.3 典型众包模式

众包模式被应用于解决问题、提供创意、制订营销方案、进行技术研发、进行软件设计等，且随着众包在更多领域的尝试和应用，有众多学者对众包的模式进行分类，如徐航宇（2016）将其分为整合型众包和选择型众包，庞建刚和刘志迎（2015）将众包平台的模式总结为开源社区、事务众包和科研众包。为了更加全面地讨论现存的众包模式，本章采用 Prpić 等（2015）的分类方式，将众包分为虚拟劳动市场、竞赛众包和开放合作三种，如表 5-4 所示。

表 5-4 部分众包平台分类

众包平台	虚拟劳动市场	竞赛众包	开放合作
国外	Uber、Lyft、Amazon Mechanical Turk、FigureEight	Freelancer、Upwork、Kaggle、InnoCentive、戴尔、星巴克用户社区	维基百科、Waze
国内	滴滴打车、美团打车、菜鸟骑手、外卖众包平台、百度众包、阿里众包	猪八戒网、一品威客、海尔的开放创新社区	百度百科、经管之家、知乎等

1. 虚拟劳动市场

虚拟劳动市场是指以技术为中介的现场劳动力市场，主要用于处理目前计算机技术无法处理的简单任务，也称为人工智能，如 Amazon Mechanical Turk 中用户被要求完成识别标注、音频编辑以及信息收集任务等；FigureEight 上的任务包括转录文本、对图片进行注释、训练机器学习算法等。在中国，一些大型的互联网企业推出自己的众包技术平台，如百度、阿里巴巴等，这些活动能够用来提升任务分类搜索效果，以便更好地支持用户。这一虚拟劳动市场随着时间的推移开始朝着复杂、专业化方向发展，如编码和软件设计等。

在中国，众包物流发展迅速，滴滴打车、美团众包、京东众包等方式的发展，正体现了虚拟劳动市场的优势。首先，对于用户而言，虚拟劳动市场技术门槛较低，无须额外投入去学习技能，并且对用户的资质要求也不高；其次，平台任务类型相对固定，且任务内容是明确规定的，如滴滴打车中，用户在下单之后，驾驶员只能按照要求将用户从出发地送至目的地，甚至有的交易类型中，驾驶员无法自己设定路线，否则会被处以一定的罚金等，用户的主观能动力较小。

2. 竞赛众包

这种众包类型通常采用锦标赛或创意竞赛的形式，组织者要么使用自己的平台发布问题（如戴尔的 IdeaStorm、星巴克的 My Starbuck、海尔的 HOPE 开放式创新平台等），要么选择在第三方平台上发布需求（如 InnoCentive、Kaggle、猪八戒网等）。

竞赛众包是目前市场上最为常见的众包模式。发包方将企业内部难度系数较高、解决方案涉及过多人力资源的创新问题发布到网络平台，接包方根据自身能力选择参与任务并提交方案，然后由企业对接包方提交的方案进行评价，并给予优质方案的提交者现金奖励（Segev，2020；Sun et al., 2012）。这一众包类型的优势在于利用外部资源来明确可实施方案，因为个人或团体的能力往往是有限的，特别对从事某一行业多年的企业而言，员工也容易存在"认知固化"问题，导致想法深入但缺乏创新。因此，借助众包的非专业性能够很好地打破这一创新壁垒，强化交流，并在过程中进一步验证用户的选择倾向。

3. 开放合作

在这一类型的众包模式中，组织可以向公众发布问题，但与竞赛众包不一样，开放合作中用户是以志愿者的身份参与的，且一般没有现金或实际的奖励，用户以内在驱动为主。由苹果、微软、谷歌以及维基百科社区维护的社区客户支持系统就是一种开放合作众包，导航应用程序 Waze 是另一个例子。Waze 的独特之处在于能够根据众包信息指导用户，其中的用户会向程序报告大量与交通有关的事件，从路况到事故和测速摄像头，Waze 能够依靠这些信息来提醒驾驶员或重新安排他们的路线，从而避开受影响的区域，且用户提供的信息越多，Waze 提供的服务将越准确、有效。

对于公共资源和社会发展来说，开放合作方式有其存在的必要性。特别对于互联网检索来说，巨大的知识库的填充和完善需要花费较大的人力成本，而通过社会大众的共同努力，这一问题可得到较好的解决。

5.3.4 几种众包运行机制

由于竞赛众包更加具有商业研究意义，且在查阅众多文献之后，我们发现对于竞赛众包的研究文献相对丰富。因此，本节以竞赛众包为研究对象，总结讨论众包平台几种常见的运行机制。

1. 交易机制

在众包发展早期，不少众包网站都将悬赏作为主要的交易机制。随着众包范围和规模的不断扩大，平台积累了大量的发包方和接包方，需求任务相对更加复杂多样，这些任务具有不同的项目周期、不同的技术要求，且部分项目需要多人合作才能够完成。因此，为了更好地适应当代的众包需求特征，新的交易机制应运而生。本节主要探讨四种常见的交易机制：竞赛或悬赏、计件、招标和雇佣（李忆等，2013），如表 5-5 所示。

表 5-5 交易机制比较

交易机制	成本	作品数量	创意性	任务周期	技术难度	代表网站
竞赛或悬赏	低	较多	强	较短	较高	
计件	低	多	弱	短	低	猪八戒网、一品威客、
招标	中等	不确定	中等	长	高	Freelancer 等
雇佣	较高	不确定	不确定	不确定	较高	

（1）竞赛或悬赏。发包方发布创新任务并给出任务奖励，接包方通过提交知识产品供发包方评价选择，最终优胜者获得奖励。在竞赛或悬赏机制下，用户之间是竞争关系，只有极少部分的方案（绝大部分不超过两个）能够获得最终奖励。当一个项目中参赛者很多的时候，接包方会感受到很大的压力，努力的投资回报不高，从而用户的参与动机会较低。在竞赛或悬赏交易机制下，接包方的参与行为是动态可见的，更容易作为研究的样本。

（2）计件。计件模式是指发包方发布一个需求，面向所有的平台用户征集作品，接包方根据任务描述制作并上传作品稿件，发包方选择多个稿件作为合格作品并支付款项。计件机制适用于技术含量较低、简单易行且报酬低的任务。

（3）招标。招标机制是指发包方发布任务需求，平台接包方制作标书（自我推荐式文本）并进行投标。在经过一定的比较之后，由发包方选择一个用户完成任务，并且在众包平台按照标书所设定的时间节点完成阶段任务并提交。若项目合作顺利，在任务结束之后，需求双方在平台上将资金结清并相互评价。这一交易机制主要是在线下交流，平台只是起中介和协调作用。

（4）雇佣。众包平台允许发包方直接在平台上购买服务或雇佣接包方，并按照一定的计价方式由接包方为发包方直接工作。雇佣机制是适用于任务量大或需要团队协作完成创意任务的一种交易机制。

需要注意的是，不同的交易机制有其各自的适用性，如猪八戒网规定了数据爬虫任务只能发布招标。在发包方发布个人需求之后，平台会对需求进行审核，包括一些合规性问题；另外，平台也会给予发包方一些建议，包括对任务的描述以及对特殊功能的使用给出专业化建议，从而提升任务成功率。

此外，部分综合众包平台提供了不止一种交易方式，如猪八戒网和一品威客网等，都提供了四种选择，Freelancer提供了招标、雇佣和竞赛或悬赏三种方式。

2. 定价机制

赏金作为最主要的激励方式，能够促进接包方高质量、按时地完成众包任务。现有的众包定价实践对决策者的相关经验要求较高，且定价结果具有较强的主观性和不可控性。不合理的任务资金配置会增加额外的劳动成本或降低用户的参与度，从而影响任务的质量和交付成果（毛可，2014）。基于交易机制，众包平台中主要有两种定价机制，即正向定价和逆向定价（郝利飞，2019）。

（1）正向定价。正向定价以发包方为中心，即发包方发布需求并确定项目奖金，接包方按照自由自愿的原则选择是否参与，项目成功之后按照奖金额支付给获胜的接包方；典型的代表有双变量模型定价、基于反向传播神经网络的定价、基于多元线性回归的定价、基于收集行为的多参数定价以及其他定价方式。

也有学者将奖励定价机制分为固定奖励机制和竞价奖励机制，前者是指组织者在赛前设定好奖励金额额度，参与者无法改变而只能接受的机制；竞价奖励机制是指当所有参赛者完成任务后，组织者根据参赛者提交答案的质量和其预期获得的奖金给予奖励（邓娇，2016）。Terwiesch和Xu（2008）也证明可以通过将奖励策略从固定奖金改变为基于绩效的奖励来改善参赛者投入不足导致的创新竞赛的低效率现象。

（2）逆向定价。逆向定价是指发包方并没有明确给出一个具体的数值，仅给出了任务的相关信息以及技能需求，接包方能够进行自我报价，竞标成功的接包方将获得工作机会，其代表性的方式包括招标、雇佣等，在雇佣机制中接包方有更大的自主权。这一定价方式在学术研究上也适用于拍卖模式，但与拍卖模式不同，接包方支付的是劳动力，而不是物品。典型的逆向定价方法包括基于贪心策略的定价、基于逆向拍卖的定价和考虑团队协作的定价。

此外，以上两种定价模式一般是静态定价，也有一些众包平台采用动态定价模式，如物流众包平台具有明显的双边市场特性，随着市场供需情况的变化会呈现不同的价格。众包物流平台的定价机制具有以下特点：①灵活性，即物流配送服务需求具有明显的非定向性和区域分散性，增加了配送服务的难度，因此需要更加灵活的定价机制；②动态性，由于众包物流配送行为是利用社会人群的闲置时间提供服务的，因此具有较强的主观性和可选择性，需要建立动态的定价机制；③不确定性，提供配送服务的群体和众包物流平台不属于固定的雇佣关系，配送人员具有较强的自主性，且服务的需求具有随机性，从而定价具有较大的不确定性（冉安平和周亚蓉，2020）。

3. 信息反馈机制

过去，学者在研究中将众包看作一个无反馈的过程，即没有考虑反馈对接包方的行为带来的影响，但在实践中，人们发现接包方十分重视对于自己行为表现的反馈，他们也会根据反馈提供的信息进行自我知识更新，并做出反应，如投入更大的努力、学习优秀的方案，也有可能选择直接退出，转而选择参与其他的项目。众包平台提供的反馈方式包括打分、排名、文本评论、设置特殊标识等。

众包反馈的研究集中于反馈绩效和反馈策略两方面，前者主要是指反馈对接包方参与行为的影响和对众包结果带来的影响。由于反馈减少了接包方参与的不确定性，其能够提升接包方努力水平（Jiang and Wang，2020）、影响提交方案的深度和广度（Jiang and Wang，2020）等。考虑不同反馈策略带来的影响，众包中的反馈分为无信息反馈、完全信息反馈和部分信息反馈（徐琪和卢庚宿，2019）；直接反馈、随机反馈和无反馈策略（Wooten and Ulrich，2017）等。此外，反馈的影响依赖于反馈的特点（积极/消极）、反馈主体（同行/企业）（Chan et al.，2021）。本章参考徐琪和卢庚宿（2019）的分类，将反馈按照信息的内容分为完全信息反馈、无信息反馈和部分信息反馈。

（1）完全信息反馈。完全信息反馈分为两个方面，一是指平台或发包方的反馈对所有的接包方开放，且接包方能够获知其他参与者的产出；二是指反馈信息内容是完全的，如完全反馈组织者偏好、接包方信息等。由于这一信息反馈策略在一定程度上过于理想化，在早期的研究模型中，许多文献假设平台反馈信息是完全的。企业的用户社区是一个较好的例子，用户在社区中既可以发布自己的想法，又可以对其他用户的想法进行评论或者点赞。与此同时，企业的管理层也会对此进行反馈，如是否考虑将某一想法纳入新产品开发中。为了加强用户之间的互动交流，所有的信息都是实时公布的。

（2）无信息反馈。无信息反馈意味着在众包过程中，接包方只能知道自己的信息，而不了解其他接包方的参与行为，且不会收到关于自己提交方案的质量之类的信息。

（3）部分信息反馈。这一反馈方式提供的信息要少于完全信息反馈，如平台仅公布用户排名，而对用户实际提交的方案设置隐藏。接包方只能根据在竞赛中所处的位置了解到自己与其他参与者之间的差距，并不断进行调整。为了引导接包方投入更多的努力并实现激励相容，信息的发布具有一定的策略性。众多学者的研究结果表明，部分信息反馈或策略性信息反馈往往比完全信息反馈和无信息反馈效果更好（Goltsman and Mukherjee，2008；Papanastasiou et al.，2018）。

在实践过程中，较多的众包平台采用的是部分信息反馈策略，即接包方在参与过程中能够获得部分但不完全的信息，从而对自己在项目中所处的状态有一个大致的预估，如在猪八戒网的比稿项目中，发包方可以决定是否给予已提交方案一些反馈，即使没有来自发包方的反馈，由于接包方是陆陆续续参与进来的，众包过程的动态性也会提供部分信息，如参赛人数、其他接包方的能力水平（用户等级）、提交方案详情（若未设置隐藏）等。相比无信息反馈的众包项目，部分信息反馈能够提供更多的信息，这些信息往往能够引导接包方进行更好的提升，并提高中标的可能性。

4. 奖金机制

由于经济手段的激励措施在竞争型众包任务中具有关键性的影响，不同的奖金机制对接包方行为的影响有一定的差异。众包奖金设置通常包括奖金额及奖金的分配两个方面。其中奖金额是指发包方为自己发布的任务所愿意付出的成本，而奖金的分配是针对众包的结果，一个项目中设置中标方案的数量（Moldovanu and Sela，2006）。

（1）奖金额。在部分众包任务中，奖金可能是接包方唯一能够获得回报的方式。奖金额的设置受多方面因素的影响，没有相对固定的参考依据，如任务的难易程度、需求的紧急情况、发包方的经济水平、发包方个人的风险倾向等。因此，目前学术界的研究更偏重于不同奖金额所带来的影响。另外，一些实证研究表明，高额奖金可以对用户参与众包形成吸引力，提升接包方的努力水平；并且更多的接包方参与所带来的竞争效应会削弱奖金额的激励效果。

（2）奖金的分配。根据理性人假设，奖金作为主要成本，发包方期望设置的奖金能够带来更大的收益。众多众包平台提供了发包方对于中标方案数量的选择，一般分为单奖金机制和多奖金机制两种。

①单奖金机制：即众包任务中组织者事前只设置一个奖项，项目结束后获胜者将获得所有的奖金，即"赢者通吃"。在单奖金机制下，所有的方案提交都面临着努力风险，接包方在投入大量的时间和精力之后，可能并不会得到任何回报。因此，接包方所面临的竞争压力更大。

②多奖金机制：组织者在事前确定竞赛结束后奖金会分配给多个获胜者，质

量最佳的方案获得一等奖，质量次佳的方案获得二等奖，依次进行直至奖金全部分配完成。

目前学术界对于两种奖金机制的优劣性并没有达成统一的意见。有研究指出，单奖金机制是更优的（Terwiesch and Xu，2008；韩建军等，2005）；也有文献考虑了两种机制的最优条件（Glazer and Hassin，1988；Moldovanu and Sela，2006；Terwiesch and Xu，2008；田序，2021）。其中，田序（2021）总结了不同的竞赛模型（拍卖型竞赛、试验型竞赛和创意型竞赛）下，参赛者的风险类型往往会决定单奖金机制或多奖金机制的最优性，且接包方的风险类型、能力分布情况会对两种奖金机制的最优性有不同的影响。

5.4 众包平台典型案例

5.4.1 设计创意众包——猪八戒网

1. 平台简介

猪八戒网（https://task.zbj.com）创立于 2006 年，是中国领先的人才共享平台，服务交易品类涵盖创意设计、网站建设、网络营销、文案策划、生活服务等多种行业，被评选为中国 2011 年度"最佳商业模式十强"企业。截至 2021 年 3 月，猪八戒网有注册用户 2800 万人，在全国布局线下数字化创业园区超过 100 个。多年来，猪八戒网累计有 10 万余人通过本平台孵化创业公司，超过 100 万人通过平台实现灵活就业，千万企业通过平台解决专业服务需求。

2. 平台运作主体

在猪八戒网中，雇主能够以一种低门槛、便捷操作、可复制的方式向全国乃至全世界发布个人需求，邀请有能力、有兴趣、富有创造力的社会大众共同完成这一任务，并承诺奖励优秀作品。猪八戒网作为大型人力资源和众包市场，吸引了各行各业的优秀人才加入创新队伍中，不仅高效解决了众多雇主的需求，而且作为企业孵化器，帮助众多企业成功创办、运营，并在后期经营中进一步深入合作关系。

（1）众包平台。猪八戒网的商业模式本质是分享经济，通过提高对社会闲置资源的使用效率，从而更有效地配置资源。正如创始人朱明跃所说："平台的社会价值是资本青睐猪八戒网的原因，而这个平台较之于淘宝，马太效应并不明显，真正实现了分享经济。"任何社会大众都可以通过互联网注册账号，在平台上发布需求或者提交解决方案，通过众包平台能够更好地应对社会人力资源供需不匹配的问题，让大众更好地发挥自我优势。

（2）发包方，即雇主，平台中的雇主一般可分为三类。第一类是初创企业，该类企业必须在资金有限的情况下，着力发展核心业务或主营产品，众包平台能够以低成本、高效率地解决企业的问题。第二类是大型互联网企业，为了不断顺应社会发展进步的需要，企业必须保持创新。众包能够帮助企业有效控制企业规模，从而避免因正式员工数量增加而带来的运营风险。第三类是拥有创新需求的个人，不仅是具有特定需求的研究人员，近年来，普通大众在平台上活跃的频率也不断上升，如给孩子取名、活动策划等。这说明新的创新方式正在不断被大众所接纳，且渗透到个人生活的诸多方面。

（3）接包方，也称平台服务商。与外包不同，众包并不强调专业性；相反，它主要利用社会大众共同的智慧。平台中的服务商有较大的差异，如专业、技能水平、地区、行业等。不同类型的大众参与的动机不一样。相关报告显示，获得奖金能够为接包方带来很大的激励。由于平台的竞争性和努力的不确定性，部分接包方随着时间的推移不再活跃。对于一些极具创新性的项目而言，个人的兴趣是不容忽视的一方面。此外，由于平台聚集了一批优秀的用户，大众在参与竞争的过程中，能够获得较好的成长机会，从而更好地胜任个人的工作。

3. 众包交易模式

猪八戒网中涵盖四种交易模式，分别为招标、比稿、计件和大赛，其中招标是指雇主发出招标需求，邀请服务商在规定的时间内按照一定的程序进行投标，提交需求解决方案的交易模式。雇主根据个人需求发布招标并公布需求信息，服务商根据自由自愿的原则参与并通过电话、对话窗口等方式与雇主联系，对需求的具体要求和时限等要求达成一致意见，雇主在众多的服务商中选择一个进行中标并托管赏金，服务商在规定的时间内进行作品设计并上传源文件，雇主验收后需将赏金支付给服务商，双方进行相互评价。招标整体流程如图 5-4 所示。

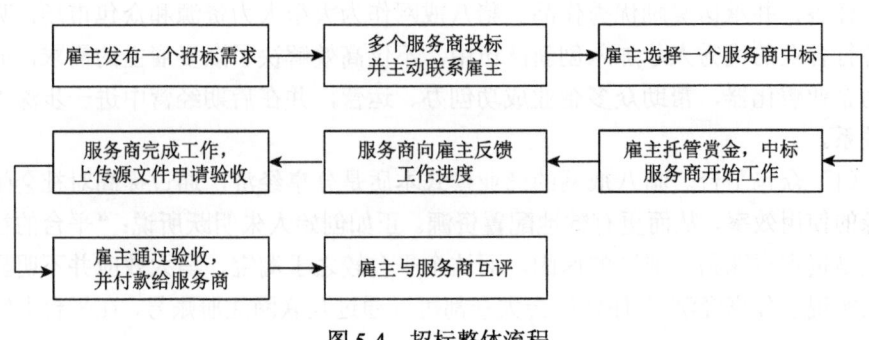

图 5-4 招标整体流程

比稿模式是猪八戒网中一种一对多的交易模式，包含单人比稿、多人比稿两种。它是指雇主发布一个需求并托管全额赏金，面向平台上所有知识工作者征集作品，有意参与的知识工作者，根据雇主的需求描述制作并上传作品初稿后，雇主选择其中一个或多个初稿中标，要求中标者在初稿的基础上进一步完善作品，最后在中标者将得到雇主认可的作品源文件交付雇主后，雇主再付款的一种交易模式。比稿整体流程如图 5-5 所示。

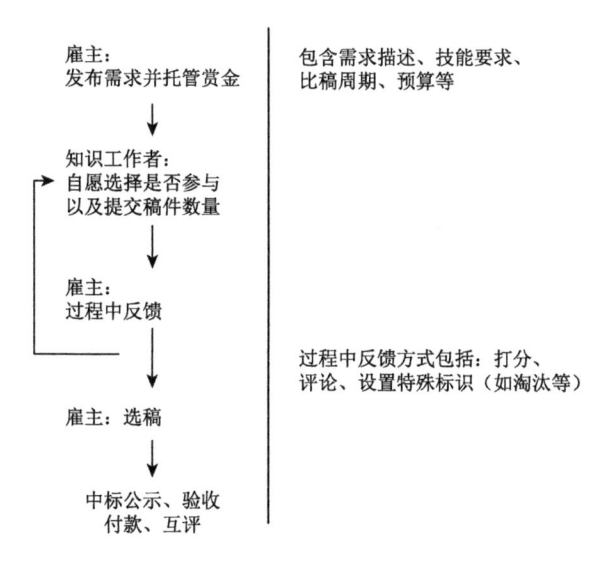

图 5-5 比稿整体流程

计件模式是一种一对多的交易模式，也称为"多人交稿、合格付款"，简称多人计件。它是指雇主发布一个需求并托管全额赏金，面向平台上所有服务商征集作品，有意参与的服务商根据雇主的需求描述制作并上传作品稿件后，雇主选择多个稿件为合格作品并付款。计件模式类似于比稿模式，不同的是，在比稿模式中雇主的选稿标准是"优质"，而计件模式中是"合格"，从而计件模式要求更低，竞争强度更低。

大赛模式即八戒大赛是指需求方在猪八戒网发起的一种赏金数额较高、范围广（全国甚至全球范围）、影响力大的设计或创意征集活动。类似于比稿模式中的多人比稿。

5.4.2 众包物流——美团配送

在人们的生活节奏不断加快的当下，工作者拥有更少的自我时间，并且随着懒人经济的发展，更多的人不愿意使用自己的劳作成果，而是享受便捷、高效的供给式生活。

美团作为中国领先的生活服务电子商务平台，服务涵盖餐饮、外卖、生鲜零售、打车、共享单车等200多个品类，业务覆盖全国很多地区。美团业务分为餐饮外卖，到店、酒店及旅游，新业务三部分。其中餐饮外卖业务营业收入占比最高，达到了57%，为其带来巨大的流量。2020年全年，美团餐饮外卖业务交易金额达到4889亿元（图5-6），交易用户数据达5.1亿条。美团的配送业务主要服务于美团外卖，如图5-7所示，在主要交易平台中，美团配送占比最大。

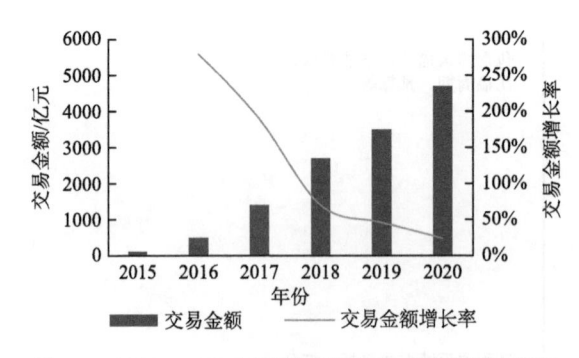

图5-6　2015～2020年美团餐饮外卖业务交易金额及增长率

资料来源：Trustdata的报告

图5-7　主要外卖平台交易额占比

资料来源：Trustdata的报告

外卖具有明显的供需波动，这也为外卖行业的资源配置带来一定的不确定性。特别是中午和傍晚容易出现需求高峰、平台运力紧张等问题，招聘更多的配送人员同样增加了管理的负担以及提升了企业运营的风险，因此通过社会人力资源来平衡这一外卖行业的供需矛盾成为众多企业的选择。

2015年，美团经历了高速扩张，带动了配送需求的高速扩展，并成立了专门的配送队伍，美团外卖宣布推出"美团众包"。美团平台配送模式一般分为美团专送、美团众包、美团快送、商家配送，其中美团快送是介于美团众包和美团专送之间的一种兼职配送形式。美团外卖形成了"自营+加盟+众包"的三位一体物流模式，如表5-6所示。

表5-6　美团外卖配送模式

配送模式	组织形式	配送范围	配送速度	配送成本	收费模式
美团专送	全职	3km	最快	稍高	商家提成+顾客配送费
美团众包	兼职	5km	较慢	较低	按距离收费
美团快送	兼职	5km	快	中等	商家提成+顾客配送费
商家配送	商家/第三方	限制小	不限制	与订单量和客单价相关	商家提成/第三方众包运力规定

美团众包的推出，使外卖不再受限于配送能力，而在人力成本不断上升的现实情况下实现弹性扩张。在面对大额订单潮时，美团不需要直接增大自营团队的规模，也不需要挤压第三方配送伙伴的运力，通过合理地利用社会闲置力量就可以灵活地开展活动。首先，有意愿成为骑手的大众在平台进行注册，在美团用户下单后会生成任务清单，在运力范围内骑手分别可通过派单与抢单两种方式获得订单，并将订单要求的货物送至目的地，待用户确认收货后，任务单结束。美团众包抢单与骑手接单流程如图 5-8 所示。

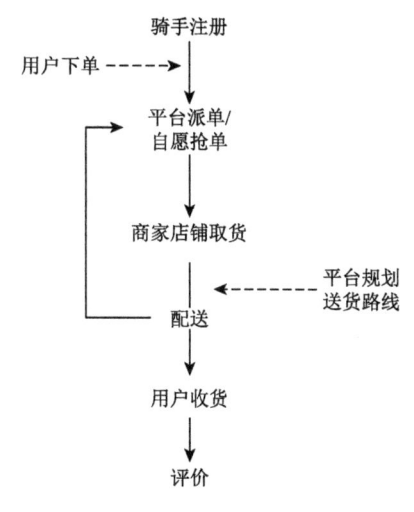

图 5-8　美团众包抢单与骑手接单流程

5.4.3　自由职业和众包市场——Freelancer

1. 企业简介

Freelancer（https://www.freelancer.com）是全球规模最大的人才市场，成立于 2004 年。Freelancer 不仅拥有英文网站，同时针对中国用户开发了中文版本。由于 Freelancer 注册门槛低，相比于其他国外平台，拥有更多活跃的中国自由职业者。根据官网发布的数据，截至 2021 年 7 月 12 日，平台聚集了 53 668 400 个用户，总项目数超过 2022.5 万个，覆盖 247 个国家和地区。Freelancer 上的项目涵盖了软件开发、写作、数据输入和设计、工程、科学、营销、会计和法律服务等诸多领域，为全球雇主和自由职业者提供了较大的选择可能性。

2. Freelancer 的运作主体与模式

Freelancer 的运作主体是平台、雇主和服务商，其运作模式包括竞标、竞赛和服务三种。

（1）竞标模式和猪八戒网中的招标模式类似，是指在雇主发布任务需求之后，多个自由职业者参与竞标，雇主选择合适的自由职业者为其工作，这个模式在面试考核完毕后才开始工作。项目定价类型包括固定收费和按小时收费两种，自由职业者可以根据项目内容发布工作定价以及工作周期，如图 5-9 所示，雇主可以通过自由职业者的自荐描述以及历史工作经验、评分等进行选择，自由职业者也能够通过优质的服务为自己赢得更多的机会。

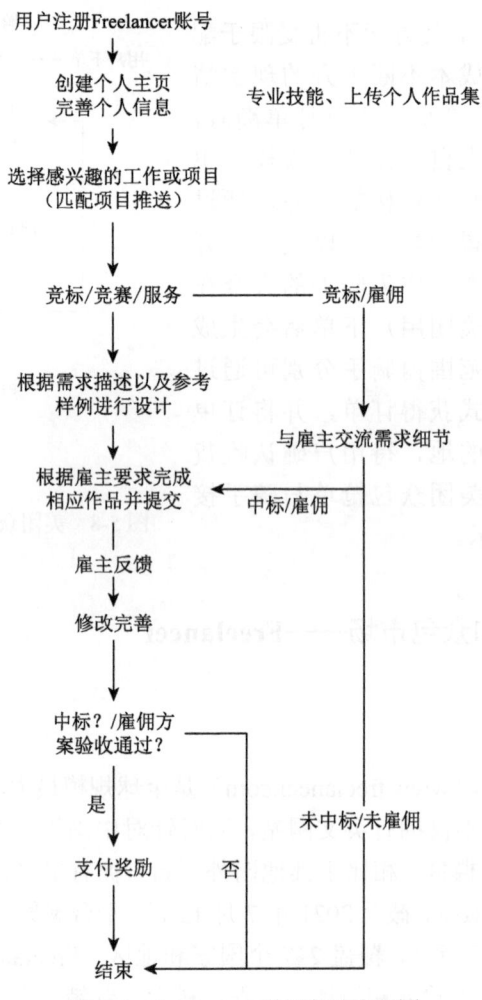

```
用户注册Freelancer账号
        ↓
    创建个人主页           专业技能、上传个人作品集
    完善个人信息
        ↓
   选择感兴趣的工作或项目
      （匹配项目推送）
        ↓
    竞标/竞赛/服务 ———————— 竞标/雇佣
        ↓                      ↓
   根据需求描述以及参考
    样例进行设计           与雇主交流需求细节
        ↓                      ↓
   根据雇主要求完成 ←——— 中标/雇佣
   相应作品并提交
        ↓
     雇主反馈
        ↓
     修改完善
        ↓
   中标？/雇佣方
   案验收通过？
    ↓是      ↓否         未中标/未雇佣
  支付奖励
        ↓
     结束
```

图 5-9 Freelancer 项目交易流程图

（2）竞赛模式是指雇主发布一个需求，征集一个或若干个作品。在竞赛发布之后，许多自由职业者以自由自愿的方式提交作品（一般最少要 30 个参赛作品），雇主再从几十个甚至成百上千个作品中挑选合适的作品并支付佣金。获胜作品作为稀缺资源，绝大多数作品都不会被奖励，从而自由职业者在参与竞赛时存在一定的努力风险。

在竞赛提交过程中，平台设置作品倒序排列，即雇主能够首先看到最新提交的作品，并能够对其中意的方案通过打分、点赞、评论三种方式进行反馈。让自由职业者更多地了解雇主的想法以及需要，反馈能够加强竞赛双方之间的信任，激励自由职业者按照雇主的要求继续提交、完善方案。其参赛流程与猪八戒网类似，如图 5-9 所示。

（3）服务模式是一种人才自由交易方式，即自由职业者将自己的技能或者提供的服务打包成模块定价进行销售，雇主可以选择自己所需要的服务并直接下单购买，在一定程度上提高了工作效率，节约了雇主和自由职业者的时间。

5.4.4 科研众包——InnoCentive

1. 企业简介

InnoCentive（https://www.innocentive.com）是一家开放式创新公司，汇集了全球优秀的科学家，也是成功的众包网站之一。平台为重要的商业、社会、政策、科学和技术挑战提供创意和解决方案。最初 InnoCentive 是美国著名制药企业礼来公司创建的，基本职能是化学和生物领域的研发供求网络平台。目前平台已经成为数百万科研精英参与的全球性网络，并建立了社区、工作室、竞赛活动等，在充分利用社会科研能力的基础上，还有效帮助企业规避了很大一部分独立研发风险，是全球第一家旨在用先进技术和网络将难题与其潜在"解决者"相连接的虚拟咨询企业。目前，美国礼来、宝洁、陶氏化学等全球研发领先者经常在网站上张贴各种挑战项目，挑战涉及化学、生物学、生物化学和材料科学等多个学科，涵盖制药、生物科技、农业综合企业、消费产品、塑料/聚合物、食品/调味品/香料、基础化学品、多样化化学品、石油化学制品、特殊化学品等行业。

2. InnoCentive 的运作主体和模式

InnoCentive 的运作主体是 InnoCentive 平台、科研公司、科学家，如图 5-10 所示。

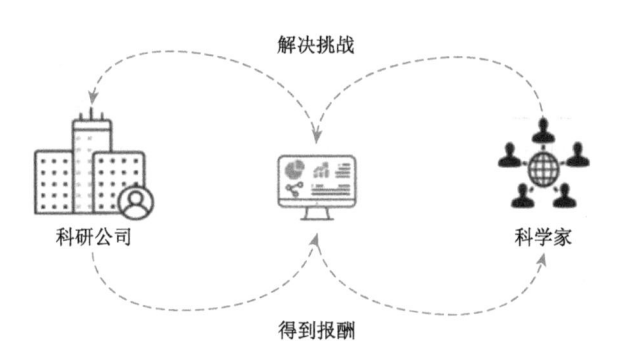

图 5-10 InnoCentive 运营模式

1）科研公司：答案寻求者"Seekers"

InnoCentive 让公司签约成为"寻求者"，在一个保密的互联网信息交流平台上张贴挑战，其中每项挑战都包括详细说明和相关要求、截止日期，以及为最佳解决方案提供的奖金额。在收到答案之后，寻求者公司审阅递交的解决方案，并且只把奖金颁发给最符合其要求和被公司视为最好的解决方案的提供者。

2）科学家：问题解决者"Solvers"

世界各地的科学家都有资格在该网站注册成为"解决者"，解决者可访问和评估挑战，并且通过网上递交解决方案。目前，平台聚集了超过 170 个国家的科学家，他们可以接触符合自己兴趣和专长的重大研发问题，并有机会解决世界级研发课题的智力挑战，使自己的才智得到公认。当然，他们成功解决问题后还可以换来丰厚的资金回报，奖金额从 5000 美元到 10 万美元不等，所有获奖者的名单和个人简历也都在网站上公开。

3）InnoCentive 平台：桥梁，规则执行者

作为科研公司和科学家的桥梁，InnoCentive 的科技团队负责回答解决者在回答问题过程中可能提出的任何问题，并将递交的所有符合标准的解决方案呈递给寻求者公司。据 InnoCentive 首席执行官达林·卡罗尔（Darren J. Carroll）介绍，该公司的雇员主要是各业务领域的不同学科专家，他们的主要工作是帮助科研公司（寻求者）分析其所面临的难题并准确描述该挑战，以吸引更多科学家（解决者）的关注。达林·卡罗尔建议科研公司采取这种开放式创新模式将待解决的问题放到一个更为广泛的新群体中，而并非像现在这样只是局限在公司的科研人员以及关联组织中寻找答案。

InnoCentive 的众包模式是竞赛。InnoCentive 平台主要包含三种竞赛挑战类型（challenge type），即想法创意类（ideation）、理论类（theoretical）、付诸实践类（reduction to practice）。据官网数据统计，想法创意类挑战占比最大。想法创意类是利用全球头脑风暴来识别新的/新颖思想（例如，新产品系列、产品新的商业应用或用于招聘新客户的传染式营销理念等）；理论类是解决设计问题的理论概念问题，要求提出概念的详细描述、具体说明、更贴近实际产品或服务想法所必需的要求；付诸实践类是提供原模型的解决方案，包括概念证明、拥有明确定义的成功标准、能够验证的解决方案、可提交的成果（通常包括原始数据或被验证的物理证据）。

5.4.5 数据众包——Kaggle

1. 企业简介

Kaggle（https://www.kaggle.com）成立于 2010 年，是全球最大的数据科学家

社区，也是一个数据挖掘与预测模型竞赛平台。这些竞赛往往由大型企业、政府或研究机构资助。截至 2017 年，它已拥有超过 100 万的注册用户和超过 6 万的活跃用户，分布在 194 个国家，是数据科学家最具活力的社区之一[①]，图 5-11 为 Kaggle 用户的地区分布。平台对所有数据科学家免费开放，服务领域包括生命科学、金融服务、能源、信息技术和零售等行业，主要为开发商和数据科学家提供举办机器学习竞赛、托管数据库、编写和分享代码的平台。

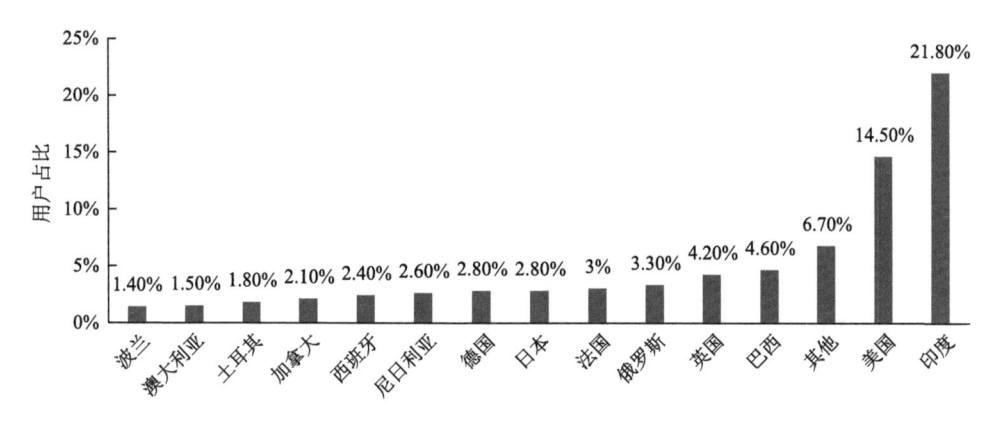

图 5-11　Kaggle 用户地区分布

资料来源：Kaggle 官网

Kaggle 比赛类型划分[②]：按照比赛的形式分为 Getting Started（入门）、PlayGround（游戏）、Research（研究）和 Featured（专题）四类，其中 Getting Started 难度最低，Research 比赛主要针对学术类型；按照比赛的阶段可分为单级（one-stage）、双级（two-stage）和内核（kernel）赛，前面两个通过选手提交的预测结果文件进行打分，而内核赛需要选手进行预测打分；按照比赛的内容可分为机器学习和数据可视化，如表 5-7 所示。

表 5-7　Kaggle 比赛类型划分

划分依据	Kaggle 比赛类型举例
按比赛的形式	Getting Started、PlayGround、Research 和 Featured
按比赛的阶段	单级、双级和内核赛
按比赛的内容	机器学习、数据可视化

---

① 资料来源：https://blog.csdn.net/muyimo/article/details/80044372。
② 资料来源：Coggle 数据科学. Kaggle 知识点：比赛类型介绍. [2020-06-24]. https://mp.weixin.qq.com/s/K1t3-8E9GCaPYDsPW2PNHQ。

2. Kaggle 的运作主体和模式

Kaggle 的运作主体主要有需求组织或机构、数据科学家、众包平台。Kaggle 众包模式是竞赛，通过出题方给予的数据训练集建立模型，再利用测试集算出结果用来评比。每个进行中的项目都会显示剩余时间、参与的队伍数量以及奖金数额，并实时更新选手排位。在截止日期前，所有队伍都可以自由加入竞赛，并能够对已经提交的方案进行完善，因此排名会不断变动，根据最终排名确定获胜者。Kaggle 流程如图 5-12 所示。

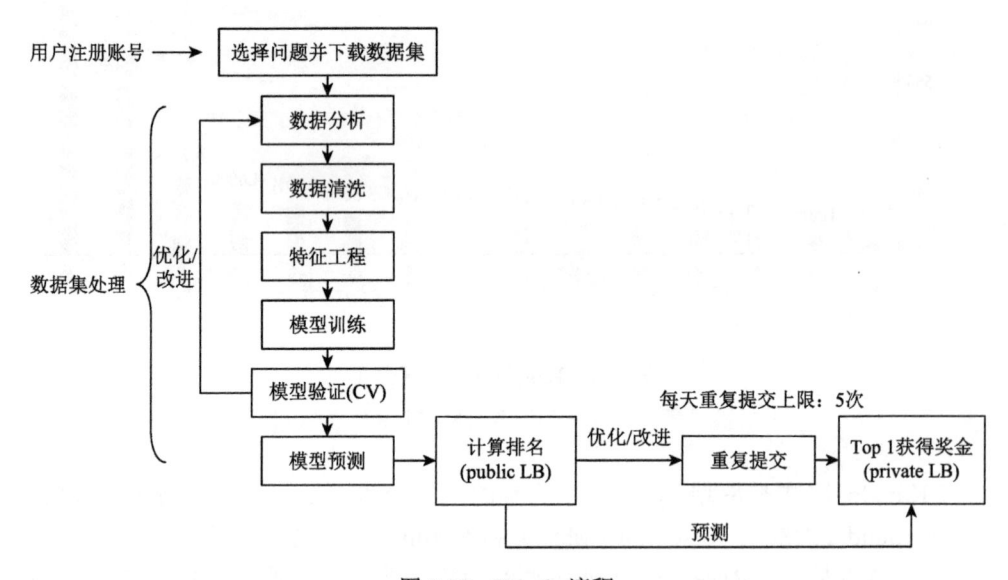

图 5-12 Kaggle 流程

CV 表示自己做的交叉验证（cross validation）得到的分数；LB 指的就是在排行榜（leaderboard）得到的分数，其中，public LB 代表公共得分，private LB 代表私人得分

参 考 文 献

本刊编辑部, 张九庆. 2015. 科研众包对中国科研活动的影响[J]. 中国科技论坛, （3）：1.
邓娇. 2016. 考虑赢者确定方式的众包竞赛最优奖励机制研究[D]. 镇江：江苏科技大学.
韩建军, 程玉, 郭耀煌. 2005. 基于非对称成本的设计竞赛博弈模型及奖金设置[J]. 运筹与管理, 14（2）：84-90.
郝利飞. 2019. 众包市场中面向供求双方的定价机制研究[D]. 呼和浩特：内蒙古大学.
李忆, 姜丹丹, 王付雪. 2013. 众包式知识交易模式与运行机制匹配研究[J]. 科技进步与对策, 30（13）：127-130.
刘冬梅, 王文静, 杨子帆, 等. 2018. 互联网＋时代众包交通大数据应用机制研究[J]. 公路交通科技, 35（7）：120-127.
刘雅儒. 2016. 众包配送模式及其发展趋势研究[J]. 物流工程与管理, 38（4）：32-33, 40.
陆丹. 2013. 互联网时代下众包风险的识别与规避[J]. 物流工程与管理, 38（4）：118-126.
马卫, 方丽, 屠建洲. 2008. 从外包到众包的商业模式变革及启示[J]. 商业时代, （1）：13-14.

毛可. 2014. 软件众包任务的定价模型与人员配置方法研究及工具实现[D]. 北京：中国科学院大学.

庞建刚, 刘志迎. 2015. 科研众包参与主体及流程的特殊性[J]. 中国科技论坛, （12）：16-21, 32.

冉安平, 周亚蓉. 2020. 众包物流平台服务最优价格及其期望收益研究：考虑平台补贴水平影响因素的动态定价模型分析[J]. 价格理论与实践, （4）：136-139, 178.

宋喜凤. 2012. 众包模式中参与者行为动机研究[D]. 西安：西安电子科技大学.

田序. 2021. 众包竞赛中的人数策略和奖金机制研究[D]. 合肥：中国科学技术大学.

涂艳, 孙宝文, 张莹. 2015. 基于社会媒体的企业众包创新接包主体行为研究——基于众包网站调查的实证分析[J]. 经济管理, 37（7）：138-149.

徐航宇. 2016. 互联网众包模式研究[D]. 北京：北京理工大学.

徐琪, 卢庚宿. 2019. 不同信息反馈策略下两阶段众包竞赛最优投入努力和收益[J]. 东华大学学报（自然科学版）, 45（6）：958-965, 972.

严杰, 刘人境, 刘晗. 2017. 国内外众包研究综述[J]. 中国科技论坛, （8）：59-68, 151.

赵国平. 2020. 考虑大众参与程度的众包物流平台定价策略研究[D]. 秦皇岛：燕山大学.

赵宇翔, 练靖雯. 2021. 数字人文视域下文化遗产众包研究综述[J]. 数据分析与知识发现, 5（1）：36-55.

Brabham D C. 2008. Moving the crowd at iStockphoto: The composition of the crowd and motivations for participation in a crowdsourcing application[J]. First Monday, 13（6）：1-6.

Chan K W, Li S Y, Ni J A, et al. 2021. What feedback matters?The role of experience in motivating crowdsourcing innovation[J]. Production and Operations Management, 30（1）：103-126.

Duncker K. 1945. On problem-solving[J]. Psychological Monographs, 58（5）：1-113

Glazer A, Hassin R. 1988. Optimal contests[J]. Economic Inquiry, 26（31）：133-143.

Goltsman M, Mukherjee A. 2008. Information disclosure in multistage tournaments[J]. SSRN Electronic Journal.

Holley R. 2010. Crowdsourcing: How and why should libraries do it?[J]. D-Lib Magazine, 16（3）：4.

Howe J. 2006. The rise of crowdsourcing[J]. Wired, 14（6）：176-183.

Jian L A, Yang S, Ba S L, et al. 2019. Managing the crowds: The effect of prize guarantees and in-progress feedback on participation in crowdsourcing contests[J]. MIS Quarterly, 43（1）：97-112.

Jiang J C, Wang Y. 2020. A theoretical and empirical investigation of feedback in ideation contests[J]. Production and Operations Management, 29（2）：481-500.

Maier N R F. 1931. Reasoning and learning[J]. Psychological Review, 38（4）：332-346.

McDuff D, El Kaliouby R, Picard R. 2011. Crowdsourced data collection of facial responses[C]//Proceedings of the 13th International Conference on Multimodal Interfaces, Alicante：11-18.

Moldovanu B, Sela A. 2006. Contest architecture[J]. Journal of Economic Theory, 126（1）：70-96.

Papanastasiou Y, Bimpikis K, Savva N. 2018. Crowdsourcing exploration[J]. Management Science, 64（4）：1727-1746.

Prpić J, Shukla P P, Kietzmann J H, et al. 2015. How to work a crowd: Developing crowd capital through crowdsourcing[J]. Business Horizons, 58（1）：77-85.

Ridge M. 2013. From tagging to theorizing: Deepening engagement with cultural heritage through crowdsourcing[J]. Curator: The Museum Journal, 56（4）：435-450.

Segev E. 2020. Crowdsourcing contests[J]. European Journal of Operational Research, 281（2）：241-255.

Sun Y Q, Fang Y L, Lim K H. 2012. Understanding sustained participation in transactional virtual communities[J]. Decision Support Systems, 53（1）：12-22.

Teece D J. 1986. Profiting from technological innovation, implications for integration, collaboration, licensing and public policy[J]. Research Policy, 15（6）：285-305.

Terwiesch C, Xu Y. 2008. Innovation contests, open innovation, and multiagent problem solving[J]. Management Science, 54 (9): 1529-1543.

Wooten J O, Ulrich K T. 2017. Idea generation and the role of feedback: Evidence from field experiments with innovation tournaments[J]. Production and Operations Management, 26 (1): 80-99.

Yang D, Xue G, Xi F, et al. 2016. Incentive mechanisms for crowdsensing: Crowdsourcing with smartphones[J]. IEEE/ACM Transactions on Networking, 24 (3): 1732-1744.

Yang J, Adamic L A, Ackerman M S. 2008. Crowdsourcing and knowledge sharing: Strategic user behavior on taskcn[C]// Proceedings of the 9th ACM Conference on Electronic Commerce, Chicago: 246-255.

Zhao Y X, Zhu Q H. 2014. Evaluation on crowdsourcing research: Current status and future direction[J]. Information Systems Frontiers, 16 (3): 417-434.

第6章 众包研究进展

6.1 众包文献计量分析

众包领域（包括众包竞赛、产品创意、众包平台等）涉及的众包产品种类多样，在 Web of Science 核心数据库中，以 crowdsource 为关键词进行主题搜索，得到在商业和经济管理领域 2006～2022 年的众筹研究文章共 500 篇。随后，使用 HistCite 文献计量工具对国内外学者在该领域的经典文献进行相关分析，得到众包文献引用权重最高的 30 篇文献，其关系网络图如图 6-1 所示。

图 6-1 中有 30 个圆圈，表示筛选了 30 篇该领域最重要的文献（可在 Limit 项修改），每个圆圈表示一篇文献，中间的数字表示文献在数据库中的序号。圆圈大小表示引用次数，圆圈越大，表示被引用次数越多。不同圆圈之间由箭头相连，箭头表示文献之间的引用关系。可以看出，39、31 和 25 圆圈较大，并有很多箭头指向它们，表明这几篇文献是这个领域的早期重要文献。Bayus（2013）通过研究戴尔的 IdeaStorm 社区，发现系列创意者比只有一个创意的消费者更有可能产生组织认为有价值的创意，但一旦他们的创意得到实施，他们就不太可能重复他们早期的成功。当过去取得成功的创意者试图再次提出能够激励组织的想法时，他们反而提出了与已经实施的想法类似的想法。过去的成功在一定程度上减轻了对他人想法进行不同评论活动的创意者的负面影响。这些发现突出了在长期保持来自人群的高质量想法的持续供应方面的一些挑战。Afuah 和 Tucci（2012）认为，在某些情况下，众包将远程搜索转化为本地搜索，提高了问题解决的效率和有效性，公司可以选择众包解决问题，而不是内部解决问题或将问题承包给指定供应商。Poetz 和 Schreier（2012）发现用户比传统的营销人员、工程师更能成为产品创意的来源。这几篇文献大都是 2010～2013 年发表的，这也正是互联网集中爆发的时间节点，也解释了为什么在随后几年爆发的众包竞赛相关研究都是以互联网众包平台为基础的。

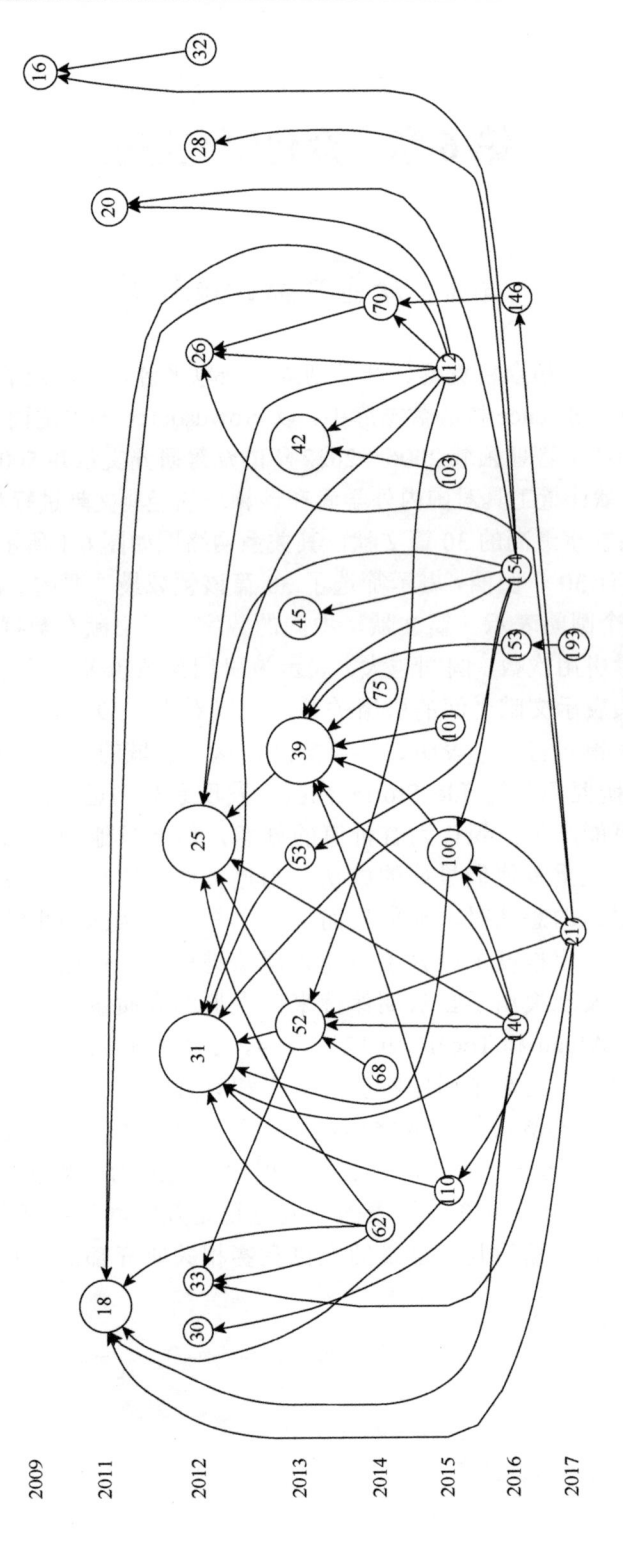

图 6-1 众包经典文献关系网络图

表 6-1~表 6-4 给出了该领域文献贡献度（被引用数等）较大的作者、国家和文献所属期刊机构的相关 Recs、LCS、GCS 或 TLCS 和 TGCS，希望能给中国学者一些启示。

表 6-1 众包文献作者统计

序号	作者（按发文量）	Recs	TLCS	序号	作者（按引用量）	Recs	TLCS
1	Majchrzak A（捷克）	8	446	1	Schreier M（德国）	4	584
2	Malhotra A（美国）	6	355	2	Afuah A（肯尼亚）	1	501
3	Zheng H C（中国）	5	262	3	Majchrzak A（捷克）	8	446
4	Bilgram V（土耳其）	4	119	4	Bayus B L（美国）	2	420
5	Gleasure R（丹麦）	4	90	5	Malhotra A（美国）	6	355
6	Hanine S（美国）	4	27	6	Zheng H C（中国）	5	262
7	Kohler T（法国）	4	87	7	Li D H（中国）	2	244

表 6-2 众包高引用文献

文献编号	文献信息（作者、标题、期刊及年份）	LCS	GCS
25	Poetz M K，Schreier M. The value of crowdsourcing：Can users really compete with professionals in generating new product ideas? Journal of Product Innovation Management. 2012	73	548
31	Afuah A，Singh P V，Srinivasan K. Crowdsourcing as a solution to distant search. Academy of Management Review. 2012	87	501
39	Bayus B L. Crowdsourcing new product ideas over time: An analysis of the Dell IdeaStorm community. Management Science. 2013	64	406
42	Boudreau K，Lakhani K R, Using the crowd as an innovation partner. Harvard Business Review. 2013	51	235
18	Zheng H C，Li D H，Hou W H. Task design，motivation，and participation in crowdsourcing contests. International Journal of Electronic Commerce. 2011	39	226

表 6-3 众包文献期刊统计

序号	期刊	Recs	TLCS	TGCS
1	*Decision Support Systems*	18	50	546
2	*Expert Systems with Applications*	17	9	291
3	*Business Horizons*	16	35	393
4	*Technological Forecasting and Social Change*	16	16	332
5	*California Management Review*	13	53	581

续表

序号	期刊	Recs	TLCS	TGCS
6	*Information Systems Research*	10	19	264
7	*MIS Quarterly*	10	36	565
8	*Research Technology Management*	9	22	225
9	*Management Science*	8	82	539
10	*Journal of Business Research*	7	21	133
11	*R and D Management*	7	6	56

表 6-4　众包文献研究机构统计

排序	研究机构	Recs	TLCS	TGCS
1	北卡罗来纳大学克南-弗拉格勒商学院（美国）	7	91	544
2	南加州大学马歇尔商学院（美国）	7	17	133
3	亚利桑那州立大学凯瑞商学院（美国）	5	10	80
4	卡内基·梅隆大学泰珀商学院（美国）	5	24	136
5	加州大学伯克利分校哈斯商学院（美国）	5	4	187
6	宾夕法尼亚大学沃顿商学院（美国）	5	17	260
7	中国科学技术大学管理学院（中国）	5	3	13
8	伊拉斯谟大学鹿特丹管理学院（荷兰）	4	6	237
9	吕勒科技大学（瑞典）	4	2	168
10	西南财经大学经济信息工程学院（中国）	4	7	36

从表 6-1 能够查到 Web of Science 中各个国家在众包领域贡献度较大的作者信息，可以在数据中搜索相关作者的名字来获取其所属国家在众包研究方面的相关前沿信息，能够发现 Majchrzak A、Malhotra A、Zheng H C、Bilgram V、Gleasure R 等作者在众包领域产出较高。其中 Majchrzak A、Malhotra A 和 Zheng H C 三人的引用量也非常高。这表明三位作者在众包方面的研究兼具深度与广度。与他们不同的是，Afuah A 与 Bayus B L 的文章数量非常少，但引用量却非常高，这表明他们的文章对于众包领域的研究举足轻重。其中，Bayus B L 在 2013 年发表在 *Management Science* 上的一篇关于戴尔众包平台的实证研究更是掀起了众包产品创意的热潮，使领域专家对于众包平台的相关实证研究也逐渐增多。

表 6-2 列出了众包领域引用量前五名的文献的相关信息，包括在数据库中的序号、作者、标题、期刊、发表年份以及引用量。这里列举了两种引用量，分别是上文提到的 LCS 和 GCS。无论以 LCS 排序，还是以 GCS 排序，这五篇文献的引用量都非常高，而且这五篇文献的年份都集中于 2011~2013 年。通过查阅相关众

包文献，可以发现 2013 年以后关于众包的研究呈爆发式增长，表明这些文献对国内外学者关于众包领域的研究有非常重要的启示作用。这几篇文献多在研究创新型问题的解决办法、开放式竞赛、平台收益和参与者绩效的相关问题。这里以美国学者为首的研究产品创新的文献居多，在数据库中也不难发现，近几年其他国家的学者也在研究产品创新等问题，使创新在众包研究领域占据了举足轻重的地位，这和 2006 年美国记者在《连线》杂志上提出的众包概念（发挥大众创新想法）相一致。

对期刊发文按照 TLCS 值降序排列，可快速找出众包领域的重要期刊。表 6-3 可以反映出众包领域贡献度较大的文献主要被 *Management Science*、*Decision Support Systems*、*Technological Forecasting and Social Change* 等著名期刊收录，其中大多数涉及管理运筹、经济科学、决策支持系统、统计预测等主题。值得一提的是，众包在管理科学领域顶级的 UTD-24 期刊（是指美国得克萨斯大学达拉斯分校所选出的商学院最顶尖的 24 种学术期刊，覆盖了一般大学商学院的主要专业）中（如 *Management Science*）也多有提及，其中不仅提到了企业生活中出现的相关经济管理问题，对企业相关政策的改进提出了许多建设性意见，还通过合理的实证和建模方法给出了许多管理启示，帮助社会经济生活更好地运作管理，可以看出众包对社会经济管理的影响越来越大，无论以前的线下还是互联网时代的线上，靠大众智慧模式的众包已经越来越多地涉及人们生活的方方面面。

表 6-4 给出了众包领域的高产研究机构。北卡罗来纳大学、南加州大学、亚利桑那州立大学和卡内基·梅隆大学在众包研究中发文量较高。可以发现，这些研究机构都隶属于美国，这也间接暗示了众包一词 2006 年在美国《连线》杂志出现后，美国相关学者对其的高度关注。值得一提的是，除了美国相关研究机构，中国的中国科学技术大学和西南财经大学在众包领域的发文量排名也较为靠前，表明相比于除了美国以外的其他国家，中国的相关机构对众包领域的研究也是较多的，美中不足的是中国的研究机构发文量较高，其论文引用量却并不高，不过随着近几年中国科学技术大学管理学院等在各大管理机构领域排名的突破，其影响力也在进一步扩大。这也是中国学者进一步努力的方向。

6.2 产品试验及评价

（1）产品研发中关于产品试验的一些研究结果。Abernathy 和 Rosenbloom（1968）指出在产品研发的过程中，当时间允许的时候，进行平行试验是必要的。Ha 和 Porteus（1995）指出产品研发中产品试验的频率应该平衡产品试验带来的收益与产品试验的成本。Loch 等（2001）分析了平行的产品试验和序贯的产品试验，并指出模块化产品架构的核心优势在于降低产品试验的成本。Tahera 等（2019）

通过案例分析指出，在产品研发过程中，产品试验是提高产品质量的主要动力。Pineda 和 Kilicay-Ergin（2010）指出增加产品研发过程中试验的重复次数，可以提高产品检验核查时的质量。Thomke 等（1998）描述了试错试验用于新产品研发的一般过程，并且指出在医药产品中新的方法的引入（计算机模拟或者化学合成）对于公司所采取的试验策略以及这些策略所产生的效率都会有较大影响。Novak 和 Eppinger（2001）指出在产品研发过程中增大产品复杂性将会增加产品试验的复杂性。Qian 等（2010）指出在产品研发过程中与下游过程有重叠的试验可能会把精力浪费在一些有缺陷的产品设计上。Shabi 和 Reich（2012）指出产品的审查交叉验证应该考虑到可接受的风险和成本，并与相关的要求相匹配。Luna 等（2013）指出在一个复杂系统中的产品试验应该注意不同部分之间的关键交互。

（2）对于产品评价的一些研究结果。Wu 等（2015）通过比较众包产品中自由的评价方法和基于标准的评价方法，指出基于标准的评价方法得出的排名与专家系统的判断有很强的相关性。Wang 和 Liu（2021）基于粒子群优化和亚当算法构造了一个多阶段的人工神经网络模型，并用此模型对产品设计进行估计，结果显示他们构造的方法可以帮助设计者全面地考虑产品设计的参数并快速地做出准确的评价。Camburn 等（2019）提出了一种基于无监督机器学习的方法来对众包设计的概念进行评价，并通过案例来验证他们的方法的可行性。在产品创意的早期阶段，产品创意的新颖性、有用性、可行性可以作为三个主要指标对产品创意进行筛选。Shah 等（2000）给出了描述创意有效性的四种客观度量方法，并且通过案例进行了分析。Shah 等（2003）提出一种评价直觉思维生成方法，该方法根据这些指标（质量、数量、新颖性、多样性）进行测量、计算结果以及得出要运行的实验类型。Hsiao 等（2012）建立了一个在线可承受性评价模型，用以衡量产品的可承受度，从而评价产品的可用性。Ashesh 和 Hoyer（2016）指出在产品评价中，只有在低复杂度产品的情况下，新属性的积极作用才有效；在高复杂度产品中，由于对这些属性的负学习成本推断，新属性的加入实际上不利于产品评价。在新产品的研发过程中，对产品质量的评价面临着较大的随机性。

6.3　众 包 竞 赛

伴随着平台经济的发展，各种类型的众包平台起着越来越重要的作用。关于众包模式的研究，国内的一些学者主要研究众包模式中加价机制的影响、众包模式中接包方的创新绩效影响因素。关于众包模式的加价机制的研究，任延静和林丽慧（2019）指出竞赛参与者对任务的关注数量与竞赛发起者采用加价延期服务的概率呈负相关关系，而对竞赛参与者的能力水平却没有显著影响。任延静和林丽慧（2013）通过实证的方法指出，加价延期机制可以为竞赛发起者提供更多的方案，但是加价延期机制却不会吸引更高能力水平的参与者。另外，也有一些学者研究众包模式中接包方的创新绩效影响因素。例如，卢新元等（2018）通过对猪八戒网上接包方的数据进行实证研究，发现竞赛参与者付出的努力程度会受到众包平台信任环境的正向影响，并且竞赛参与者的意愿和努力程度会对方案的创新效果有正向影响。田剑和王丽伟（2014）通过实证的方法指出竞赛中内外部动机对参与者的创新绩效具有显著的正向影响。董坤祥等（2016a）通过实证研究发现，竞赛发起者的信用正向影响发起者绩效，而任务发布数量却负向影响发起者绩效。宗利永和李元旭（2018）利用实证研究方法发现，奖金额度、任务关注人数、任务实际持续时间均对任务绩效表现出显著的正向影响，而任务的难度对任务绩效表现出显著的负向影响。其他类似的研究，读者可参考相关文献（钟丽等，2020；董坤祥等，2016b，2016c；王丽伟等，2014；郑海超和侯文华，2011；韩清池，2018；李丹妮等，2016；郝琳娜等，2014）。关于众包模式的相关研究综述，读者可参见顾姝姝和陈曦（2017）、严杰等（2017）的文献。在众包模式中，一个基本的机制就是竞赛模式（Ales et al.，2017，2021）。

关于竞赛的相关研究，是从 Lazear（1981）以及 Nalebuff 和 Stiglitz（1983）开始的。之后的几十年，关于竞赛的各种问题便开始得到研究。例如，各种不同类型的竞赛，游说竞赛、军事竞赛、体育竞赛、教育竞赛、产品研发竞赛、创意型竞赛等，详细可参见 Siegel（2009，2010）、Konrad（2007）、Konrad 和 Kovenock（2009）、Erat 和 Krishnan（2012）的文献等。在竞赛模型的研究中，有一些研究是关于内部竞赛的，Gibbs 等（2017）通过在一家大型科技公司进行实地试验，其中公司鼓励员工就工艺和产品改进提出意见，他们指出竞赛中的奖励大大提高了创意的质量。Blasco 等（2016）通过在一家医疗中心随机征集工作场所改进建议，调查了推动员工决定为组织生产公共产品的因素。他们发现，金钱激励（如获奖）产生的参与度是单纯的非金钱激励（如声望或认可）的三倍。然而，强调组织的责任使命则会导致对参与的抵消效应。Nittala 等（2022）表明，在设计问题的不确定性下，内部竞赛的竞赛报酬呈曲线变化。在内部竞赛设置下，以较小的奖励组织开放式竞赛问题是最优的。在竞赛中，有一些文献是关于动态竞赛的研究。Harris 和 Vickers（1987）提出了两种竞赛模型，即随着竞赛的展开，竞争者之间既存在技术不确定性，也存在战略互动。他们发现在一维竞赛的主模型中，竞赛中的领先者比跟随者付出了更大的努力，并且努力随着竞争对手之间差距的减小而增加。在某些条件下，同样的结果也适用于本章的第二个相关模型，即二维竞赛模型。Choi（1991）提出了一个动态研发行为的模型，在这个模型中，竞赛的参与者对（真实）研发过程的成功率有不完全信息。该研究可以为现实世界的研发行为提供更丰富的描述，并且还为创新搁置的战略实践提供了可能的解释。

为了考虑企业对创新难易程度的不确定性，Malueg 和 Tsutsui（1997）建立了在未知风险率下的研发竞争差异博弈模型。他们发现，随着时间的流逝，企业对最终的创新变得更加悲观，减少研发投资，并可能退出竞争，同时竞争企业的数量的增加会加强企业的研发强度。Yildirim（2005）研究的是在比赛中，玩家在观察对手在中间阶段的最新努力后，可以灵活地增加自己之前的努力。他发现在玩家可以选择是否向对手透露自己的早期行动的情境中，最受欢迎的和处于劣势的玩家都会在均衡中透露自己的行动。Goltsman 和 Mukherjee（2011）指出在比赛中争夺奖品（例如，晋升）的工人通常会在多个阶段依次进行工作。当公司被私下告知员工的业绩时，它可以通过策略性地披露中间结果来增强激励。但加强最后阶段努力的政策可能会抑制中间阶段的激励。他们的结果表明最优披露政策有一个简单的形式：只有当所有员工表现不佳时才披露。这一结果为绩效反馈中的部分披露提供了一个新的理论。Halac 等（2017）的结果表明，相比任何成功的创新都立即披露的赢家通吃竞赛策略（"公开赢家通吃"），往往一种在截止日期前不披露任何信息的所有成功的代理商均等分享奖金的竞赛策略（"隐藏均等分享"）更具有优势。Bimpikis 等（2019）表明获得创新的可能性和完成项目所需的时间在很大程度上受设计师选择何时披露和披露什么信息的影响。Jiang 等（2022）给出了一个动态结构模型来捕捉驱动竞赛参与者行为的经济过程，并使用真实的在线标志设计竞赛的丰富数据集来估算该模型。该模型捕捉了众包环境的关键特征，包括大量的可用参与者，新参与者在整个比赛中的参与情况，利用（修改以前的提交）和探索（完全新颖的提交）竞赛参与者的行为，以及参与者在这些参与、探索、动态博弈中的开发决策。他们的模拟结果表明，完整的反馈策略（在整个比赛中提供反馈）可能不是最优的，而后期反馈政策（只在比赛的后半部分提供反馈）会带来更好的整体比赛结果。Acemoglu 等（2012）研究不同难易程度的任务如何进行分配。他们采用了技能层次的形式，即任务首先由低技能劳动者尝试，而高技能劳动者只有在低技能劳动者无法完成任务时才参与其中。这种层次结构可以以分散的方式构建和实现，即既不知道任务的难易程度，也不知道候选工人的技能。他们提供了一种动态定价机制，通过诱导工人自行选择不同的层来实现这一目标。其机制很简单：每尝试一次任务而未完成，它的价格（完成后的奖励）就会上升。关于动态研究的文献还包括 Yücesan（2013）、Klein 和 Rady（2011）、Keller 和 Rady（2010）、Keller 等（2005）的研究。

在竞赛中，有一些研究是关于竞赛时间的。例如，Lang 等（2014）考虑了一个两个人的竞争模型，其中每个玩家只要付出相应的努力，其过程就会继续。在预定期限前得到最多进展的玩家将获得奖励。他们刻画了该模型下依赖于最后期限的博弈的纳什均衡。Seel（2018）分析了竞赛设计者为了使参赛者的总努力折现最大化而选择竞赛的开始时间和截止时间的问题。每个参赛者在比赛开始时间和截止时间之间秘密决定自己的努力程度。他们的竞赛中有一个独特的纳什均衡并且设计者应在短时间内立即宣布竞赛结果，以促进激烈的竞争。Korpeoglu 等（2020）在创意型竞赛模型的基础上考虑最优的竞赛时间设置。他们指出竞赛中的最优时间随着竞赛参与者对其产出的不确定性的增加而增加，并且当竞赛参与者的生产水平提高时，最优的竞赛时间也会增加。Shao 等（2012）通过对中国一个众包网站的数据进行实证研究，指出众包竞赛中较长的持续时间和较低的竞争强度会导致更大数量的参与者。同时，奖励越多，持续时间越长。在竞赛中有一些研究是关于多个竞赛的。例如，Konrad 和 Kovenock（2009）研究的是一个多阶段比赛中的均衡，在这个比赛中，玩家可以在每一项比赛中获胜，也可以在整体比赛中获胜。每个组件的比赛是一个全支付拍卖过程与完整信息的比赛。该研究用数学解析的方式刻画了唯一的子博弈完美均衡，并证明了它具有内生的不确定性。Moldovanu 和 Sela（2006）研究如何将参赛者分配到几个子竞赛中。他们指出对于线性努力成本的情况，如果设计人员最大化了期望的总努力程度，那么最佳架构就是一个单一的静态竞赛；如果设计人员最大限度地实现了期望的最大努力程度，且参赛人数足够多，则最优方案是将参赛人员分成两个组别。如果努力成本函数是凸的，设计师可以通过将参赛者分成几个子竞赛，或通过向所有决赛选手颁奖来获益。DiPalantino 和 Vojnovic（2009）考虑了多个竞赛的情形并且用户在各种竞赛中进行选择，随后参与竞争。他们提出了两种机制，分别模拟了不同比赛要求相关或不相关的情况。在这两种机制中，他们发现提供的奖励和用户参与水平之间存在明显的均衡对应关系。Körpeoğlu 和 Cho（2017）考虑公司是否应该平行地运行多个竞赛。他们指出在竞赛中，如果竞赛参与者产出的不确定性程度足够大，竞赛的组织者应该同时运行多个竞赛。Hu 和 Wang（2020）比较了序贯竞赛与联合竞赛的最优性，并指出在参赛人数较多的情况下序贯竞赛最优。Fu 和 Lu（2012）指出当参与者的产出影响函数有足够的凸性时，多阶段的竞赛会比单阶段的竞赛产生更大的参与者努力程度。同时，如果产出影响函数为凸性的或者没有太大的凹性，竞赛发起者应该把所有的奖金分配给最后一阶段的竞赛。黄河和付文杰（2009）研究了两阶段竞赛的机制设计问题，他们指出当竞赛发起者关心的是参与者所有努力程度或者参与者的最大努力程度时，如果奖金相对单位组织成本过小，那么第二阶段应该只让两名参与者进入。在竞赛中有一些研究是关于竞赛中信息反馈的。本章后面对相关文献给出一些简要说明。Gershkov 和 Perry（2009）研究了是在比赛结束时进行审核，还是在比赛中期进行审核的问题。他们发现当奖金固定时，审核中对最终的评审结果赋较大的权重是最优的策略，并且该权重随着第一阶段努力水平对最终审查结果重要程度的增加而增加。当奖金不固定时，最佳设计会在第二阶段产生一个不对称的竞赛，有利于中期评审的获胜者。Goltsman 和 Mukherjee（2011）指出公司被私下告知员工的业绩时，它可以通过策略性地披露中间结果来增强激励。但加强最后阶段努力的政策可能会抑制中间阶段的激励。他们的结果表明最优披露政策有一个简单的形式：只有当所有员工表现不佳时才披露，这一结果为绩效反馈中的部分披露提供了一个新的理由。Aoyagi（2010）研究了多阶段竞赛中的信息揭示问题，即主体在各个阶段的努力产生一个只有主体自己能观察到的随机性能信号。委托人通过反馈策略控制代理人的努力程度，将其私人信息转化为公开的信息。该研究确定了什么时候委托人应该使用不透露任何信息的无反馈策略，或者使用透露他所有信息的完全反馈策略。Ederer（2010）研究了在动态竞赛中进行中期绩效评估的选择。当一个工人的能力不影响努力的边际效益时，选择取决于努力成本函数的形状。当努力和能力相辅相成时，反馈会产生几个相互竞争的效应：它告知员工他们在比赛中的相对位置（评价效应）以及他们的相对生产力（激励效应），并在绩效评估之前发出信号来激励工人努力完成工作。Marinovic（2015）研究了当不诚实的委托人操纵代理人的期望以刺激其努力程度时，绩效反馈对比赛结果的影响。在看似合理的情况下，委托人讲真话（即诚实）倾向的增加会导致努力分配成为平均分布，并导致预期利润和福利减少。更普遍的是，该研究确定了一些条件，在这些条件下，较低的诚实度可以提高财务激励在诱导代理人努力方面的有效性，从而为委托人带来更高的预期利润。Mihm 和 Schlapp（2019）研究在比赛中赞助商应该何时采用公开反馈或私下反馈，并表明如果赞助商关心可能的最佳方案质量和方案质量的不确定性很高，则私下反馈是最优的。另外，在竞赛中一些研究是关于团队赛的。例如，Taylor 和 Greve（2006）研究了知识和经验对个体和团队创新的均值和方差测量的影响。他们提出，多个知识领域产生的新组合增加了产品性能的方差，而丰富的经验产生了较高的平均性能。该研究分析了漫画行业的创新，发现多成员团队和有共同工作经验的团队产生了价值差异更大的创新，但个人能够比团队更有效地结合知识多样性。Chen 和 Lim（2013）通过一个经济学模型指出，在参赛者相互不认识的情况下，团队赛与个人赛的平均努力水平没有差异。当参赛者在做出努力决定之前被允许与潜在的队友进行社交时，团队竞赛相对于个人竞赛产生了更高的努力程度。他们的结果还表明，团队竞赛的相对效力是由参赛者不愿让团队失望所驱动的。Chen 和 Lim（2017）利用博弈论模型，得出了当团队的平均销售额决定了比赛的胜负时，团队的能力构成对团队的努力程度没有影响，较强和较弱的成员会付出相同的努力水平。然而，当竞赛的获胜者由团队内最小或最大的产出贡献决定时，团队构成的异质性会对团队努力产生不利影响，强、弱成员所付出的努力是不相等的。Candoğan 等（2020）利用创意型竞赛模型进行研究，指出当组织者向外部解决者寻求冲击驱动问题的解决方案时，表明组织者和解决者都可以从团队提交的方案中获益。

6.4 众包人数

在一个竞赛模式中，多个竞赛参与者参加竞赛然后提供各自的解决方案。竞赛发起者根据自身需求选择其中一个或者多个方案。在竞赛中，一个基本问题就是，竞赛发起者应该让多少参与者参与到竞赛中。一方面，从参与者的角度来看，增加竞赛中参与者的人数会减小参与者获得奖金的概率，竞赛参与者基于自身的利润角度考虑，可能会选择付出更小的努力程度。而另一方面，增加竞赛参与者的人数，可能会得到更多高质量的方案。对于竞赛中参与者人数的研究，一个等价的研究就是回答增加参与者人数对竞赛发起者利润的影响。下面对相关的文献进行说明。据以往研究所知，第一篇研究竞赛参与者人数对发起者利润影响的文章是 Taylor（1995）的文章。他通过建立一个离散多时间段的研究竞赛模型，在一个子博弈完美均衡中给出了参与者付出努力程度的最优策略。他的研究表明，在该竞赛模型中，参与者的均衡努力程度会随着人数的增加而减少，因此一个限制性的人数策略对竞赛发起者来说是最优的。也就是说，竞赛发起者可以通过增加竞赛参与者的进入成本来控制竞赛中的参与者人数。Fullerton 和 McAfee（1999）使用了一个竞赛模型来研究最优的人数策略，在他们的模型中，参与者的努力程度会影响参与者提交方案质量对应的累积密度函数，他们考虑的模型也就是本书第 7 章中的试验型竞赛模型。另外，他们假定参赛者具有差异性的单位成本并且竞赛中设置的是单奖金机制。他们刻画了竞赛参与者的均衡努力程度以及参与者的均衡利润。他们指出限制参与者的人数可以减少竞赛中的运行成本，另外，减少参与者人数也会使竞赛参与者付出更多的努力。在一个竞赛中，限制参与者人数是必要的，并且最优的策略是选择竞赛中最合适的参与者。另外，他们也指出直接使用进入成本的方式来限制参与者人数并不是一个合适的做法，因为这样可能导致没有参与者参加竞赛。相应地，他们提出采用逆选择拍卖的方式可以更好地实现限制性的人数策略。Che 和 Gale（2003）研究了在竞赛中如何获得创新，他们利用拍卖模型分析了不同情况下的竞赛参与者均衡，并且指出在一大类竞赛中，邀请两个竞赛参与者参与竞赛，然后每个参与者各自竞标的方式是最优的。并且，如果这两个竞赛参与者是不同质的，竞赛发起者应该抑制竞赛中成效较好的竞赛参与者。在这里指出，上面的研究中所考虑的对象是不同公司之间的竞赛。而考虑众包平台下的竞赛类型时，相比于传统的竞赛而言，众包平台的竞赛中的参与者可能是一些公司，也可能是一些个体经营者或者一些商户。另外，上面的研究考虑的优化目标是参与者付出的努力程度，并且这些研究都是假定在单奖金机制下进行。Gavious 等（2002）研究了在一个拍卖型竞赛中，如果代理者的成本函数是线性的或者凸的，不设置投标限制对于设计者来说是最优的；而如果代理者的成本函数是凹的，当面对足够多的投标者时，设置适当的投标限制对于设计者来说是最优的。很多众包平台上运行着新产品设计竞赛，由于这些竞赛中并没有一些明确的限制要求或者规定，竞赛参与者提交的方案往往会面临着发起者较大的评价不确定性。考虑到竞赛中的评价不确定性，Terwiesch 和 Xu（2008）提出了一个随机因素模型［为思维项目（ideation project）］。他们假定参与者面临的随机扰动服从 Gumbel 分布，如果竞赛发起者考虑的是所有提交方案的期望平均质量，这时候一个限制性的人数策略是最优的，因为竞赛参与者的努力程度会随着人数的增加而减少。而如果竞赛发起者关心的是所有提交方案的期望最优质量，这时候一个不限制性的人数策略是最优的，因为这时方案的期望最优质量会随着参与者人数的增加而增加。这是因为增加参与者人数会导致多种多样的方案，这时候更可能产生一些让竞赛发起者满意的方案，而这个因素导致的正效应会抵消参与者努力程度减少的负效应。并且，Terwiesch 和 Xu（2008）也分析了随机试验模型下的人数策略，并得出了与随机因素模型相同的结论。另外，Terwiesch 和 Xu（2008）也刻画了一个基于竞赛参与者经验的模型，其中，参与者提交方案的质量等于自身努力程度与自身经验水平的加和。他们指出在这个模型下，不同经验水平的参与者的努力程度会随着参与者人数的增加而增加。然而，Körpeoğlu 和 Cho（2017）指出了 Terwiesch 和 Xu（2008）的文献中证明的一个错误，并且指出，经验水平低的参与者的努力程度会随着参与者人数的增加而减小，但是经验水平高的参与者的努力程度则会随着参与者人数的增加而增加。

在 Terwiesch 和 Xu（2008）的研究的基础上，Ales 等（2021）考虑了更为一般的情形，假定竞赛发起者可能会关心一个方案，也可能关心多个方案。另外，他们在随机因素模型下考虑了评价的随机扰动的一般分布情况。他们指出，在随机因素模型下，参与者均衡的努力程度未必会随参与者人数的增加而减少，它也会受到评价随机扰动的概率分布函数的影响。虽然对于一大类评价随机扰动的分布函数而言，参与者的努力程度会随着人数的增加而减少，但是如果评价随机扰动的概率密度函数是递增的或者满足一些条件，参与者的努力程度可能会随着人数的增加而增加。Gerchak 和 He（2003）通过研究竞赛中随机扰动的分布给出了类似的结论，考虑了竞赛参与者的效用函数形式是加和形式与乘积形式两种情况。List 等（2020）通过试验的方式观测到竞赛参与者随机扰动的分布为递增或者递减时，竞赛参与者的努力程度随着参与者人数也会表现出递增或者递减的性质。Ales 等（2021）考虑了竞赛发起者关心的是方案的期望最优质量的情形，引入了在竞赛中评价随机性程度的度量。如果竞赛中有较大的方案评价的随机性或者竞赛发起者关心的方案数较多，非限制性的人数策略总是最优的，因为当方案的评价随机性较大时，增加参与者人数就会产生更大的方案多样性效应，进而可以抵消参与者努力程度随着人数增加而减小的效果。另外，当竞赛发起者关心的方案数较多时,发起者更关心方案多样性效应,此时一个非限制性的人数策略会是最优的。在此文章的附录中,Ales 等(2021)也将研究扩展到了多奖金的情形。Boudreau 等(2011)分析了 TopCoder 上 645 个问题的 9661 个竞赛的数据,验证了在竞赛中增加参与者数量确实会使参与者付出的努力程度减少。但同时在竞赛中,存在一个平行的聚集效应。当考虑方案的最优质量时,这个效应可以抵消参与者努力程度减小的效应。竞赛中问题的不确定性程度越大,平行的聚集效应就会越大,进而方案的最优质量随着参与者人数的增加更可能表现为递增的性质。另外,他们发现,平行的聚集效应对于产出更高方案质量的参与者来说更强,即对于产出更高质量方案的参与者而言,竞赛中更大的问题不确定性可能导致这些参与者付出更大的努力程度。Boudreau 等(2011)的实证结论表明了在竞赛中不确定性的重要作用,并且在竞赛中存在一个随着参与者人数的增加而增加的平行的聚集效应。

6.5 众包奖金

在一个竞赛中,奖励机制作为发起者的一个重要工具,何时设置单奖金、何时设置多奖金,以及在多奖金机制时这些奖金该如何分配都是值得研究的。Kalra 和 Shi(2001)分析了销售竞赛中的最优奖金设置,他们研究的销售竞赛是创意型竞赛,考虑了随机扰动服从 Logistic 分布和均匀分布的情形,这两种情形代表着随机扰动具有不同的特征。而且他们考虑了竞赛参与者可能是风险中性的或者风险规避的,如果竞赛参与者是风险中性的,不论随机扰动服从 Logistic 分布还是均匀分布,单奖金机制是最优的;而当竞赛参与者是风险规避的时,如果随机扰动服从均匀分布,单奖金机制依然是最优的;如果随机扰动服从 Logistic 分布,多奖金机制是最优的,并且最优的奖金个数不超过参与者人数的二分之一。另外,他们也分析了不同类型的参与者效用函数下多奖金的最优分配。他们的结论表明,单奖金或者多奖金的最优性受到随机扰动的分布函数的影响比较大。

Terwiesch 和 Xu(2008)假设竞赛参与者是风险中性的以及随机扰动服从 Gumbel 分布,他们分析了基于试错、创意、经验情形的最优奖金结构。他们指出,对于基于试错和基于创意的竞赛,单奖金机制是最优的;而基于经验的情形,单奖金机制可能是也可能不是最优的,他们并没有在理论上给出一个确切的结果。他们进一步指出,对于基于经验的情形,参与者经验水平的分布情况会影响单奖金或者多奖金机制的最优性,因为高经验水平的参赛者具有更大的赢得奖金的概率,因而他们偏好单奖金机制;而低经验水平的参赛者具有更小的赢得奖金的概率,因而他们偏好多奖金机制。他们也进一步分析了竞赛发起者可能会根据方案的质量进行奖金分配。在 Kalra 和 Shi（2001）、Terwiesch 和 Xu（2008）的模型的基础上，Ales 等（2017）建立了一个一般的创意型竞赛模型，他们研究在什么情况下单奖金机制是最优的或者不是最优的。首先，他们给出了单奖金机制最优的一个充分必要条件，当竞赛参与者付出一定的努力水平而使排在第一个名次对应的边际概率大于排在其他名次对应的边际概率时，单奖金机制是最优的。其次，他们给出了单奖金机制不是最优的情形，即当评价随机扰动的概率密度函数为对数凸时；或者竞赛中参与者的激励相容条件不满足时，为了保证参与者的激励条件，发起者可能会考虑多奖金机制。进一步，他们指出当评价随机扰动的概率密度函数为对数凸时，单奖金机制是最优的。最后，Ales 等（2017）指出竞赛中的总奖金会随着发起者关心的方案数量的增加而增加，而随着参与者人数的增加，竞赛中的总奖金则可能会增加，可能会减少，也可能会不变，这取决于具体的参数条件。Ales 等（2017）的研究推广了 Kalra 和 Shi（2001）、Terwiesch 和 Xu（2008）中随机扰动的分布，因为 Gumbel 分布、Logistic 分布、均匀分布都为对数凸。Ales 等（2017）通过给出 Weibull 分布的例子，如果参与者面临的评价对称性比较高，即一小部分的参与者的方案获得很高的评价，这个时候单奖金机制不是最优的，而反之单奖金机制则会是最优的。Ales 等（2017）在理论上证明了单奖金机制的最优性条件。但是他们的结果没有办法说明现实中多奖金机制的普遍性。虽然 Kalra 和 Shi（2001）指出在 Logistic 分布下，如果竞赛参与者是风险规避的，则会导致多奖金机制，但是他们同时表明在均匀分布下，即使竞赛参与者是风险规避的，单奖金机制也是最优的。

在创意型竞赛这个模型框架下，Korpeoglu 等（2020）考虑了内生时间的模型。在创意型竞赛中，延长竞赛的时间会导致参与者提供更高质量的方案，但是也意味着竞赛发起者需要忍受更大的时间成本。他们指出竞赛中的最优时间会受到参与者生产水平以及竞赛中评价不确定性程度的影响。更为重要的是，他们指出当随机扰动的概率密度函数为对数凸时，如果竞赛发起者面临较高的时间紧迫性，单奖金机制依然是最优的；而如果竞赛发起者面临较低的时间紧迫性，多奖金机制则是最优的。背后的原因是当竞赛发起者面临较低的时间紧迫性时，会使得在竞赛中由于时间折现效应，发起者的利润产生更大的折现，这时单奖金机制会使竞赛参与者付出更大的努力程度，但同时会产生更大的时间折现效应，因此单奖金机制不是最优的；反之，当竞赛发起者面临较高的时间紧迫性时，对竞赛参与者付出的努力程度的激励更为重要，因为单奖金机制会是最优的。Korpeoglu 等（2020）也进一步分析了参与者人数内生的情形，他们指出此时较低的发起者时间紧迫性依旧可以导致多奖金机制的最优性。Stouras 等（2022）分析了竞赛参与者的参与情况，给出了一个能力异质的拍卖型模型，参与者是风险中性的以及参与者提交方案的质量等于自身的能力水平与付出的努力程度的乘积。由于竞赛中一些能力较弱的参与者获得奖金的概率比较低，所以这些参与者不一定会参加比赛。他们首先给出了竞赛参与者付出的均衡努力程度，并分析了单奖金机制和多奖金机制对应的最优条件。具体来讲，当竞赛中的总奖金较少或者竞赛中参赛的固定成本为零时，单奖金机制是最优的。但是反之，多奖金机制会是最优的。并且他们指出，随着竞赛人数的增加，在期望意义上参加竞赛的人数会先增后减，呈现一个单峰的结构。Stouras 等（2022）利用拍卖型竞赛模型指出，竞赛发起者设置多奖金机制是为了最大化竞赛的参与者人数。他们通过参与者之间竞争这个角度给出了现实中多奖金现象的一个新的解释。Moldovanu 和 Sela（2001）考虑了一个成本异质的拍卖型竞赛模型，他们假设竞赛参与者的进入成本为零且竞赛参与者是风险中性的，并且竞赛发起者最大化期望努力程度。他们的研究表明，当竞赛参与者努力程度的成本函数是线性的或者凸的时候，单奖金机制是最优的；当竞赛参与者的努力程度的成本函数是凹的且满足一定条件时，一个双奖金机制会是最优的。他们指出最优的奖金分配情况取决于竞赛参与者人数、参与者异质性成本的分布函数以及参与者成本函数的形状。Moldovanu 和 Sela（2001）的研究表明，在成本异质的拍卖型竞赛模型中，竞赛参与者努力程度的成本函数会影响最优的奖金结构。Archak 和 Sundararajan（2009）也考虑了成本异质的拍卖型竞赛模型，他们假设竞赛参与者可能是风险中性的或风险偏好的，以及成本函数是线性的情况。在这个模型下，竞赛发起者关注期望意义下若干个最佳方案的质量，他们首先给出均衡参与者的努力程度。然后，采用极限的方法指出，当竞赛中的参与者人数趋向于无穷时，如果竞赛参与者是风险中性的，则单奖金机制是最优的；如果竞赛参与者是风险规避的，则多奖金机制是最优的。

Rosen（1986）研究了一个多阶段的竞赛模型，其中参与者赢得奖金的概率为 Tullock 竞赛模型中赢得奖金的概率形式，并且参与者具有异质的能力水平。他的研究结果指出对于竞赛中表现最好的参与者，应该给予一个足够大的奖金。Abernathy 和 Rosenbloom（1968）分析了一个两阶段的 Tullock 竞赛模型，其中竞赛发起者关心的是两阶段参与者总的努力程度。他们指出在这个模型下，最优的奖金分配策略是在第二阶段将奖金分配给两个参与者。在竞赛模型中，三个常见的基本模型是全支付的拍卖模型、可加的随机扰动模型，以及 Tullock 竞赛模型（Konrad and Kovenock，2009；Hillman and Riley，1989；Nitzan，1994）。这三类模型很大的一个不同就是竞赛参与者赢得奖金的概率函数的形式。在全支付的拍卖模型中，参与者赢得奖金的概率函数的形式是通过参与者的禀赋差异（能力差异）的发布函数给出的；在可加的随机扰动模型中，在一个对称性的均衡状态下，赢得奖金的概率函数的形式是通过随机扰动的分布函数给出的；在 Tullock 竞赛模型中，赢得奖金的概率函数的形式是通过参与者努力程度对应的一个 logit 函数给出的。在相关文献中，研究者利用这三种不同的模型研究了不同的竞赛机制中的问题。例如，Moldovanu 和 Sela（2001）、Archak 和 Sundararajan（2009）利用一个拍卖型模型研究竞赛中的最优奖金结构问题。Ales 等（2021）和 Tian 等（2021）通过随机扰动模型研究竞赛中的最优人数策略问题。Korpeoglu 等（2020）通过随机扰动模型研究竞赛中的最优时间问题。Schroyen 和 Treich（2016）利用 Tullock 竞赛模型来研究竞赛中参与者财富水平对努力程度的影响。Ridlon 和 Shin（2013）利用 Tullock 竞赛模型来研究在一个竞赛中公司应该帮助竞赛中的优势者还是劣势者。可以看出，基于这三种竞赛模型的研究是很丰富的。Konrad（2007）指出利用这些基本的模型可以研究一些更为复杂的模型，如多层竞赛模型、淘汰制的多级竞赛模型等。

6.6 研究评述

从考虑企业经济的角度出发，众包可以起到节约公司成本的作用。众包是一个公司或机构把过去由员工执行的工作任务，以自由自愿的形式外包给非特定的大众志愿者的做法。在当前社会中，日益增长的竞争压力削减了很多公司的营业收入，企业不得不通过研发新技术以降低成本来提升公司绩效。但是研发投入往往占用过多公司的内部人力资源和资金，相关技术难题难以攻克，并且研发一旦失败，公司将入不敷出。为了解决这个难题，很多企业选择利用互联网从外部获取新的关键知识，促进创新并提升绩效。而众包竞赛作为开放式创新的一种重要形式，为企业获取外部资源提供了新的途径，相关学者更是结合公司和社会背景对这种众包模式进行了深入的研究，并进一步提供了众包模式可以有效改善企业窘境的证据，如 Terwiesch 和 Xu（2008）针对众包竞赛中涉及的接包方和发包方的相关属性进行合理的建模，得出了参与人数越多均衡努力就越小的结论，并将奖励结构从固定价格奖励改为绩效奖励，发现这在一定程度上会弥补接包方投入不足而导致的低效率；Körpeoğlu 和 Cho（2017）、Wen 和 Lin（2016）也分别从接包方的创造力水平和竞赛奖金数目设定上给出了众包竞赛模式相较传统形式的优越性。

除了众包竞赛，作为促使众包竞赛等活动实行的第三方平台，众包平台也成为广大研究者关注的对象。InnoCentive、99designs、猪八戒网、一品威客等众包网站，为企业搭建了平台，企业通过在这些平台发布待解决任务，不仅可以广泛收集大众无限创意的作品和解决方案，而且比其他获取形式更有效率、成本更低。这种模式在很多行业都很受欢迎，如高科技行业［美国国防部高级研究计划局举办的巨型挑战（Grand Challenge），接包方参与研发自动驾驶汽车］、产品研发行业（宝洁公司在 InnoCentive 平台上发布自己的技术屏障，最终实现降低成本、提升公司绩效的目标）。相关学者将第三方平台加入众包竞赛研究中，期望获得更贴近实际且更有经济意义的策略，如 Bayus（2013）和 Huang 等（2014）从戴尔的众包创意平台上获取数据，分析众包平台的相关政策如何影响接、发包方的创新绩效和收益，分别给出了众包参与方实现自身经济效益最大化的策略。

总的来说，众包作为近年来一种新兴的问题解决模式，不仅为企业解决疑难问题带来了极大的便利，也让个人在实现自身价值的同时获得了一笔额外的收入。众包模式相较于以前外包模式的优越性不仅在学者的相关研究中有所体现，社会生活中越来越多的公司都在应用这一新兴模式的现象更是表明了其巨大的商业价值。

参 考 文 献

董坤祥，侯文华，丁慧平，等. 2016a. 众包竞赛中雇主绩效影响因素研究[J]. 软科学，30（3）：98-102.

董坤祥，侯文华，周常宝，等. 2016b. 众包竞赛中解答者创新绩效影响因素研究：感知风险的调节效应[J]. 科学学与科学技术管理，37（2）：21-29.

董坤祥，张会彦，侯文华. 2016c. 众包竞赛中解答者中标影响因素研究[J]. 科技进步与对策，33（1）：28-32.

顾姝姝，陈曦. 2017. 众包平台研究综述与众包平台绩效影响机制构建[J]. 科技进步与对策，34（22）：153-160.

韩清池. 2018. 面向创新的众包参与意愿影响机理研究：以计划行为理论为分析框架[J]. 软科学，32（3）：51-54，76.

郝琳娜，侯文华，张李浩，等. 2014. 基于众包虚拟社区的诚信保障和信誉评价机制研究[J]. 系统工程理论与实践，34（11）：2837-2848.

黄河，付文杰. 2009. 考虑组织成本的两阶段竞赛机制研究[J]. 管理科学，22（5）：40-48.

李丹妮，冯小亮，王殿文，等. 2016. 众包策略影响研究：奖金和时间的组合设计[J]. 营销科学学报，12（2）：100-110.

卢新元，龙德志，陈勇. 2016. 基于忠诚度的众包模式下用户参与意愿影响因素分析[J]. 管理学报. 13（7）：1038-1044.

任延静，林丽慧. 2013. 众包平台创新竞赛中加价延期机制采纳决策的研究[EB/OL]. [2013-10-20]. http://cpfd.cnki.com.cn/Article/CPFDTOTAL-ZGUH201311014001.htm.

任延静，林丽慧. 2019. 众包竞赛中加价延期机制是否有效？[J]. 信息系统学报，13（1）：41-57.

田剑，王丽伟. 2014. 在线创新竞赛中解答者创新绩效影响因素研究[J]. 科技进步与对策，31（15）：5-9.

王丽伟，田剑，刘德文. 2014. 基于网络社区的创新竞赛绩效影响因素研究[J]. 科研管理，35（2）：17-24.

严杰，刘人境，刘晗. 2017. 国内外众包研究综述[J]. 中国科技论坛，（8）：59-68，151.

郑海超，侯文华. 2011. 网上创新竞争中解答者对发包者的信任问题研究[J]. 管理学报，8（2）：233-240.

钟丽，艾兴政，汪敢甫. 2020. 基于众包的产品价值共创模式选择与补偿机制设计[J]. 系统工程学报，35（3）：365-377.

宗利永，李元旭. 2018. 基于发包方式的众包平台任务绩效影响因素研究[J]. 管理评论，30（2）：107-116.

Abernathy W J, Rosenbloom R S. 1968. Parallel and sequential R&D strategies: Application of a simple model[J]. IEEE Transactions on Engineering Management, EM-15（1）：2-10.

Acemoglu D, Mostagir M, Ozdaglar A E. 2012. Managing innovation in a crowd[J]. International Public Management Review, 13：1-18.

Afuah A, Tucci C L. 2012. Crowdsourcing as a solution to distant search[J]. Academy of Management Review, 37（3）：355-375.

Ales L, Cho S H, Körpeoğlu E. 2017. Optimal award scheme in innovation tournaments[J]. Operations Research, 65（3）：693-702.

Ales L, Cho S H, Körpeoğlu E. 2021. Innovation tournaments with multiple contributors[J]. Production and Operations Management, 30 (6): 1772-1784.

Aoyagi M. 2010. Information feedback in a dynamic tournament[J]. Games and Economic Behavior, 70 (2): 242-260.

Archak N, Sundararajan A. 2009. Optimal design of crowdsourcing contests[J]. Games and Economic Behavior, 113: 80-96.

Ashesh M, Hoyer W D. 2016. The effect of novel attributes on product evaluation[J]. Journal of Consumer Research, 4 (3): 462-472.

Bayus B L. 2013. Crowdsourcing new product ideas over time: Analysis of the Dell IdeaStorm community[J]. Management Science, 59 (1): 226-244.

Bimpikis K, Ehsani S, Mostagir M. 2019. Designing dynamic contests[J]. Operations Research, 67 (2): 339-356.

Blasco A, Jung O S, Lakhani K R, et al. 2016. Motivating effort in contributing to public goods inside organizations: Field experimental evidence[R]. New York: National Bureau of Economic Research.

Boudreau K J, Lacetera N, Lakhani K R. 2011. Incentives and problem uncertainty in innovation contests: An empirical analysis[J]. Management Science, 57 (5): 843-863.

Camburn B, He Y, Raviselvam S, et al. 2019. Evaluating crowdsourced design concepts with machine learning[C]//Proceedings of ASME 2019 International Design Engineering Technical Conferences and Computers and Information in Engineering Conference, 59278: V007T06A006.

Candoğan S T, Korpeoglu C G, Tang C S. 2020. Team collaboration in innovation contests[J]. Available at SSRN 3607769.

Che Y K, Gale I. 2003. Optimal design of research contests[J]. American Economic Review, 93 (3): 646-671.

Chen H, Lim N. 2013. Should managers use team-based contests?[J]. Management Science, 59 (12): 2823-2836.

Chen H, Lim N. 2017. How does team composition affect effort in contests? A theoretical and experimental analysis[J]. Journal of Marketing Research, 54 (1): 44-60.

Choi J P. 1991. Dynamic R&D competition under "hazard rate" uncertainty[J]. The RAND Journal of Economics, 22 (4): 596-610.

DiPalantino D, Vojnovic M. 2009. Crowdsourcing and all-pay auctions[C]//Proceedings of the 10th ACM Conference on Electronic Commerce, Stanford: 119-128.

Ederer F. 2010. Feedback and motivation in dynamic tournaments[J]. Journal of Economics & Management Strategy, 19 (3): 733-769.

Erat S, Krishnan V. 2012. Managing delegated search over design spaces[J]. Management Science, 58 (3): 606-623.

Fu Q, Lu J. 2012. The optimal multi-stage contest[J]. Economic Theory, 51 (2): 351-382.

Fullerton R L, McAfee R P. 1999. Auctionin entry into tournaments[J]. Journal of Political Economy, 107 (3): 573-605.

Gavious A, Moldovanu B, Sela A. 2002. Bid costs and endogenous bid caps[J]. The RAND Journal of Economics, 33 (4): 709-722.

Gerchak Y, He Q M. 2003. When will the range of prizes in tournaments increase in the noise or in the number of players?[J]. International Game Theory Review, 5 (2): 151-165.

Gershkov A, Perry M. 2009. Tournaments with midterm reviews[J]. Games and Economic Behavior, 66 (1): 162-190.

Gibbs M, Neckermann S, Siemroth C. 2017. A field experiment in motivating employee ideas[J]. The Review of Economics and Statistics, 99 (4): 577-590.

Goltsman M, Mukherjee A. 2011. Interim performance feedback in multistage tournaments: The optimality of partial disclosure[J]. Journal of Labor Economics, 29 (2): 229-265.

Ha A Y, Porteus E L. 1995. Optimal timing of reviews in concurrent design for manufacturability[J]. Management Science, 41 (9): 1431-1447.

Halac M, Kartik N, Liu Q M. 2017. Contests for experimentation[J]. Journal of Political Economy, 125 (5): 1523-1569.

Harris C, Vickers J. 1987. Racing with uncertainty[J]. The Review of Economic Studies, 54 (1): 1-21.

Hillman A L, Riley J G. 1989. Politically contestable rents and transfers[J]. Economics and Politics, 1 (1): 17-39.

Hsiao S W, Hsu C F, Lee Y T. 2012. An online affordance evaluation model for product design[J]. Design Studies, 33 (2): 126-159.

Hu M, Wang L. 2020. Joint vs. separate crowdsourcing contests[J]. Management Science, 67 (2).

Huang Y, Singh P V, Srinivasan K. 2014. Crowdsourcing new product ideas under consumer learning[J]. Management Science, 60 (9): 2138-2159.

Jiang Z Z, Huang Y, Beil D R. 2022. The role of feedback in dynamic crowdsourcing contests: A structural empirical analysis[J]. Management Science, 68 (7): 4858-4877.

Kalra A, Shi M. 2001. Designing optimal sales contests: A theoretical perspective[J]. Marketing Science, 20: 170-193.

Keller G, Rady S, Cripps M. 2005. Strategic experimentation with exponential bandits[J]. Econometrica, 73 (1): 39-68.

Keller G, Rady S. 2010. Strategic experimentation with Poisson bandits[J]. Theoretical Economics, 5 (2): 275-311.

Klein N, Rady S. 2011. Negatively correlated bandits[J]. The Review of Economic Studies, 78 (2): 693-732.

Konrad K A, Kovenock D. 2009. Multi-battle contests[J]. Games and Economic Behavior, 66 (1): 256-274.

Konrad K A. 2007. Strategy in contests: An introduction[J]. Discussion Papers, Research Unit: Market Processes and Governance, 13 (3): 138-151.

Korpeoglu C G, Körpeoğlu E, Tunc S. 2020. Optimal duration of innovation contests[J]. Manufacturing & Service Operations Management, 23 (3): 657-675.

Körpeoğlu E, Cho S H. 2017. Incentives in contests with heterogeneous solvers[J]. Management Science, 64 (6): 2709-2715.

Lang M, Seel C, Strack P. 2014. Deadlines in stochastic contests[J]. Journal of Mathematical Economics, 52: 134-142.

Lazear E. 1981. Rank-order tournaments as optimal labor contracts[J]. Journal of Political Economy, 89 (5): 841-864.

List J A, Soest D D, Stoop J, et al. 2020. On the role of group size in tournaments: Theory and evidence from laboratory and field experiments[J]. Management Science, 66 (10): 4359-4377.

Loch C H, Terwiesch C, Thomke S. 2001. Parallel and sequential testing of design alternatives[J]. Management Science, 47 (5): 663-678.

Luna S, Lopes A, Tao H Y S, et al. 2013. Integration, verification, validation, test, and evaluation (IVVT&E) framework for system of systems (SoS) [J]. Procedia Computer Science, 20 (1): 298-305.

Malueg D A, Tsutsui S O. 1997. Dynamic R&D competition with learning[J]. The RAND Journal of Economics, 28 (4): 751-772.

Marinovic I. 2015. The credibility of performance feedback in tournaments[J]. Journal of Economics & Management Strategy, 24 (1): 165-188.

Mihm J, Schlapp J. 2019. Sourcing innovation: On feedback in contests[J]. Management Science, 65 (2): 559-576.

Moldovanu B, Sela A E. 2001. The optimal allocation of prizes in contests[J]. American Economic Review, 91 (3): 542-558.

Moldovanu B, Sela A E. 2006. Contest architecture[J]. Journal of Economic Theory, 126 (1): 70-96.

Nalebuff B J, Stiglitz J E. 1983. Prizes and incentives: Towards a general theory of compensation and competition[J]. The Bell Journal of Economics, 14 (1): 21-43.

Nittala L, Erat S, Krishnan V. 2022. Designing internal innovation contests[J]. Production and Operations Management, 31 (5): 1963-1976.

Nitzan S. 1994. Modelling rent-seeking contests[J]. European Journal of Political Economy, 10 (1): 41-60.

Novak S, Eppinger S D. 2001. Sourcing by design: Product complexity and the supply chain[J]. Management Science, 47 (1): 189-204.

Pineda R, Kilicay-Ergin N. 2010. System verification, validation and testing[A]// Systems Engineering Tools and Methods. Boca Raton: CRC Press: 81-109.

Poetz M K, Schreier M. 2012. The value of crowdsourcing[J]. Production Innovation Management, 29: 245-256.

Qian Y, Xie M, Goh T N, et al. 2010. Optimal testing strategies in overlapped design process[J]. European Journal of Operational Research, 206 (1): 131-143.

Ridlon R, Shin J. 2013. Favoring the winner or loser in repeated contests[J]. Marketing Science, 32 (5): 768-785.

Rosen S. 1986. Prizes and incentives in elimination tournaments[J]. The American Economic Review, 76 (4): 701-715.

Schroyen F, Treich N. 2016. The power of money: Wealth effects in contests[J]. Games and Economic Behavior, 100: 46-68.

Seel C. 2018. Contests with endogenous deadlines[J]. Journal of Economics & Management Strategy, 27 (1): 119-133.

Shabi J, Reich Y. 2012. Developing an analytical model for planning systems verification, validation and testing processes[J]. Advanced Engineering Informatics, 26 (2): 429-438.

Shah J J, Kulkarni S V, Vargas-Hernandez N. 2000. Evaluation of idea generation methods for conceptual design: Effectiveness metrics and design of experiments[J]. Journal of Mechanical Design, 122 (4): 377-384.

Shah J J, Smith S M, Vargas-Hernandez N. 2003. Metrics for measuring ideation effectiveness[J]. Design Studies, 24(2): 111-134.

Shao B, Shi L, Xu B, et al. 2012. Factors affecting participation of solvers in crowdsourcing: An empirical study from China[J]. Electronic Markets, 22 (2): 73-82.

Siegel R. 2009. Allpay contests[J]. Econometrica, 77 (1): 71-92.

Siegel R. 2010. Asymmetric contests with conditional investments[J]. American Economic Review, 100 (5): 2230-2260.

Stouras K I, Hutchison-Krupat J, Chao R O. 2022. The role of participation in innovation contests[J]. Management Science, 68 (6): 4135-4150.

Tahera K, Wynn D C, Earl C, et al. 2019. Testing in the incremental design and development of complex products[J]. Research in Engineering Design, 30 (2): 291-316.

Taylor A, Greve H R. 2006. Superman or the fantastic four? Knowledge combination and experience in innovative teams[J]. Academy of Management Journal, 49 (4): 723-740.

Taylor C R. 1995. Digging for golden carrots: An analysis of research tournaments[J]. American Economic Review, 85 (4): 872-890.

Terwiesch C, Xu Y. 2008. Innovation contests, open innovation, and multiagent problem solving[J]. Management Science, 54 (9): 1529-1543.

Thomke S H. 1998. Managing experimentation in the design of new products[J]. Management Science, 44 (6): 743-762.

Thomke S, von Hippel E, Franke R. 1998. Modes of experimentation: An innovation process—and competitive—variable[J]. Research Policy, 27 (3): 315-332.

Tian X, Bi G B, Shen X B, et al. 2021. Crowdsourcing contests with entry cost[J]. International Transactions in Operational Research, 28 (3): 1371-1392.

Wang L, Liu Z C. 2021. Data-driven product design evaluation method based on multi-stage artificial neural network[J].

Applied Soft Computing, 103: 107117.

Wen Z, Lin L H. 2016. Optimal fee structures of crowdsourcing platforms[J]. Decision Sciences, 47 (5): 820-850.

Wu H, Corney J, Grant M. 2015. An evaluation methodology for crowdsourced design[J]. Advanced Engineering Informatics, 29 (4): 775-786.

Yildirim H. 2005. Contests with multiple rounds[J]. Games and Economic Behavior, 51 (1): 213-227.

Yücesan E. 2013. An efficient ranking and selection approach to boost the effectiveness of innovation contests[J]. IIE Transactions, 45 (7): 751-762.

第7章 众包竞赛奖励机制与人数策略研究

本章主要研究众包竞赛的奖励机制,是《众包竞赛中的人数策略与奖金机制研究》(田序,2021)中的部分内容改写的。本章中相关研究结论的具体证明可参考该论文的附录。

7.1 引　　言

在一个基本的众包竞赛模型中,主要的两方是竞赛参与者与竞赛发起者。首先,竞赛发起者给出竞赛相关的项目或者需要解决的问题,并且制定竞赛中的人数策略以及奖金结构。竞赛参与者对于相应的竞赛项目给出各自的解决方案并把这些方案提交给竞赛发起者。竞赛发起者评价这些方案,选择自己需要的一些方案。并且,竞赛发起者根据提供方案的质量选择出竞赛中的优胜者。这些优胜者获得相应的奖金,竞赛结束。众包竞赛如图 7-1 所示。

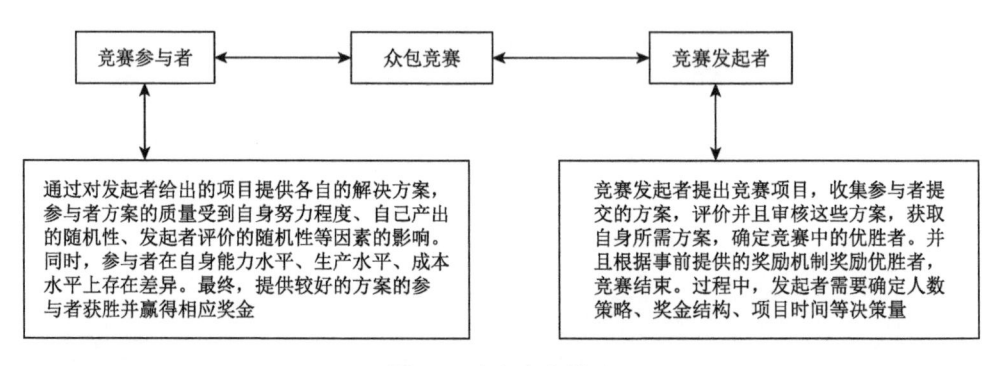

图 7-1　众包竞赛图示

本章的研究基于三种众包竞赛模型,见图 7-2。首先,本章不考虑随机性,众包竞赛中参与者的差异是由自身的异质性决定的,如差异性的能力水平、成本水平,例如,一品威客或者猪八戒网上日常进行的交易任务。其次,考虑模型中具有随机性,众包竞赛参与者的差异是由随机性造成的,其随机性有两种类型。第一种,参与者产出的随机性,即参与者提供方案时产生的随机性。在这种情况下,参与者可以通过自身试验的努力程度来削弱这种随机性的影响。当参与者提交方案的时候,其没有面临随机性,如制药竞赛或者医疗科技竞赛(图 7-3)。第二种,发起者评价的随机性,当参与者提交方案之后,发起者对不同方案进行评价时会产生随机性。这种随机性竞赛参与者无法减弱,如新产品的设计(图 7-3)。本章的三种模型在现实中都有所体现。实际上,不同项目的方案质量都会受到这三个层面的影响,只是对于不同的项目而言,这三者的影响强弱并不相同。这些也为本章在一个平行的框架下研究这三类模型提供了现实支撑。

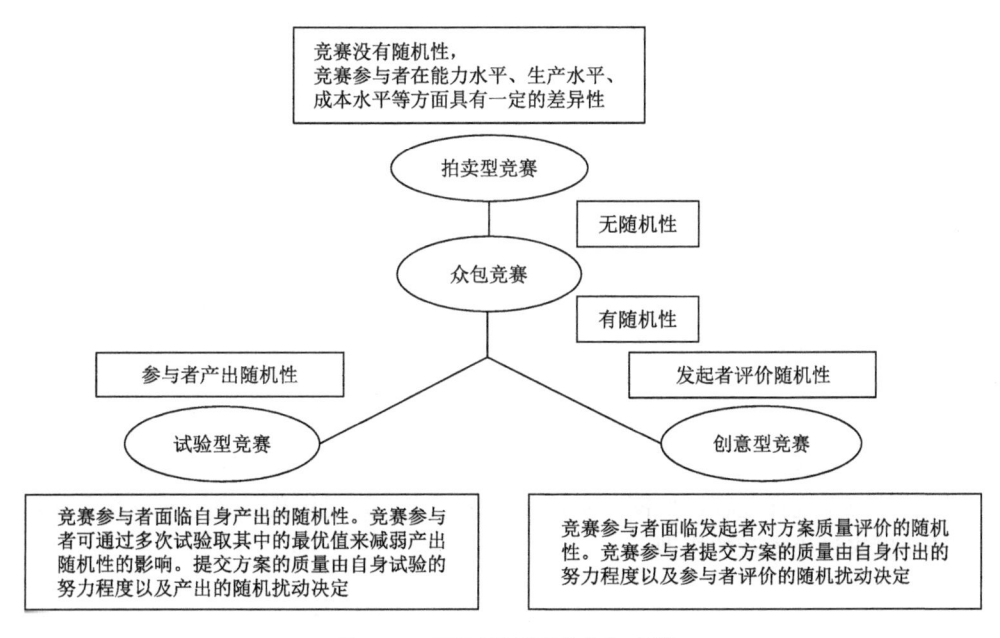

图 7-2 三种不同类型的众包竞赛

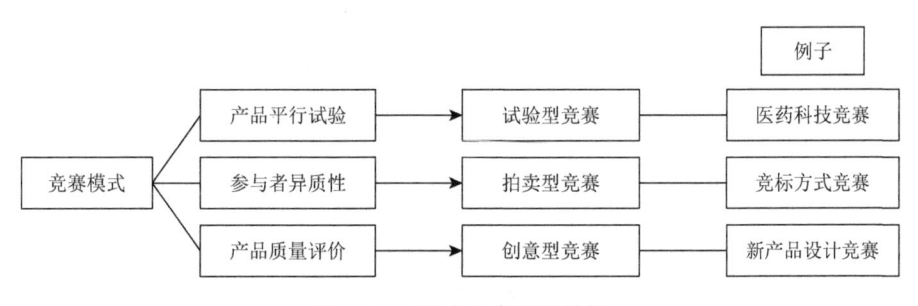

图 7-3 三种众包竞赛的比较

本章研究三种众包竞赛中的奖金机制与人数策略,即试验型竞赛模型、拍卖型竞赛模型、创意型竞赛模型。通过考虑众包模式中的不同角度,建立三种众包竞赛模型。关于试验型竞赛模型,是在竞赛模式中考虑产品试验这个因素。关于拍卖型竞赛模型，是在竞赛模式中考虑竞赛参与者能力水平或者成本水平的异质性这个因素。关于创意型竞赛模型，是在竞赛模式中考虑竞赛参与者提供的方案面临发起者的评价随机性。关于奖金结构，本章希望得到什么时候应该采取单奖金机制、什么时候应该采取多奖金机制，以及在多奖金机制下这些奖金如何分配等问题的结论。关于人数策略，本章希望得到在竞赛中发起者应该采取限制性的人数策略还是非限制性的人数策略的结论。这里指出，限制性的人数策略对应的现实意义就是将竞赛中的人数限制到较小的数量，非限制性的人数策略就是希望竞赛中的参与者人数尽可能多。

7.2 模　　型

7.2.1 试验型竞赛模型

在试验型竞赛模型中，首先，竞赛的发起者发布奖金机制以及竞赛项目。例如，医药创新竞赛中的药品类竞赛或者医疗器械类竞赛。竞赛参与者面临自身产出的随机性，并通过平行试验的方式多次试验，取其中的最佳方案后提交自己的解决方案。竞赛发起者收到这些方案，并根据相应方案的质量抉择出竞赛中的优胜者，给予对应的奖金。在试验型竞赛中，一个特点就是竞赛参与者面临一个平行试验的方案选择过程，如图 7-4 所示。接下来，分别从竞赛参与者与竞赛发起者的角度来讨论本章的模型。

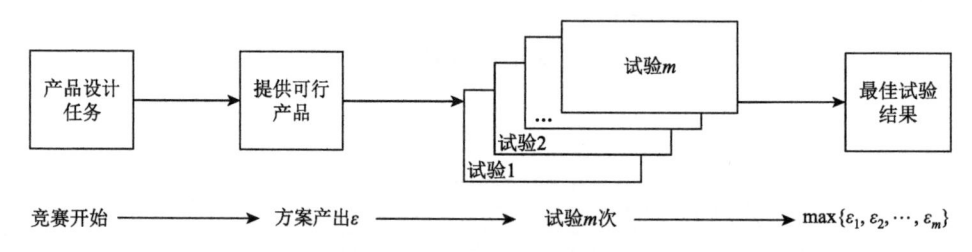

图 7-4　产品试验的流程

在试验型竞赛模型中，竞赛参与者 i 提交方案的质量可以表示为

$$q_i = \Delta + \varepsilon_{im_i} \tag{7-1}$$

式中，Δ 为竞赛参与者 i 的固定产出；ε_{im_i} 为竞赛参与者 i 在付出试验次数 m_i（努力程度）后对应的产出。ε_{im_i} 对应的累积密度函数为 $F(x)^{m_i}$，这表明 ε_{im_i} 为竞赛参与者试验了 m_i 次后取最大值对应的方案产出，每次试验后的随机产出为 ε_i。

竞赛参与者 i 的效用 $\Psi_i = \Psi(m_i, V_i)$ 取决于其竞赛试验次数或者努力程度 m_i 以及所获得的奖金 V_i。在本章中，考虑竞赛参与者的效用为如下形式：$\Psi(m_i, V_i) = U(V_i) - cm_i$，其中递增的函数 $U(V_i)$ 是参与者 i 获得奖金 V_i 后产生的效用；cm_i 表示参与者 i 在平行试验中产生的成本，其中 c 为单位试验成本。当 $U(V_i)$ 是凸的（线性的/凹的）时，竞赛参与者是风险规避的（风险中性的/风险偏好的）。为了简单起见，这里假定 $U(V) = V^b$。参数 b 可以看成竞赛参与者的风险规避系数（$0 < b < 1$ 对应风险规避的；$b = 1$ 对应风险中性的；$b > 1$ 对应风险偏好的）。更小的参数 b 意味着竞赛参与者具有更强的风险规避性。

对于竞赛发起者而言，他决定奖金向量 $V_L = (V_1, V_2, \cdots, V_L)$，其中 L 是奖金个数。这里令 $V = \sum_{j=1}^{L} V_j$ 为总奖金，以及 $(r_1, r_2, \cdots, r_L)$ 为对应的奖金分配比例，且使得对于所有的 $j \in \{1, 2, \cdots, L\}$ 有 $V_j = Vr_j$ 和 $\sum_{j=1}^{L} r_j = 1$。和竞赛模型的文献以及现实保持一致，这里假定对于所有的 $j \in \{1, 2, \cdots, L-1\}$ 有 $V_j \geq V_{j+1}$。在一个试验型竞赛中，竞赛发起者的利润 Π 由下式给出：

$$\Pi = E(q_1^n) - \sum_{j=1}^{L} V_j \tag{7-2}$$

式中，q_1^n 为 n 个方案中质量最好的方案；$\sum_{j=1}^{L} V_j$ 为竞赛发起者的成本。

和竞赛模型一致的是，这里考虑一个纯策略的纳什均衡，其中假定每个竞赛参与者均衡时付出的试验次数为 m^*。当假定其他所有的参与者付出的均衡试验次数为 m^*，参与者 i 通过付出试验次数 m_i 而在竞赛中获得第 j 个名次时对应的概率为

$$\Pr(q_i \text{ ranks order } j) = \int_{\underline{\beta}}^{\overline{\beta}} \frac{(n-1)!}{(n-j)!(j-1)!} F(x)^{m^*(n-j)} (1 - F(x)^{m^*})^{j-1} m_i F(x)^{m_i - 1} f(x) dx \tag{7-3}$$

在式（7-4）中，每个竞赛参与者 i 通过选择他的试验次数 m_i 来最大化自身的期望净利润：

$$m_i^* = \arg\max_{m_i} \left\{ \sum_{j=1}^{L} U(V_j) \Pr(q_i \text{ ranks order } j) - cm_i \right\} \tag{7-4}$$

接下来，在引理 7-1 中刻画竞赛参与者在纯策略纳什均衡中对称的试验次数 m^*。

引理 7-1 如果这里有 L 个奖金，于是在试验型竞赛中，最优的参与者努力程度为

$$m^* = \frac{\sum_{j=1}^{L} U(V_j) \int_0^1 \frac{(n-1)!}{(n-j)!(j-1)!} a^{n-j}(1-a)^{j-1}(1+\lg(a))\mathrm{d}a}{c}$$

式中，a 表示竞赛参与者的能力水平，可以验证 $m^* \geqslant 0$。

注：证明参见田序（2021）的研究。

在引理 7-1 中，均衡的试验次数 m^* 确实是奖金向量 V_L 的函数，将均衡时的试验次数记为 $m^*(V_L)$。很显然，$E(q_1^n)$ 是均衡时试验次数 m^* 的函数，记为 $E(q_1^n)[m^*]$。因此，上面的最优化问题可以写为

$$\max_{L; V_1 \geqslant V_2 \geqslant \cdots \geqslant V_L} \Pi := E(q_1^n)[m^*] - \sum_{j=1}^{L} V_j$$

$$\text{s.t.} \sum_{j=1}^{L} V_j = V \tag{7-5}$$

为了最大化竞赛发起者的利润，可以通过分析最优的奖金个数 L，以及最优的奖金比例 $(r_1, r_2, \cdots, r_L)$ 来分析竞赛发起者的最优奖金结构。

7.2.2 拍卖型竞赛模型

在拍卖型竞赛模型中，考虑竞赛参与者具有异质性的能力水平的情形，即假设竞赛参与者 i 能力水平 a_i 的累积密度函数服从幂律分布 $F(a) = a^k$，其中 $k > 0$（Deng et al.，2019；Liu et al.，2014）。a_i 的取值范围为 $[\underline{a}, \overline{a}]$，其中 $\underline{a} = 0$，$\overline{a} = 1$。假定在拍卖型竞赛模型中，参与者 i 提交方案的质量为 $q_i = a_i e_i$，其中 e_i 为参与者 i 付出的努力程度。在拍卖型竞赛模型中，假设竞赛参与者的成本函数是线性的，即 $C(e_i) = ce_i$。假设竞赛参与者的效用函数为 $U(V) = V^b$，和试验型竞赛下的参与者效用函数的形式是一致的。当其他 $n-1$ 个竞赛参与者使用方案质量函数 q^*，而参与者 i 使用方案质量函数 q_i 时，参与者 i 提交的方案成为第 j 个最好的方案的概率为

$$P_j^n[q_i, q^*] = \frac{(n-1)!}{(n-j)!(j-1)!} \Pr(q_i > q^*)^{n-j} \Pr(q_i \leqslant q^*)^{j-1} \tag{7-6}$$

在竞赛中，竞赛发起者可能关心所有方案的期望平均质量（expected average quality，EAQ）或者期望最优质量（expected maximum quality，EMQ）。在拍卖型竞赛模型中，竞赛发起者的优化问题如下：

$$\max_{L; V_1 \geqslant V_2 \geqslant \cdots \geqslant V_L} \Pi = \mathrm{EMQ} - \sum_{j=1}^{L} V_j \tag{7-7}$$

或者

$$\max_{L; V_1 \geqslant V_2 \geqslant \cdots \geqslant V_L} \Pi = \mathrm{EAQ} - \sum_{j=1}^{L} V_j \tag{7-8}$$

式中，$\text{EMQ} = E[q_1^n]$；$\text{EAQ} = E\left[\dfrac{\sum_{i=1}^{n} q_i^*}{n}\right]$。

7.2.3 创意型竞赛模型

在创意型竞赛模型中，假定竞赛参与者 i 提交方案的质量为自身努力程度与发起者评价随机扰动的加和，即

$$q_i = R(e_i) + \varepsilon_i \tag{7-9}$$

式中，e_i 为参与者 i 的努力程度；ε_i 为参与者 i 面临的发起者评价随机扰动；$R(\cdot)$ 为参与者的质量函数。假定 ε_i 为独立同分布的随机变量，并且 ε_i 的累积分布函数和概率密度函数分别为 $F(\cdot)$ 和 $f(\cdot)$。在创意型竞赛模型中，假定参与者成本函数 $C(\cdot)$ 为凹增的以及质量函数 $R(\cdot)$ 为凸增的，这一假设与一般的竞赛文献中的假设是一致的。鉴于已有文献研究了当竞赛参与者是风险中性时创意型竞赛中的最优奖金结构问题（Ales et al., 2017），在创意型竞赛模型中，假定竞赛参与者是风险规避的，即假定 $U(V) = V^b$，其中 $0 < b < 1$。类似于试验型竞赛模型中的情形，在一个纯策略纳什均衡下，当其他所有的竞赛参与者付出的努力程度为 e^* 时，竞赛参与者 i 付出的努力程度为 e_i。这时，竞赛参与者提交的方案质量排在第 j 名的概率为

$$\Pr(q_i \text{ ranks order } j) = \int_{\underline{\beta}}^{\bar{\beta}} \dfrac{(n-1)!}{(n-j)!(j-1)!}(1 - F(x + R(e_i) - R(e^*)))^{j-1} F(x + R(e_i) - R(e^*))^{n-j} f(x) \mathrm{d}x$$

$$\tag{7-10}$$

竞赛参与者的优化问题如下：

$$e_i^* = \arg\max{}_{e_i} \left\{\sum_{j=1}^{L} U(V_j) \Pr(q_i \text{ ranks order } j) - C(e_i)\right\} \tag{7-11}$$

类似于试验型竞赛模型中的情形，创意型竞赛模型下参与者的均衡的努力程度（注：ε_j^n 为 n 个独立同分布随机变量中的第 $n-j+1$ 个次序统计量）见引理 7-2。

引理 7-2 在创意型竞赛中，给定 n 个参与者、L 个优胜者，以及奖金向量 V_L，在一个纯策略纳什均衡下对称的最优的参与者努力程度 e^* 满足：

$$\dfrac{C'(e^*)}{R'(e^*)} = \sum_{j=1}^{L-1}(U(V_j) - U(V_{j+1}))E[f(\varepsilon_j^{n-1})] + U(V_L)E[f(\varepsilon_L^{n-1})] \tag{7-12}$$

式中，$E[f(\varepsilon_n^{n-1})] = 0$；$C'(\cdot)$、$R'(\cdot)$ 分别为 $C(\cdot)$、$R(\cdot)$ 的一阶导数。

注：证明参见田序（2021）的研究。

对于给定的竞赛参与者人数 n 以及总奖金 V，类似于试验型竞赛以及拍卖型竞赛中的情形，可以给出在创意型竞赛中发起者的优化问题如下：

$$\max_{L;V_1,\cdots,V_L} e^*(V_L) + E[\varepsilon_1^n] - V$$

$$\text{s.t.} \ L \leqslant \bar{L}(n); V_j \geqslant V_{j+1}, j=1,2,\cdots,L-1; \sum_{j=1}^{L} V_j = V \quad (7\text{-}13)$$

由于参与者成本函数 $C(\cdot)$ 为凹增的以及质量函数 $R(\cdot)$ 为凸增的，由引理 7-2，可以得到竞赛发起者的优化问题等价于

$$\max_{L;V_1,\cdots,V_L} \sum_{j=1}^{L} U(V_j) l_j^n$$

$$\text{s.t.} \ L \leqslant \bar{L}(n); V_j \geqslant V_{j+1}, j=1,2,\cdots,L-1; \sum_{j=1}^{L} V_j = V \quad (7\text{-}14)$$

式中，$l_1^n = E[f(\varepsilon_1^{n-1})]$，$l_j^n = E[f(\varepsilon_j^{n-1})] - E[f(\varepsilon_{j-1}^{n-1})]$，$2 \leqslant j \leqslant L \leqslant n$，并且 $E[f(\varepsilon_n^{n-1})] = 0$。

7.3 奖金结构

7.3.1 试验型竞赛模型

在试验型竞赛模型中，研究发现竞赛参与者的风险类型会决定单奖金机制或者多奖金机制的最优性。可参见定理 7-1。

定理 7-1 在试验型竞赛中，对于任意的随机扰动，当竞赛参与者是风险中性的或者风险偏好的时，单奖金机制是最优的；当竞赛参与者是风险规避的时，多奖金机制是最优的。此外，当参与者是风险规避的时，最优的优胜者个数为 $L^* = \{j \mid I_j^n > 0, I_{j+1}^n \leqslant 0\}$，其中 $I_j^n = \int_0^1 \frac{(n-1)!}{(n-j)!(j-1)!} a^{n-j}(1-a)^{j-1}(1+\lg(a))\mathrm{d}a$。

注：证明参见田序（2021）的研究。

对于定理 7-1，给出如下解释：第一，若竞赛参与者是风险规避的，风险分担的分配方式会被竞赛参与者所偏好，这样就导致了多奖金机制的最优性，对于竞赛参与者是风险中性或者风险偏好的情形，有类似的结论；第二，在试验型竞赛模型中，竞赛参与者提交的方案是在多次试验后取其中最佳质量的方案，参与者产生随机扰动的影响会在多次试验的过程中被抵消掉。于是，在试验型竞赛模型中，参与者的产出随机扰动并不会对最优的奖金结构产生影响。

接下来一个很自然的问题就是在多奖金机制下（即竞赛参与者是风险规避的），这些奖金该如何分配。首先给出一个奖金分配的结论。

定理 7-2 对于试验型竞赛，在一个多奖金机制下且 $0<b<1$，这里存在 $\hat{b}(j)$，如果 $0<b<\hat{b}(j)$，则 $r_{j-1}^*-r_j^*<r_j^*-r_{j+1}^*$；如果 $\hat{b}(j)<b<1$，则 $r_{j-1}^*-r_j^*>r_j^*-r_{j+1}^*$，$j=2,3,\cdots,L-1$（参数加星号表示均衡状态下的值）。

注：证明参见田序（2021）的研究。

定理 7-2 说明，当竞赛参与者的风险规避系数 b 不是太大时，一个凸减的奖金分配方式是最优的；当竞赛参与者的风险规避系数 b 较大时，一个凹减的奖金分配方式是最优的。对定理 7-2 给出如下解释：当竞赛参与者的风险规避系数 b 较大时，表明竞赛参与者具有较小的风险规避性，这时差异性较大的奖金分配方式将会被竞赛参与者所偏好，于是一个凹减的奖金分配方式是最优的。当竞赛参与者的风险规避系数 b 较小时，情况也是类似的。

下面给出多奖金机制的灵敏度分析。命题 7-1 指出，在一个多奖金机制下，第一名竞赛优胜者的奖金分配比例随着风险规避系数 b 的增加而递增，而最后一名竞赛优胜者的奖金分配比例随着风险规避系数 b 的增加而递减。此外，随着参与者风险规避系数 b 的增加，最优的奖金分配曲线会变得陡峭，而随着竞赛参与者人数的增加，最优的奖金分配曲线会变得平坦。对此，给出如下解释：当参与者风险规避系数 b 增加时，差异性更大的分配方式将会被竞赛参与者偏好，于是一个更陡峭的奖金分配方式会是最优的。当竞赛参与者人数增加时，优胜者提交方案质量的相对差距会变小，这样就导致奖金分配具有更小的差异性，也就是说，奖金的分配比例会变得更加平坦。

命题 7-1 对于试验型竞赛，在一个有 L 个奖金的竞赛中，可以得到以下结论。

（1）对于任意 $1\leqslant i\leqslant j\leqslant L$，最优的奖金分配比例满足 $\dfrac{r_j^*}{r_i^*}=\left(\dfrac{I_j^n}{I_i^n}\right)^{\frac{1}{1-b}}$。并且，$r_1^*$ 对于 b 是递增的以及 r_L^* 对于 b 是递减的。

（2）这里存在 $\tilde{b}$ 使得如果 $\tilde{b}<b<1$，对于任意 $2<j\leqslant L-1$，$\dfrac{r_{j-1}^*-r_j^*}{r_j^*-r_{j+1}^*}$ 对于 b 是递增的；这里存在 $\tilde{n}$ 使得如果 $n\geqslant\tilde{n}$，$r_1^*-r_2^*$ 以及 $r_{L-1}^*-r_L^*$ 对于 n 是递减的。

注：证明参见田序（2021）的研究。

接下来，给出一些数值算例。

在图 7-5 中，横坐标代表奖金个数 j，纵坐标代表奖金个数所对应的奖金分配比例 r_j^*。假定有 10 个竞赛参与者，总奖金为 $V=5$，总奖金个数为 $L=6$，竞赛参与者的单位试验成本为 $c=0.1$。这里改变竞赛参与者的风险规避系数 b，发现当 $b=0.1，0.2，0.3$ 时，最优的奖金分配呈现一个凸减的形状；当 $b=0.5，0.7$，

0.8 时，最优的奖金分配呈现一个凹减的形状。在图 7-6 中，给出了最优奖金分配曲线对于参与者风险规避系数 b 以及参与者人数 n 的灵敏度分析，这与命题 7-1 的结论是一致的。

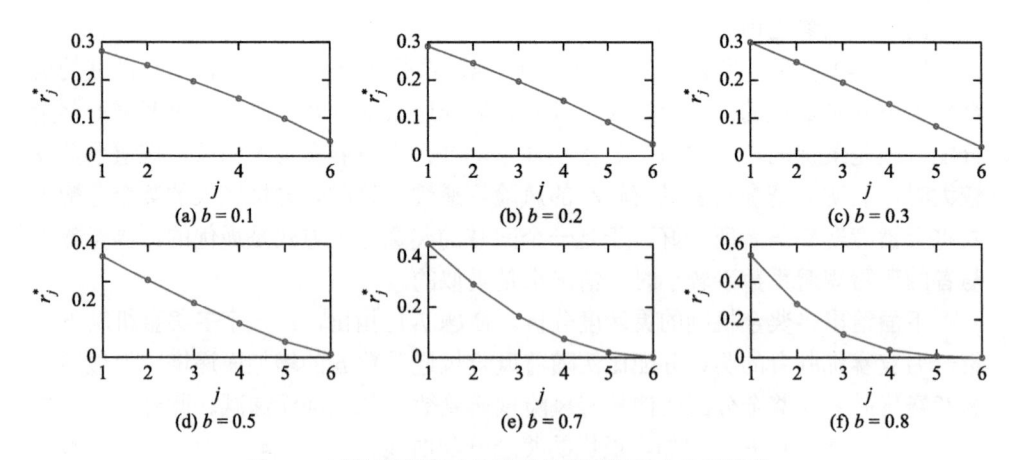

图 7-5　试验型竞赛下凸减或者凹减的奖金分配结构

参数设置：$n=10$；$V=5$；$L=6$；$c=0.1$

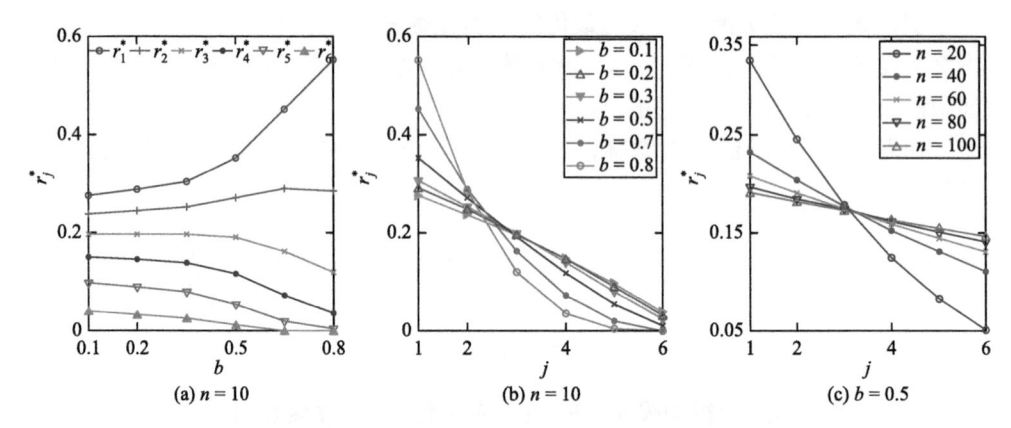

图 7-6　试验型竞赛下的奖金结构灵敏度分析

参数设置：$V=5$；$L=6$；$c=0.1$

在现实中，过低的奖金往往会被取消。在试验型竞赛模型中，假定 $U(V)=V^b$，其中 $b=0.8$。如果有 100 个竞赛参与者，由 $L^*=\{j\,|\,I_j^n>0, I_{j+1}^n \leqslant 0\}$，可以得到在最优性的条件下，竞赛发起者应该设置 61 个奖金。如果总奖金是 $V=100\,000$，然后最低的奖金分配是 4.0985×10^{-6}。显然，这样的奖金分配是不现实的。在这里，假定存在一个最小的奖金比例。例如，总奖金为 $V=100\,000$，最低的奖

金比例为 0.01，于是得到最小的奖金数额为 1000。把最低的奖金比例标记为 γ。最优的奖金个数为 $L_1^* = \{j | r_j^* > \gamma, r_{j+1}^* \leq \gamma\}$。给出下面的命题来描述最优的奖金个数。

命题 7-2 在试验型竞赛模型中，可以得出以下结论。

（1）最优的优胜者个数满足 $2(L^*(n)-1)+1 \leq L^*(2n) \leq 2(L^*(n)+1)$。

（2）当有最低的奖金约束时，最优的参与者个数 L_1^* 满足 $L_1^* \leq L^*$，L_1^* 对于 γ 以及对于风险规避系数 b（$0 < b < 1$）是递减的。

注：证明参见田序（2021）的研究。

由命题 7-2 的（1）知道，如果不考虑最低的奖金限制，最优的奖金个数对于竞赛参与者人数接近于呈线性增加。如果考虑最低奖金限制，最优的奖金个数随着最低奖金限制系数和风险规避系数的增加而减小。在表 7-1 中，即使对于一个较小的最低奖金限制系数（$\gamma = 0.01$），最优的奖金个数也随着人数的增加而缓慢增加。表 7-1 中的数值算例结果可以用来解释在现实中奖金个数往往不是很大，也就是说，最低奖金限制应该被考虑的情况。

表 7-1 EMQ 情形下的最优奖金个数

L_1^*	$n=50$	$n=100$	$n=150$	$n=200$	$n=250$	$n=300$	$n=350$	$n=400$
$L_1^*(\gamma=0)$	31	63	95	126	158	189	221	253
$L_1^*(\gamma=0.01)$	2	12	20	26	32	36	43	47
$L_1^*(\gamma=0.05)$	7	10	12	13	14	15	15	16

表 7-1 中的数值算例说明：假定总奖金为 $V=5$，单位试验成本为 $c=0.1$，风险规避系数为 $b=0.8$。分别设定最低奖金比例限制为 $\gamma = 0$（即没有最低奖金比例限制），$\gamma = 0.01$，$\gamma = 0.05$。在本数值算例中，发现在没有最低奖金比例限制时，当有 400 个竞赛参与者时，最优奖金个数为 253，但是当把最低奖金比例限制提高到 0.05 时，最优奖金个数下降到 16。该算例表明较小的最低奖金比例限制就可以保证最优奖金个数不至于太大。

定理 7-1、命题 7-1 以及命题 7-2 给出了一些管理启示。

（1）竞赛发起者应该基于不同的情形来分配奖金，例如，不同的风险规避系数、不同的竞赛参与者人数（参见定理 7-1、命题 7-1），能够解释现实中奖金分配的多样性。

（2）命题 7-2 为现实当中奖金个数往往不是很大的现象提供了一个解释，说明现实中的奖金个数往往不是很大（命题 7-2）。

7.3.2 拍卖型竞赛模型

下面给出拍卖型竞赛模型下的最优奖金分配方法。首先指出在基于能力水平的竞赛中，竞赛参与者应该采取单奖金机制还是应该采取多奖金机制。

定理 7-3 如果方案的期望平均质量或者期望最优质量被关注，给定任意整数 $L \geq 2$，存在一个阈值使得对于 $n \geq n_L$ 时，当参与者是风险中性或者风险偏好时，单奖金机制是最优的；当参与者是风险规避时，多奖金机制是最优的并且最优的奖金个数满足 $L^* \geq L$。

注：证明参见田序（2021）的研究。

定理 7-3 指出，在拍卖型竞赛模型中，竞赛参与者的风险规避系数依然会影响单奖金机制或者多奖金机制的最优性。这里的解释与试验型竞赛模型是类似的。在拍卖型竞赛模型中，通过数值算例的方式给出当竞赛发起者关心方案的期望平均质量或者方案的期望最优质量时最优的奖金个数（注：在表 7-2 和表 7-3 中，假定最优的奖金个数 L^* 小于等于一个限制 $\bar{L}$，并且 $F(a) = a^k$，$b = 0.5$，$\bar{L} = 10$）。

表 7-2 期望最优质量情形下的最优奖金个数

k	$n=10$	$n=20$	$n=30$	$n=40$	$n=50$	$n=60$	$n=70$	$n=80$
$k=0.3$	2	2	3	3	4	4	4	4
$k=0.5$	2	3	3	4	4	4	5	5
$k=1$	3	4	4	5	5	5	5	6
$k=3$	4	5	5	6	6	7	7	7
$k=5$	4	5	6	7	7	7	8	8

表 7-3 期望平均质量情形下的最优奖金个数

k	$n=4$	$n=8$	$n=12$	$n=16$	$n=20$	$n=24$	$n=28$	$n=32$
$k=0.3$	1	2	3	4	5	6	7	8
$k=0.5$	1	3	4	5	7	8	9	10
$k=1$	2	4	6	8	10	10	10	10
$k=3$	3	6	9	10	10	10	10	10
$k=5$	3	6	10	10	10	10	10	10

表 7-2 和表 7-3 给出了当发起者关心方案的期望最优质量情形和参与者关心方案的期望平均质量情形下的最优奖金个数。首先，在关心方案的期望平均质量情形下的最优奖金个数大于在关心方案期望最优质量情形下的最优奖金个数。其次，当参与者的能力水平参数 k 增加时（从 $k=0.3$ 到 $k=5$），最优奖金个数在两种情形下都是增加的，对此给出如下解释。

（1）为了激励参与者中的能力水平较高的参与者，应该设置数量更少的奖金，因为这些参与者具有更大的获胜概率，对于能力水平较低的参与者，反之亦然。当方案的期望最优质量被关注时，更多能力水平较高的参与者的方案被考虑；当方案的期望平均质量被关注时，更多能力水平较低的参与者的方案被考虑。这样就导致了在方案期望平均质量被关注时更多的奖金个数的结果。

（2）当参与者之间的相对差异性减小时（即 k 增加），参与者偏好设置更多的奖金个数。可以用 $\frac{F(a)}{f(a)}$ 来表示参与者的"相对优势"。因为能力水平低于该参与者的其他参与者的比例（即 $F(a)$）越高或者与该参与者能力水平相同的参与者的比例（即 $f(a)$）越低，该参与者会有越多的机会赢得奖金，意味着当参与者能力水平参数 k 增大时，参与者之间的相对差异性减小（因为 $\frac{F(a)}{f(a)} = \frac{a}{k}$）。

下面给出在拍卖型竞赛模型下的最优奖金分配方法。

定理 7-4 当方案的期望平均质量或者期望最优质量被关注时，存在一个阈值 n_L 使得当 $n \geq n_L$ 时，对于任意 $2 \leq j \leq L-1$，最优的奖金分配比例满足 $r_{j-1}^* - r_j^* > r_j^* - r_{j+1}^*$。

注：证明参见田序（2021）的研究。

定理 7-4 指出，在拍卖型竞赛模型下，如果竞赛参与者人数较多，当发起者关心的是方案的期望平均质量或者方案的期望最优质量时，最优的奖金结构呈现一个凹减的分配结构。这一点与试验型竞赛模型是不一致的。可能的原因是，在试验型竞赛模型中，由于参与者可以通过多次试验来抵消产出随机性的影响，所以试验型竞赛受到随机性的影响较小。而在拍卖型竞赛中，参与者自身异质性的影响较大。因此，在拍卖型竞赛模型中，奖金分配会呈现较大的分配差异（凹减的分配结构），而在试验型竞赛模型中，奖金分配会呈现较小的分配差异（凹减或者凸减的分配结构）。下面给出在拍卖型竞赛模型中，最优奖金分配结构的数值算例，如图 7-7 所示。

图 7-7 中灵敏度分析的结论如下：①被关注情形下，期望平均质量方案的奖金分配结构会比期望最优质量方案更加平坦；②当参与者能力水平参数 k 增加或者参与者人数 n 增加时，奖金分配结构会变得更加平坦。具体解释如下：①当方案的期望平均质量被关注或者参与者之间的相对差异性较小（即 k 增加）时，在

(a) 期望最优质量情形下不同系数 b 下的奖金分配
(b) 期望最优质量情形下不同系数 k 下的奖金分配
(c) 期望最优质量情形下不同系数 n 下的奖金分配
(d) 期望平均质量情形下不同系数 b 下的奖金分配
(e) 期望平均质量情形下不同系数 k 下的奖金分配
(f) 期望平均质量情形下不同系数 n 下的奖金分配

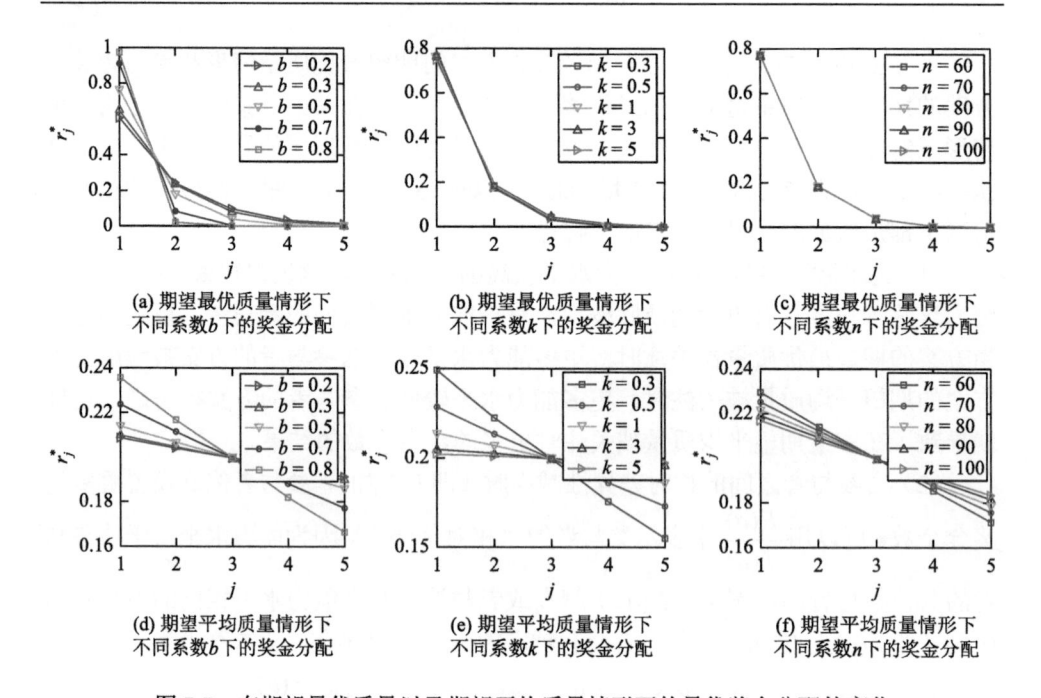

图 7-7 在期望最优质量以及期望平均质量情形下的最优奖金分配的变化

参数设置：$V=1, L=5$；图 7-7（a）、图 7-7（b）、图 7-7（d）、图 7-7（e）中，$n=120$；图 7-7（b）、图 7-7（c）、图 7-7（e）、图 7-7（f）中，$b=0.5$；图 7-7（a）、图 7-7（c）、图 7-7（d）、图 7-7（f）中，$k=1$

优胜者之间应该采取差异性更小的奖金分配结构，这就导致了一个更加平坦的奖金分配结构；②当参与者的人数 n 增加时，优胜者提交方案质量之间的相对差距变小，也会导致一个更加平坦的奖金分配结构。

总之，对于基于能力水平的竞赛模型下的最优奖金结构，参与者的风险类型会取决于单奖金机制或者多奖金机制的最优性。而参与者之间的差异性会影响在多奖金机制下的奖金分配结构。换句话说，参与者的风险分担会决定单奖金机制或者多奖金机制的最优性，而参与者获胜概率的差异性则会影响多奖金机制下的奖金分配结构。

基于以上结论，本章对基于能力水平的竞赛发起者给出一些政策建议。首先，竞赛发起者应该根据不同的情形来设置单奖金机制或者多奖金机制：参与者是风险规避的，或者是风险中性的，或者是风险偏好的。其次，如果发起者关心更多高能力水平参与者的方案，或者参与者之间的相对差异变大，发起者应该设置更多的奖金个数，如果发起者关心更多低能力水平参与者的方案，或者参与者之间的相对差异变小，发起者应该设置更少的奖金个数。

7.3.3 创意型竞赛模型

由于 Ales 等（2017）已经研究了当竞赛参与者是风险中性时，创意型竞赛下的最优奖金结构问题。于是，本节假设竞赛参与者是风险规避的。首先给出在创意型竞赛下的最优奖金个数的一般表达式。

定理 7-5（最优的奖金个数） 给定竞赛参与者人数 n，最优的竞赛优胜者人数给出如下：

当 $0<b<1$ 时，$L^*_{0<b<1}(n) = \{j \mid l^n_j > 0,\ l^n_{j+1} \leq 0, 1 \leq j \leq n-1\} \wedge \overline{L}(n)$

式中，$x \wedge y = \min(x, y)$。此外，$L^*_{0<b<1}(n)$ 对于参与者人数 n 是非减的。

注：证明参见田序（2021）的研究。

基于定理 7-5，可以得到在创意型竞赛中一个使多奖金机制最优的一般条件。

定理 7-6（当 $0<b<1$ 时多奖金机制的最优性） 给定任意的整数 L 和 $0<b<1$，如果随机扰动的密度函数 $f(x)$ 满足 $\int_{\underline{\beta}}^{\overline{\beta}} f(x)^2 \mathrm{d}x > f(\overline{\beta})$，这里存在一个阈值 $\overline{n}(L)$ 使得

$$L^*_{0<b<1}(n) \geq L \wedge \overline{L}(n), 对于所有的 n \geq \overline{n}(L)$$

注：证明参见田序（2021）的研究。

定理 7-6 对于创意型竞赛中奖金结构的贡献为：推导出了很一般的条件，使得在该条件下多奖金机制是最优的，也就是 $\int_{\underline{\beta}}^{\overline{\beta}} f(x)^2 \mathrm{d}x > f(\overline{\beta})$。这个结论一般化了 Kalra 和 Shi（2001）的研究中随机扰动的分布。Kalra 和 Shi（2001）指出，当竞赛参与者是风险规避的时，如果随机扰动的分布为 Logistic 分布，多奖金机制是最优的。需要说明的是，条件 $\int_{\underline{\beta}}^{\overline{\beta}} f(x)^2 \mathrm{d}x > f(\overline{\beta})$ 具有很强的一般性。因此一般的随机分布都满足这个条件，如正态分布（Daley and Wang，2018；Seel and Strack，2016）、指数分布（Alptekinoğlu and Semple，2016）、Gumbel 分布（Terwiesch and Xu，2008；Wang and Sahin，2018）、Logistic 分布（Kalra and Shi，2001）、t 分布、F 分布。

定理 7-6 中给出的条件是很容易满足的。

（1）风险规避性在经济学中经常被假设（Eeckhoudt et al.，1995；Gan et al.，2004；Maskin and Riley，1984）。

（2）在创意型竞赛中，常常有上百名竞赛参与者，并且对于大多数常见的分布而言，四个竞赛参与者就可以保证 $L^*_{0<b<1}(n) \geq 2 \wedge \overline{L}(n)$。

（3）由定积分中值定理，很容易得到当$f(\cdot)$是递减的或者$f(\cdot)$中有相当一部分递减的区间时，条件$\int_{\underline{\beta}}^{\overline{\beta}} f(x)^2 dx > f(\overline{\beta})$成立。在相关文献和现实中，大部分随机扰动的概率密度函数是递减的或者单峰的。这些使定理7-6中的条件很容易满足，即如果参与者面临的评价不是过于极端的，一般而言$\int_{\underline{\beta}}^{\overline{\beta}} f(x)^2 dx > f(\overline{\beta})$成立。并且在创意型竞赛中参与者的风险规避性可以作为一个很好的因素来解释多奖金机制的普遍性。

有意思的是，Kalra和Shi（2001）指出，当竞赛参与者是风险规避的时（即$0<b<1$），多奖金机制的最优性受随机扰动的概率密度函数的变化影响较大。然而，定理7-6指出随机扰动的概率密度函数的变化对于多奖金机制是否最优并不是很明显，这是因为条件$\int_{\underline{\beta}}^{\overline{\beta}} f(x)^2 dx > f(\overline{\beta})$具有很强的一般性。Ales等（2017）指出当竞赛参与者是风险中性的时，对数凸的随机扰动的概率密度函数$f(\cdot)$可以得到单奖金机制的最优性。定理7-6和Ales等（2017）指出在创意型竞赛中，相对于随机扰动的概率密度函数，竞赛参与者的风险类型对于决定单奖金还是多奖金最优更为重要。因为当竞赛参与者是风险规避的时（相应地，风险中性的），多奖金（相应地，单奖金）机制在一大类随机扰动的分布下是最优的。

对于定理7-5和定理7-6给出如下解释。

（1）l''_j表示竞赛参与者通过提高努力程度水平从而获得排名j的概率的边际变化[参见田序（2021）的论文的第5章]。因此，只有当$l''_j>0$时，为了获得排名j，竞赛参与者才有可能提高他们的努力程度。此外，当竞赛参与者是风险规避的时，参与者偏好于能够分摊风险的奖金分配方式，这样就导致了更多奖金个数的最优性；当竞赛参与者是风险中性的或者风险偏好的时，反之亦然。结合这两个因素，可以推导出定理7-5。

（2）当随机扰动的概率密度函数$f(\cdot)$是递增的（相应地，递减的）时，竞赛参与者预期对于他们提交的方案可以以一个较大的概率获得更高的（相应地，更低的）评价估计，因此他们会有更低的（相应地，更高的）意愿去获得中间的排名j（$2 \leq j \leq n-1$）。于是，对于$j \geq 2$，若随机扰动的概率密度函数$f(\cdot)$是递增的或者常数的（相应地，递减的或者单峰的），l''_j可以是非正的（相应地，正的）。因此，当$\int_{\underline{\beta}}^{\overline{\beta}} f(x)^2 dx > f(\overline{\beta})$（递减的概率密度函数或者绝大多数单峰的概率密度函数满足这个条件）时，可以推导出定理7-6。

类似于试验型竞赛和拍卖型竞赛的情形，下面给出创意型竞赛下的奖金结构。为了得到创意型竞赛下的最优奖金分配比例，首先给出一个简单的算法（见算法

7-1)。并且基于算法 7-1，可以给出创意型竞赛下的最优奖金分配比例，即命题 7-3。

算法 7-1：当 $0 \leq b \leq 1$ 时用于计算最优奖金分配比例的算法

Input: $L^*_{0<b<1}$, l^n_i, and $t_i = 1$ for any $1 \leq i \leq L^*_{0<b<1}$

1　**for** $i = 2, 3, \cdots, L^*_{0<b<1}$ **do**
2　　**if** $l^n_{i-1} \leq l^n_i$ **then**
3　　　　$j = \min\left\{\arg\min_{j \leq i-1}\left\{\left(\sum_{s=j}^{i} l^n_s \cdot t_s\right) \middle/ \sum_{s=j}^{i} t_s\right\}\right\}$
4　　　　$l^n_j = \left(\sum_{s=j}^{i} l^n_s \cdot t_s\right) \middle/ \sum_{s=j}^{i} t_s$，$t_j = \sum_{s=j}^{i} t_s$
5　　　　$l^n_{s-i+j} = l^n_s$ and $t_{s-i+j} = t_s$ for $i+1 \leq s \leq L^*_{0<b<1}$
6　　　　$L^*_{0<b<1} = L^*_{0<b<1} - i + j$，$i = j$
7　　**end**
8　**end**
9　**return** $t_0 = 0$，$\Lambda = L^*_{0<b<1}$，$\tilde{l}^n_i = l^n_i$，and $t_i = \sum_{s=1}^{i} t_s$ for $1 \leq i \leq \Lambda$

命题 7-3（当 $0<b<1$ 时最优的奖金分配比例）　当 $0<b<1$ 时，算法 7-1 产生 t_0、Λ，以及对于任意 $1 \leq i \leq \Lambda$ 的序列 $\tilde{l}^n_i$ 和 t_i。于是最优的奖金分配比例满足对于任意的 $t_{i-1}+1 \leq p \leq q \leq t_i$，有 $r^*_p = r^*_q$，并且：

$$\frac{r^*_{t_j}}{r^*_{t_i}} = \left(\frac{\tilde{l}^n_j}{\tilde{l}^n_i}\right)^{\frac{1}{1-b}}，对于所有的 i, j，其中 1 \leq j \leq i \leq \Lambda$$

此外，r^*_1 对于 b 是递增的，而 $r^*_{L^*_{0<b<1}}$ 对于 b 是递减的。

注：证明参见田序（2021）的研究。

基于命题 7-3，进一步研究当 $0<b<1$ 时，最优的奖金分配比例的性质。由于在现实中，奖金分配比例常常表现为凹减的结构。定理 7-7 给出了什么时候最优的奖金分配比例是凹减的。

定理 7-7（当 $0<b<1$ 时奖金分配结构的凹减性）　当 $0<b<1$ 以及 $\Lambda \geq 3$ 时，对于任意的 $j = 2, 3, \cdots, \Lambda-1$，为了使最优的奖金分配比例满足 $r^*_{t_{j-1}} - r^*_{t_j} \geq r^*_{t_j} - r^*_{t_{j+1}}$，只需要使下面的条件成立一个。

(1) $\tilde{l}^n_{j-1} - \tilde{l}^n_j \geq \tilde{l}^n_j - \tilde{l}^n_{j+1}$。

(2) $0 < \hat{b} < b < 1$，其中 $\hat{b}$ 是某个阈值。

注：证明参见田序（2021）的研究。

定理 7-7 表明，首先，对于任意的风险偏好参数 b，条件 $\tilde{l}_{j-1}^n - \tilde{l}_j^n \geq \tilde{l}_j^n - \tilde{l}_{j+1}^n$ 可以得到一个凹减的奖金分配结构[即定理 7-7（1）]。很多常见的分布，如正态分布、Logistic 分布、指数分布，满足这个条件。另外，下文也通过数值的方式验证了凹减的奖金分配结构对于 t 分布和卡方分布成立；以及凹减的奖金分配结构相对容易验证。其次，对于不同的分布，如果竞赛参与者的风险规避参数 b 不是太小，凹减的奖金分配结构是最优的[即定理 7-7（2）]。本章的数值算例表明一个中等的竞赛参与者风险规避系数 b[参见图 7-8（d）]可以满足定理 7-7（2）中的条件。因此，得出凹减的奖金分配结构的条件具有较强的一般性。

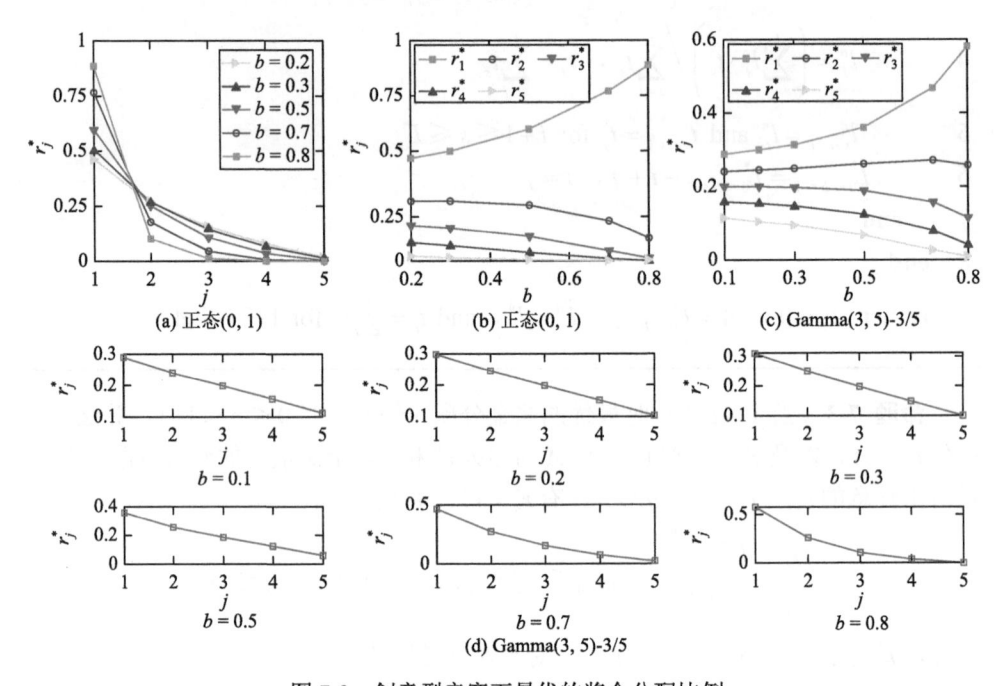

图 7-8 创意型竞赛下最优的奖金分配比例

对于定理 7-7 的解释如下。首先，方案的质量即 $e^* + E[\varepsilon_j^n]$，往往具有一个凹减的结构，可以导出一个凹减的奖金分配结构。其次，当竞赛参与者具有更小的风险规避性时（即更大的参数 b），竞赛参与者更加偏好有更大差异的奖金分配方式。排名靠前的优胜者将会获得更多的奖金；当竞赛参与者具有更大的风险规避性时（即更小的参数 b），反之亦然。

为了更好地理解命题 7-3 以及定理 7-7 中的结果，下面用数值的方式给出了最优的奖金分配比例，其中竞赛参与者人数为 $n=10$，奖金个数为 $L=5$。

对于一个标准的正态分布随机扰动，图 7-8（a）指出了最优的奖金分配比例是凹减的，并且当参数 b 增大时，分配比例的凹形变强。图 7-8（b）表明最

大的奖金分配比例 r_1^* 对于参数 b 是递增的,而其他的奖金分配比例 r_2^*、r_3^*、r_4^* 和 r_5^* 对于参数 b 是递减的。如前面提到的,对于给定的参数 n 和 L,仅仅最大的奖金分配比例 r_1^* 和最小的奖金分配比例 r_L^* 理论上对于参数 b 是单调变化的(参见命题 7-3)。为了用数值的方式来检验这个结果,这里假定随机扰动的概率密度函数服从 Gamma 分布,图 7-8(c)指出第二个奖金分配比例 r_2^* 对于参数 b 先增后减。此外,与正态分布情形不同的是,在 Gamma 分布的情形下,对于任意参数 $0<b<1$,最优的奖金分配比例可以不是凹减的。图 7-8(d)指出了对于一个较大的参数 b,最优的奖金分配比例是凹减的。例如,算例中 $b \geqslant 0.5$ 时。

总之在创意型竞赛中,竞赛参与者的风险规避性可以用来解释多奖金的、有差异的、凹减的奖金分配方式的普遍性。进一步考虑竞赛发起者有方案质量约束以及参与者效用函数是乘积形式的情形。关于考虑竞赛发起者有方案质量约束的情形,也就是竞赛中优胜者获得的奖金数额受到优胜者提交方案的质量的约束,即提交方案质量越高的优胜者应该获得更大数额的奖金,即以下约束成立:

$$V_{j-1} = g(P_{j-1}(V_L) - P_j(V_L)) + V_j \tag{7-15}$$

式中,$P_j(V_L) = e^*(V_L) + E[\varepsilon_j^n]$ 代表第 j 个名次参与者提交方案的质量;$g \geqslant 0$,为基于方案质量的奖金分配比例。关于乘积形式的参与者效用函数形式,也就是参与者提交方案的质量表现为努力程度函数与评价随机扰动之间的乘积关系:

$$q_i = R(e_i) \cdot \varepsilon_i \tag{7-16}$$

而不一定是基本模型中的加和关系 $q_i = R(e_i) + \varepsilon_i$。关于这两种情形,研究结论表明在创意型竞赛模型中,竞赛参与者的风险规避性可以作为一个稳健性的因素来解释多奖金的、有差异的、凹减的奖金分配结构的普遍性。

7.4 人 数 策 略

7.4.1 试验型竞赛模型

试验型竞赛的人数策略:本节在图 7-9 以及图 7-10 中分别给出了试验型竞赛下的均衡努力程度和方案的期望最优质量,即 m^* 和 $E(q_1^n)[m^*]$。在图 7-9 以及图 7-10 中,考虑奖金个数 $L=3$ 与奖金个数 $L=4$ 的情形,以及参与者人数 n 从 5 变化到 40。

在图 7-10 中,与 Terwiesch 和 Xu(2008)的研究一致,假设产出随机扰动服从 Gumbel 分布。图 7-9 和图 7-10 说明,均衡的努力程度 m^* 是随着人数的增加而减少的，而均衡的方案的期望最优质量 $E(q_1^n)[m^*]$ 是随着人数的增加而增加的，即如果发起者关注 m^*，限制性的人数策略是最优的；如果发起者关注 $E(q_1^n)[m^*]$，非限制性的人数策略是最优的。该结论与 Terwiesch 和 Xu（2008）给出的结论是一致的。只不过 Terwiesch 和 Xu（2008）考虑的是单奖金的情形，而这里给出的算例是多奖金的情形。另外，通过分析可知，均衡的努力程度 m^* 与随机扰动的概率分布没有关系，而方案的期望最优质量 $E(q_1^n)[m^*]$ 则有可能会受到随机扰动的概率分布的影响。在图 7-10 中假定随机扰动服从 Gumbel 分布，并且通过数值算例，发现方案的期望最优质量 $E(q_1^n)[m^*]$ 对于人数是凸增变化的。

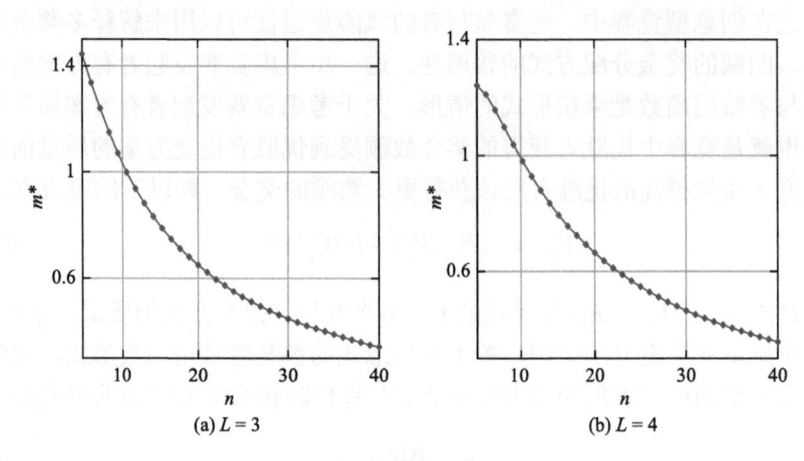

图 7-9　试验型竞赛下均衡时的努力程度随人数的变化

参数设置：$b=0.8, c=0.1$。图 7-9（a）：$V_1=0.5, V_2=0.4, V_3=0.3$；图 7-9（b）：$V_1=V_2=V_3=V_4=0.3$

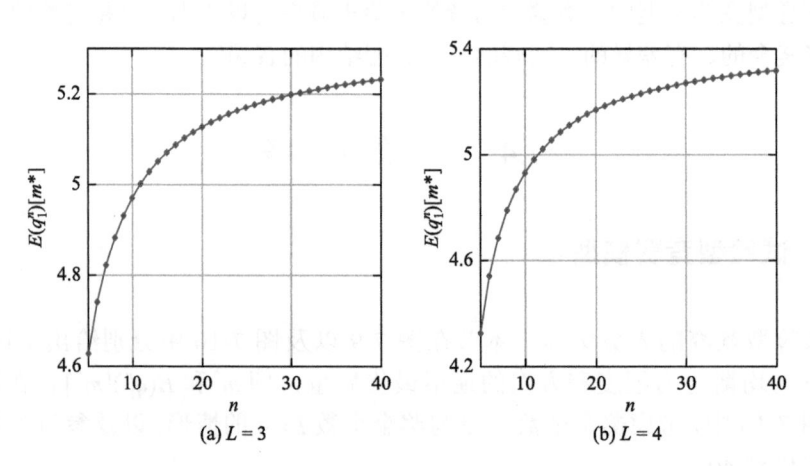

图 7-10　试验型竞赛下均衡时的最大质量随人数的变化

参数设置：$b=0.8, c=0.1$。图 7-10（a）：$V_1=0.5, V_2=0.4, V_3=0.3$；图 7-10（b）：$V_1=V_2=V_3=V_4=0.3$。随机扰动 ε_i 服从均值为 2 的 Gumbel 分布

7.4.2 拍卖型竞赛模型

本节考虑两种类型的拍卖型竞赛模型：基于生产能力的情形、基于成本的情形（表 7-4）。在基于生产能力的情形下，参与者提供方案的质量是他的努力程度和自身能力的乘积，而他的成本是已知固定的。在基于成本的情形下，参与者提供方案的质量是他的努力程度和自身能力的加和，而他的成本是未知的。分别假定 $F(a)=a^k (0<k<1)$，$\underline{a}=0$，$\overline{a}=1$，并且 $F(c)=c^k(k>1)$，$\underline{c}=0$，$\overline{c}=1$。

表 7-4 两种异质性的拍卖型竞赛情形

情形	质量函数	成本函数	未知函数	其他函数
基于生产能力	$q_i = a_i e_i$	$C(e_i, a_i, c_i) = c_i \dfrac{e_i}{a_i}$	a_i	$c_i = c$
基于成本	$q_i = a_i + e_i$	$C(e_i, a_i, c_i) = c_i \dfrac{e_i}{a_i}$	c_i	$a_i = a$

首先，考虑竞赛发起者关心参与者方案的期望平均质量的情形。

命题 7-4 对于两种异质性的拍卖型竞赛，存在 n_L，如果 $n > n_L$，EAQ$(n+1) <$ EAQ(n)。

注：证明参见田序（2021）的研究。

命题 7-4 指出存在 n_L，使得当 $n > n_L$ 时，EAQ$(n+1) <$ EAQ(n) 对于这两类拍卖型竞赛模型成立。同时，在命题 7-4 中的条件 $n > n_L$ 并不是很严格。在数值算例中，图 7-11 指出，对于基于生产能力的情形，当 $n \geqslant 11$ 时，方案期望平均质量递减；对于基于成本的情形，方案期望平均质量递减。这里指出方案的期望平均质量可能随着参与者人数 n 的增加而增加［图 7-11（a）］，这意味着如果方案的期望平均质量被关注，当参与者人数较多时，增加人数会降低发起者的利润；而当参与者人数较少时，增加人数可能会提高发起者的利润。

另外，竞赛发起者可能会关心所有提交方案的最优质量。

命题 7-5 对于两种异质性的拍卖型竞赛，存在 n_L，当 $n \geqslant n_L$ 时，EMQ$(n+1) >$ EMQ(n)。

注：证明参见田序（2021）的研究。

命题 7-5 指出当参与者人数较多的时候，期望最优质量关于参与者人数是递增的。由数值算例（图 7-12）可知，保证期望最优质量递增的参与者人数并不严

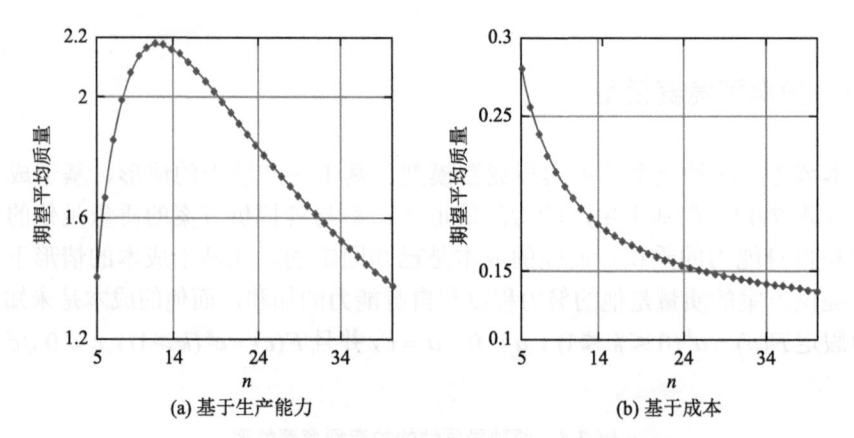

图 7-11 两种拍卖型竞赛下均衡时的期望平均质量

参数设置：$V_1=5, V_2=3, V_3=2, U(V)=V^{0.8}$。图 7-11（a）中，$F(x)=x^{0.5}$，$c=0.1$。
图 7-11（b）中，$F(x)=x^5$，$a=0.1$

格。对于基于生产能力的情形，当 $n \geqslant 5$ 时，期望最优质量递增；对于基于成本的情形，当 $n \geqslant 14$ 时，期望最优质量递增。此外，图 7-12（b）也说明，当参与者人数较少时，方案的期望最优质量可能随着人数的增加而减少，意味着如果方案的期望最优质量被关注，当参与者人数较多时，增加人数会增加发起者的利润；而当参与者人数较少时，增加人数可能会减少发起者的利润。

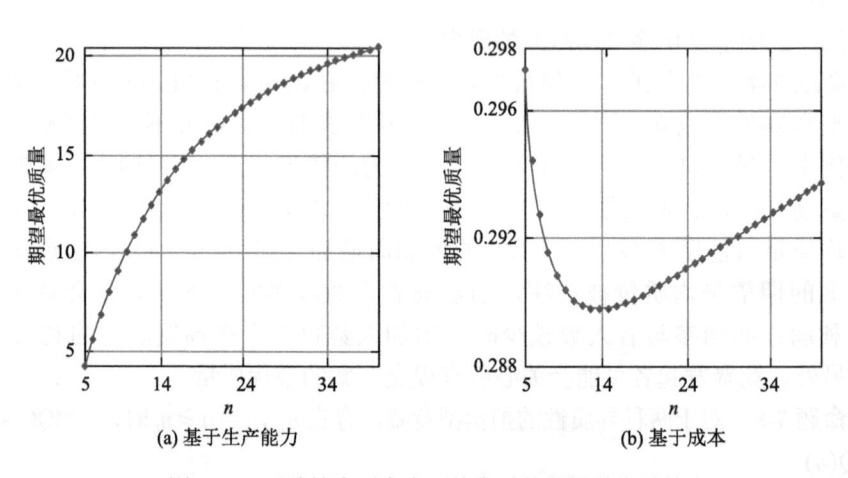

图 7-12 两种拍卖型竞赛下均衡时的期望最优质量

参数设置：$V_1=5, V_2=3, V_3=2, U(V)=V^{0.8}$。图 7-12（a）中，$F(x)=x^{0.5}$，$c=0.1$。
图 7-12（b）中，$F(x)=x^{30}$，$a=0.1$

7.4.3 创意型竞赛模型

关于创意型竞赛模型中的人数策略问题,考虑竞赛中有 K 个方案数量的情形,即 K 个方案的质量为

$$\text{EMQ} = Ke^*(V_L) + \sum_{i=1}^{K} E[\varepsilon_i^n] \qquad (7\text{-}17)$$

研究发现,对于是否采取限制性或者非限制性的人数策略,竞赛中的进入成本起着重要作用。在创意型竞赛中,假定单位人数的进入成本为 c,总的进入成本为 nc。进入成本表现为创意型竞赛中对方案的审核成本以及竞赛的运营成本等。竞赛发起者的利润为

$$\Pi_{\text{EMQ}} = Ke^*(V_L) + \sum_{i=1}^{K} E[\varepsilon_i^n] - V - nc \qquad (7\text{-}18)$$

定理 7-8 表明,在一个很宽泛的条件下,为了最大 Π_{EMQ},竞赛发起者应该采取限制性的人数策略。

定理 7-8 (当竞赛发起者关心最大化 Π_{EMQ} 时,限制性的人数策略更合适) 在一个创意型竞赛中,给定奖金分配结构,当竞赛发起者关心最大化 Π_{EMQ} 时,如果表 7-5 中的条件 A 和 B 成立,一个限制性的人数策略会优于一个非限制性的人数策略。

注:证明参见田序(2021)的研究。

表 7-5 定理 7-8 中用到的随机扰动的条件

条件	不等式
条件 A	$\int_{\underline{\beta}}^{\bar{\beta}} f(x)^2 \mathrm{d}x > f(\bar{\beta})$
条件 B	$(\lg(f(x)))'' \leq 0$, $\lim_{x \to \bar{\beta}}\left(\dfrac{1-F(x)}{f(x)}\right) < \infty$, $\lim_{x \to \underline{\beta}}\left(\dfrac{F(x)}{f(x)}\right) < \infty$

定理 7-8 表明,当考虑了竞赛的进入成本之后,非限制性的人数策略是不合适的。正如前面提到的,这个结论提供了一定的现实价值,而且在 Ales 等(2021)的文献中并没有被观测到。

在图 7-13（a）以及图 7-13（c）中，由于总奖金 V 较小以及项目的不确定程度 α 较大[其中 α 是对项目评价不确定性的度量，参见田序（2021）的研究]，期望最优质量对于 n 是凸增的。在一个限制性的人数策略下，最优的竞赛参与者数量当期望最优质量的边际增量等于 c 时获得。图 7-13（b）给出的情形中，期望最优质量对于 n 是先增后减的。

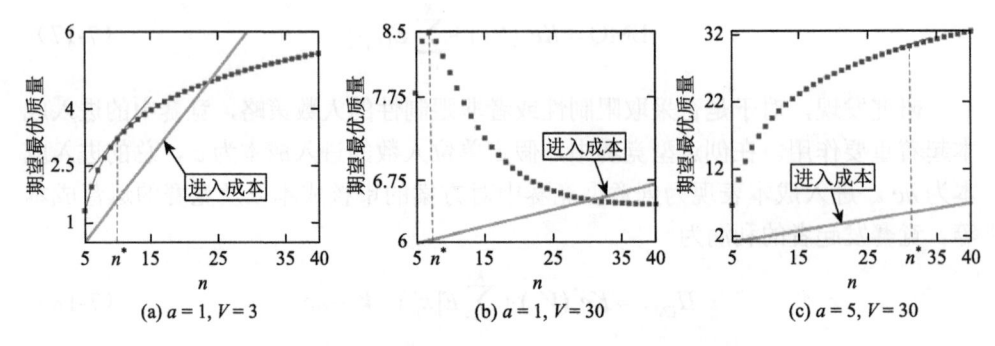

(a) $a = 1, V = 3$ (b) $a = 1, V = 30$ (c) $a = 5, V = 30$

图 7-13　创意型竞赛下三个奖金情形的均衡期望最优质量

参数设置：$K = 3, V_1 : V_2 : V_3 = 5 : 3 : 2, R(e) = e, C(e) = e^{1.6}, U(V) = V^{0.8}, \varepsilon \sim N(0,1)$

此外，如果方案的贡献数 K 是参与者人数的增函数情形 $K(n)$，考虑竞赛中的进入成本依然对发起者采取限制性的人数策略还是非限制性的人数策略有着重要作用[参见田序（2021）的研究]，即如果不考虑竞赛中的进入成本，非限制性的人数策略可能是最优的，但是当考虑竞赛中的进入成本时，竞赛发起者应该考虑限制性的人数策略。本章的结论具有一定的鲁棒性。

7.5　结论与讨论

竞赛模型在经济学中已有非常丰富的研究。伴随着平台经济的飞速发展，近年来不同众包竞赛平台在企业生产发展中发挥着越来越重要的作用。不同的众包竞赛项目代表着不同类型的众包竞赛。通过竞赛中不同的随机性、参与者差异性，将竞赛分为三种类型，即试验型竞赛、拍卖型竞赛、创意型竞赛。本章研究了三种类型竞赛下的人数策略和奖金结构。研究发现，关于人数策略以及奖金结构，这三种竞赛有相似之处，也有不同的地方。在人数策略的研究中，不同的评价标准（竞赛发起者关心方案的期望平均质量还是期望最优质量）对人数策略有较大的影响。另外，竞赛中的进入成本对人数策略也会有较大的影响，而进入成本在以前的竞赛文献中是没有被考虑过的。在奖金结构的研究中，不同的竞赛呈现不同的分配结构。另外，在这三种竞赛中，竞赛参与者的风险规避性都会表现出较大的影响。下面逐一总结三种竞赛下的研究结果。

试验型竞赛，也就是说考虑竞赛中参与者面临产出随机性以及竞赛中具有平行试验过程，如医药生产竞赛。在这种竞赛中，竞赛参与者可以通过多次平行试验来减弱产出随机性的影响。关于试验型竞赛下的奖金结构，研究发现参与者产出随机扰动的分布对最优的奖金结构是没有影响的。这一点与创意型竞赛是不一样的。可能的原因是在试验型竞赛中，参与者多次平行试验抵消了产出随机扰动对最优奖金结构的影响。另外，研究发现参与者的风险类型对奖金结构具有重要影响，即若竞赛参与者是风险偏好或者风险中性的，单奖金机制是最优的；若竞赛参与者是风险规避的，多奖金机制是最优的，并且最优的奖金个数会受到最低奖金约束以及参与者风险规避程度的影响。另外，研究指出，在一个多奖金机制下，不同的参与者风险规避程度会导致差异较大或者差异较小的奖金分配方式。本章通过数值算例的方式给出了试验型竞赛模型下的人数策略，这点与现有文献的结论是类似的。

拍卖型竞赛，也就是说考虑竞赛参与者之间的异质性。考虑两种情形，即竞赛参与者具有差异性的能力水平和成本水平。在拍卖型竞赛中，竞赛参与者没有面临随机性的影响。关于拍卖型竞赛的人数策略，研究指出增加参与者人数未必会增加发起者的利润，这取决于发起者的评价标准以及竞赛参与者人数。具体来讲，如果竞赛参与者人数较多，当发起者关心方案的期望平均质量时，增加人数会减少发起者的利润；当发起者关心方案的期望最优质量时，增加人数会增加发起者的利润。而这些结论在竞赛参与者人数较少时未必会成立。关于拍卖型竞赛的奖金结构，研究指出当参与者的能力水平服从幂律分布时，竞赛参与者风险类型依然会对最优的奖金结构具有较大影响，并且在一个多奖金机制下，凹减的奖金分配会是最优的。研究进一步指出，如果竞赛发起者关心的是方案的期望最优质量，这时，最优的奖金个数较小以及优胜者之间的奖金分配具有较大的差异；而如果竞赛发起者关心的是方案的期望平均质量，结论是相反的。并且，如果竞赛参与者之间的差异性变小，最优的奖金个数变大以及最优的奖金分配结构会具有较小的差异。这个结论对应的解释是参与者赢得奖金概率的差异性对奖金分配结构具有影响。

创意型竞赛，考虑竞赛参与者提交的方案面临发起者的评价的较大随机性。在这种竞赛中，竞赛参与者没有办法减弱评价随机性的影响。关于创意型竞赛的人数策略，评价随机扰动的分布对于最优的人数策略具有一定的影响。研究发现当竞赛发起者关心方案的期望最优质量时，非限制性的人数策略可能是最优的；然而，如果考虑竞赛中的进入成本，则限制性的人数策略会是最优的。并且，在单奖金情形、多奖金情形、单方案贡献数、多方案贡献数，以及可变的方案贡献数的情形下，该结论都成立。这表明本章研究结论具有一定的鲁棒性。关于创意型竞赛下的奖金结构，考虑竞赛参与者是风险规避情形下的最优奖金结构，推导出在一大类评价随机扰动的分布下，多奖金机制是最优的。本章研究的结果一般化了相关文献中评价随机扰动的分布,并且指出在创意型竞赛下参与者的风险规避性可以导出多奖金的最优性,这就解释了现实中竞赛中多奖金机制的普遍性。此外,研究指出在创意型竞赛中,大多数情形下,一个凹减的分布方式是最优的。并且,本章的研究结论在一些其他的情形也是成立的,这表明在创意型竞赛下,研究结论具有一定的鲁棒性。

关于三种众包竞赛的人数策略,本章指出了不同的评价标准、不同的人数,以及竞赛中的进入成本都会影响最优的人数策略。关于三种竞赛中的奖金结构,研究结论指出,参与者的风险规避性、参与者赢得奖金的异质性、竞赛中的评价随机扰动的分布都会对最优的奖金结构产生影响。在三种众包竞赛中,由于试验型竞赛受随机性以及参与者差异性的影响是最小的,因此,在这种情形下,最优的奖金分配呈现凹减(较大的分配差异)或者凸减(较小的分配差异)的结构。而拍卖型竞赛由于受到参与者差异性的影响,创意型竞赛由于受到评价随机性的影响,因此,在这两种情形下,最优的奖金分配往往呈现凹减(较大的分配差异)的结构。

关于三种众包竞赛的比较在表 7-6 以及表 7-7 中给出。关于三种众包竞赛的人数策略,从参与者类型、赢得概率、均衡努力程度、人数策略这几个角度进行比较。在试验型竞赛以及创意型竞赛中,竞赛参与者是同质的,他们具有相同的均衡努力程度。在拍卖型竞赛中,竞赛参与者是异质的,他们的努力程度是参与者能力水平或者成本水平的函数。在试验型竞赛以及创意型竞赛中,参与者的赢得概率是相同的;而在拍卖型竞赛中,参与者的赢得概率是不同的,具有差异性的赢得概率会对参与者的努力程度产生影响。而对应的人数策略,关于试验型竞赛模型,随机扰动服从 Gumbel 分布时,发起者关心期望平均质量时限制性的人数策略最优。关于拍卖型竞赛模型,发起者关心方案的期望平均质量时,限制性的人数策略最优;发起者关心期望最优质量时,当人数较多时增加人数有利于增加发起者的利润,当人数较少时则未必。关于创意型竞赛模型,在考虑进入成本的情况下,限制性的人数策略最优。本章可以帮助更好地理解众包竞赛中参与者人数对方案的期望平均质量和期望最优质量的影响。关于三种竞赛,当发起者的评价标准不一样时(即期望平均质量或者期望最优质量),最优的人数策略会有所区别;另外,不同的竞赛类型,是否考虑进入成本等因素也会影响竞赛中的最优的人数策略。

表 7-6 三种众包竞赛下的人数策略比较

比较项目	试验型	拍卖型	创意型
参与者类型	同质	异质	同质
赢得概率	相同	有差别	相同

续表

比较项目	试验型	拍卖型	创意型
均衡努力程度	相同	为能力或成本的函数	相同
人数策略	当随机扰动服从 Gumbel 分布时，关心期望平均质量时限制性的人数策略最优	发起者关心期望平均质量时，限制性的人数策略最优；发起者关心期望最优质量时，当人数较多时增加人数有利，当人数较少时未必	在考虑进入成本的情况下限制性的人数策略最优

表 7-7 三种众包竞赛下的奖金结构比较

比较项目	试验型	拍卖型	创意型
赢得概率	相同	有差别	相同
随机扰动的分布或者能力水平的分布	没有影响	有影响	有影响
风险中性或者风险偏好	单奖金	在幂律分布下单奖金	在对数凸分布下单奖金
风险规避	多奖金	在幂律分布下多奖金	在一大类随机扰动分布下多奖金
奖金分配	呈现凹减或者凸减的分配	呈现凹减的分配	在大多数情况下是凹减的分配
赢得概率对奖金分配的影响	没有影响	有影响	没有影响

关于三种众包竞赛的奖金结构，从赢得概率、随机扰动的分布或者能力水平的分布、风险中性或者风险偏好、风险规避、奖金分配、赢得概率对奖金分配的影响这几个角度进行比较。在试验型竞赛以及创意型竞赛中，参与者的赢得概率是相同的，并且参与者的赢得概率对最优的奖金分配没有影响。在拍卖型竞赛中，参与者是异质的，具有差异性的能力水平，高水平参与者和低水平参与者的赢得概率是不一样的，进而参与者的赢得概率对最优的奖金分配会产生影响。当发起者更关注高水平参与者的方案或者更关注低水平参与者的方案时，对应的最优奖金分配是有区别的。另外，在试验型竞赛中，产出随机扰动的分布对奖金结构是没有影响的；而在创意型竞赛中，评价随机扰动的分布对奖金结构是有影响的。在拍卖型竞赛中，能力水平的分布情况对奖金结构也可能是有影响的。当竞赛参与者是风险偏好的或者风险中性的时，对于拍卖型竞赛模型，当参与者能力水平服从幂律分布时，单奖金机制是最优的；对于试验型竞赛模型，对于任意的产出随机扰动的分布，单奖金机制是最优的；对于创意型竞赛模型，当评价随机扰动的分布为对数凸时，单奖金机制是最优的。当竞赛参与者是风险规避的时，对于拍卖型竞赛模型，当参与者能力水平服从幂律分布时，多奖金机制是最优的；对于试验型竞赛模型，对于任意的产出随机扰动的分布，多奖金机制是最优的；对于创意型竞赛模型，推导出当评价随机扰动的分布满足特定条件（大部分分布满足该条件）时，多奖金机制是最

优的。关于多奖金时的奖金分配结构，对于拍卖型竞赛模型，呈现一个凹减的奖金分配结构；对于试验型竞赛模型，呈现一个凸减或者凹减的奖金分配结构；对于创意型竞赛模型，在大多数情形下呈现一个凹减的奖金分配结构。

  本章虽得出了一些有价值的研究结论，但是也有诸多不足之处。为了研究的需要，本章对众包竞赛做了一些条件假设。下面给出这些不足之处，并提出一些对未来研究的展望。

  （1）在本章中，通过对随机性的分类，将众包竞赛分为了三类，即试验型竞赛、拍卖型竞赛、创意型竞赛。然而，在现实中，在同一个竞赛中，参与者的产出随机性、参与者之间的异质性、发起者评价的随机性，三者可能会同时存在，并且三者之间的影响有可能还不是独立的。于是能否建立一个同时考虑这三者的众包竞赛模型值得研究。如果这样，就可以进一步理解在竞赛中参与者的产出随机性、异质性和发起者评价的随机性各自的影响，以及它们之间的相互作用关系。这个研究能够使得对众包竞赛中的随机性因素或者参与者异质性因素有一个更深的理解。

  （2）在本章中，假定参与者对竞赛的参与是外生给定的或者是可以保证的。这个假设在以往竞赛文献中也是经常出现的。然而，参与者对竞赛的参与是众包竞赛中一个很重要的问题。在未来的研究中，需要考虑参与者对于竞赛的参与是内生的情形，即同时考虑参与者对于竞赛的参与以及参与者的风险规避性在竞赛中的影响。

  （3）本章指出，考虑最低的奖金比例约束时，最优的奖金个数会随着参与者人数的增加而缓慢增加。在本章中，假定最优的奖金个数存在一个上界约束。在一个竞赛中，最优的奖金个数显然也是一个很重要的研究课题。于是，给出最优竞赛的更为具体的表达式约束也是很有价值的。虽然本章也给出了最优的奖金个数的表达式，但是，这两个表达式并不能反映最优的奖金个数与参与者人数以及最低奖金比例约束的关系。于是，能否给出最优的奖金个数的一个上下界估计，在未来将是一个有趣的研究。而这个问题有可能很难得到一个显式的理论计算结果，于是能否设计相应的算法给出理论上的最优的奖金个数的一个上下界，也是未来的研究方向之一。

  （4）在本章中，假定竞赛参与者具有相同的风险类型，即要么是风险偏好的，要么是风险中性的，要么是风险规避的。然而，在现实中，不同的竞赛参与者可能具有不同的风险类型，即有的可能是风险中性的，有的可能是风险规避的，并且风险规避的程度可能也不尽相同。在未来的研究中，可以考虑这种情形，即不同竞赛参与者具有不同的风险类型。可以考虑在这种混合的情形下本章结论是否会成立。另外，也可以考虑不同风险类型的比例情况对本章的问题会产生怎样的影响。

  （5）本章主要研究众包竞赛中的人数策略以及奖金结构，研究针对静态的众包竞赛。未来可以考虑其他模型下的人数策略以及奖金结构，例如，可以考虑两阶段众包竞赛下的人数策略以及奖金结构。另外，竞赛时间也是众包竞赛中一个很重要的决策因素。本章是在时间外生的情形下进行研究的。能否给出竞赛时间内生时的众包竞赛的人数策略以及奖金结构也是未来值得研究的。在众包竞赛中有非常丰富的研究问题，于是关于未来的众包竞赛，也可以研究其他的竞赛问题，如竞赛中的信息反馈、动态竞赛的设计等问题。

参 考 文 献

田序. 2021. 众包竞赛中的人数策略与奖金机制研究[D]. 合肥：中国科学技术大学.

Ales L, Cho S H, Körpeoğlu E. 2017. Optimal award scheme in innovation tournaments[J]. Operations Research, 65 (3): 693-702.

Ales L, Cho S H, Körpeoğlu E. 2021. Innovation tournaments with multiple contributors[J]. Production and Operations Management, 30 (6): 1772-1784.

Alptekinoğlu A, Semple J H. 2016. The exponomial choice model: A new alternative for assortment and price optimization[J]. Operations Research, 64 (1): 79-93.

Daley B, Wang R. 2018. When to release feedback in a dynamic tournament[J]. Decision Analysis, 15 (1): 11-26.

Deng W, Guan X, Ma S, et al. 2019. Selection of crowdsourcing formats: Simultaneous contest vs sequential contest[J]. Industrial Management & Data Systems, 119 (1): 35-53.

Eeckhoudt L, Gollier C, Schlesinger H. 1995. The risk-averse (and prudent) newsboy[J]. Management Science, 41 (5): 786-794.

Gan X, Sethi S P, Yan H. 2004. Coordination of supply chains with risk-averse agents[J]. Production and Operations Management, 13 (2): 135-149.

Kalra A, Shi M. 2001. Designing optimal sales contests: A theoretical perspective[J]. Marketing Science, 20(2): 170-193.

Liu T X, Yang J, Adamic L A, et al. 2014. Crowdsourcing with all-pay auctions: A field experiment on Taskcn[J]. Management Science, 60 (8): 2020-2037.

Maskin E, Riley J. 1984. Optimal auctions with risk averse buyers[J]. Econometrica, 52 (6): 1473-1518.

Seel C, Strack P. 2016. Continuous time contests with private information[J]. Mathematics of Operations Research, 41 (3): 1093-1107.

Terwiesch C, Xu Y. 2008. Innovation contests, open innovation, and multiagent problem solving[J]. Management Science, 54 (9): 1529-1543.

Wang R, Sahin O. 2018. The impact of consumer search cost on assortment planning and pricing[J]. Management Science, 64 (8): 3649-3666.

第 8 章　众包运营策略

8.1　众包竞赛的最优加价延期

众包竞赛已成为众包创新的主流组织形式，竞赛组织者在众包平台发布任务，从非特定大众参赛者中寻求解决方案，并给予参赛者奖金激励。近年来，越来越多的众包平台推出了加价延期机制：当任务到期，组织者尚且没有选到满意的方案时，可将任务加价延期，加价延期意味着增加奖金、延迟截止日期（增加竞赛时长）。这种机制对平台运营方的管理效率、对发包方的最优方案、对接包方的参与行为均有影响。本节研究众包竞赛的最优加价延期影响的因素和策略。

8.1.1　众包竞赛中加价延期影响的因素

随着众包网站的日益发展，发包方和接包方的数量越来越多，众包平台正在不断设计出更多的平台运行机制为双边用户提供更加优质、高效、快捷的服务，进一步促进交易的达成，如"任务中国"平台上的高级会员服务、独特的奖金分配机制、让接包方更容易看到任务的置顶服务等。本章首先研究众包竞赛的加价延期策略，即所有已发布的全款悬赏任务，只要任务状态未结束都可以进行延期操作。为了提升延期后的任务效果，延期操作均需要追加任务款，追加额度为当前任务总额的 10%且不低于 50 元，就可以延期一次，一次延期最多 10 天，每个任务有三次加价延期的机会。

发包方可以从这一服务中获得更加优质、令人满意的解决方案，这同时也意味着接包方将会付出更多的时间和金钱成本。假如发包方未获得比较满意的解决方案，是否有必要进行这项服务？任务的类型和悬赏方式不同，加价延期对任务的提交数和浏览数又有怎样的影响？本章首先研究这一系列问题。

1. 研究假设

首先，更高的奖金可以提高接包方的积极性，激励更多的接包方进入竞赛，刺激接包方付出更多的努力，提交更多且更好的作品；其次，由于众包平台的推荐系统存在，平台会把加价延期的任务优先推荐给接包方，增加任务的"曝光率"，接包方在众包平台挑选适合自己的任务时往往会优先看到这类任务；最后，加价前后，相当于把竞赛由单阶段竞赛转化成多阶段竞赛，因此，加价延期对任务参与度有正向影响，可以增加任务的投标数和浏览数。在多方面共同作用下，能有效减少发包方的损失，提高竞赛作品质量，提升发包方的期望利润。基于以上理论分析，可以提出如下假设。

H1：加价延期可以提高众包平台接包方的参与度。

由 H1 以及前面的理论分析，我们猜测加价延期的实施效果可能与任务的种类和悬赏方式有关系。在一品威客众包网站上，共有七类不同的众包任务，分别是设计、开发、装修、文案、营销、商务、VR。而每个任务的难度以及竞赛方式也不尽相同。Terwiesch 和 Xu（2008）根据市场不确定性和技术不确定性，将所有任务分成三类，不同类型的任务具有不同的性质，接包方收益、发包方收益等也是不同的。市场不确定性指发包方对作品喜好的不确定性，"试错型"和"经验型"任务市场不确定性较低，因为大多数任务有固定的答案；而"创新型"任务市场不确定性较高，根据不同发包方的喜好，其评判标准也不尽相同。技术不确定性指能否产生较高质量作品的不确定性。"经验型"和"创新型"任务能直观判断作品的好坏。但是"试错型"任务无法检验其质量。那么加价延期对任务参与度的影响在不同类型的任务下又是怎么样的？

在不同任务类型下，加价延期对于参与度的影响程度显示了众包平台上接包方和发包方的供需关系，根据一品威客网站数据可以发现，难度较高的任务，如开发、商务等，任务所占比例较少。若任务影响较大，代表接包方对于任务价格较为敏感，接包方在众包市场上并不总能找到适合自己的任务；若任务影响较小，代表在众包市场上有不同价格、不同难度的此类任务供接包方选择，接包方对少数加价延期任务的兴趣不大。

从效用最大化的角度出发，难度较高且奖金少的任务会对接包方的参与行为产生抑制作用。考虑到每一个任务都需要一定的专业知识，由于参与者很难在短时间内掌握有效的专业技能和知识，因此不太可能选择参与过于复杂或困难的创新竞赛项目。不同任务的难度存在差异，需要承接者具备特定的专业知识。对于希望在竞争中胜出的参与者而言，在短时间内升级自身的专业水平具有较大难度，即在一定时间内他们的专业水平是较为稳定的。由此推测，为了提高竞争胜出的概率、避免浪费时间精力，参与者可能不太愿意选择超出自身水平的、过于复杂或难以完成的创新竞赛项目。根据以上分析，可以提出以下假设。

H2：任务种类会改变加价延期对任务参与度的影响，且任务难度越大，加价延期影响效果越大。

H3：任务数目越少的任务类型，加价延期对任务参与度的影响越大。

在一品威客网站上，发包方共有 6 种悬赏方式供选择，分别是单人悬赏、多人悬赏、计件任务、招标任务、雇佣任务和直接雇佣。单人悬赏和多人悬赏需要将 100%的奖金托管到平台，一般适用于设计、文案类任务；招标任务不需要发包方先把奖金托管到平台，发包方可以根据自己的要求设置投标时间，一般适用于大型的任务，如开发、装修等任务；雇佣任务是发包方给出固定的奖金金额，让接包方在此基础上报工期，发包方比较接包方的投标时间，从中选取能力较强、所需时间较短的接包方；直接雇佣是发包方在平台上找到合适的接包方，发起直接雇佣任务，所有这类任务的任务提交数始终是 1，且无法研究加价延期对任务提交数的影响；计件任务完成难度低，但是接包方对这类任务的需求量高，计件任务不会采用加价延期策略，所以在本章中排除直接雇佣和计件任务。每种悬赏方式独特的机制也会影响加价延期对任务参与度的影响。根据以上分析，可以提出以下假设。

H4：任务的悬赏方式会改变加价延期对任务参与度的影响，且加价延期对招标任务和雇佣任务影响较大。

2. 研究模型构建

一品威客网站是中国规模较大的创意产品和服务交易电子商务平台，是中国新兴的众包创新网络平台。截止到 2021 年 12 月，已经超过 2626 万人成为该网站注册用户，完成了超过 213 亿元的交易金额。因为在 2013 年 6 月一品威客对赏金提现、接包方交稿等规则做了很大修改，本章采用该网站 2013 年 6 月到 2019 年 6 月"已完成"的任务数据，然后对失败的任务进行清洗，最后得到 16 707 条有效数据。

倾向得分匹配方法需要三种变量：处理变量（treatment variable）、协变量（covariates）和结果变量（outcome variable），变量定义如表 8-1 所示。

表 8-1 变量定义

类型	变量名称	变量符号	变量说明
结果变量	浏览数	BR	任务发布到截止这段时间内，接包方点击的次数
	投标数	TE	任务发布到截止这段时间内，接包方投递任务的总数
处理变量	加价延期	PR	任务进行加价延期取 1，否则取 0
协变量	任务难度	DI	借鉴 Shao 等（2012）的研究，用"任务投标数与任务浏览数的比值"来衡量难度，变量取值为 0~1
	初始奖金	IA	任务发布时托管到平台的最初奖金，单位：千元
	悬赏方式	AW	发包方悬赏接包方的方式，取值为正
	省份	PV	发包方所在省份

续表

类型	变量名称	变量符号	变量说明
协变量	持续时间	DT	任务从发布到结束所花费的时间
	任务类型	TL	任务的类别
	年份	YE	任务发布的年份

（1）结果变量。任务的参与度主要表现在任务的浏览数、投标数、投标人数等多方面，根据宗利永和李元旭（2018）的研究，任务的参与度可以用任务的浏览数（BR）和投标数（TE）来衡量。

（2）处理变量。加价延期（PR）是由一个二值变量表示的，1 表示加价，0 表示不加价。

（3）协变量。协变量指任务除加价延期策略外，关于任务的其余所有特征变量，包括任务难度（DI）、初始奖金（IA）、悬赏方式（AW）、省份（PV）、持续时间（DT）、任务类型（TL）、年份（YE）。

表 8-2 说明了所有变量的基本统计特征，发现任务的浏览数标准差较大；任务投标数和浏览数的比值普遍较小，很多接包方只是观看一下任务大致的内容，并未进行创作；根据平均值可以判断，大约 90 次浏览会产生 1 个投标作品；初始奖金的差异性也较大且平均值为 304 元；持续时间的分布较为平均，任务大多在 20 天左右。悬赏方式、省份、任务类型、年份为虚拟变量，在研究过程中视为整数进行处理。

表 8-2 变量的基本统计量

变量	定义	最大值	最小值	平均值	标准差
BR	浏览数	1 127 492	6	3 599.170	17 054.020
TE	投标数	1 016	1	40.140	69.32
DI	任务难度	0.999	0.758	0.983	0.024
IA	初始奖金	16.680	0.001	0.304	0.806
AW	悬赏方式	4	1	2.088	1.185
PV	省份	34	1	15.076	10.269
DT	持续时间	0	41	20.079	11.889
TL	任务类型	1	7	2.407	1.878
YE	年份	2 010	2 019	2 013.781	1.734

表 8-3 是加价延期任务的年份和类型分布，不同年份加价延期任务分布较为平均；设计类任务占总任务数量的一半以上，这和总体比例较为接近，但营销、

VR、商务三类任务因为对时间有较高的要求，发包方通常不会采取加价延期策略来提升作品质量，所以这三类任务加价延期的样本个数较少。

表 8-3 加价延期任务的年份和类型分布

年份	样本个数	占比	任务类型	样本个数	占比
2013	281	11.90%	设计	1485	62.87%
2014	386	16.34%	文案	409	17.32%
2015	387	16.38%	开发	313	13.25%
2016	406	17.19%	装修	134	5.67%
2017	423	17.91%	营销	9	0.38%
2018	378	16.00%	VR	7	0.30%
2019	101	4.28%	商务	5	0.21%
合计	2362	100%	合计	2362	100%

除了以上数据，还可发现以下重要信息。

（1）任务获得成功是接包方继续努力的动力。但是，在详细讨论这一点之前，需要注意的是，胜利似乎在贡献中起着重要作用。一品威客网站上的绝大多数用户实际上从他们的贡献中得不到任何收益，因为获胜的可能性非常小。因此，人们可能认为很多用户在几次失败后就会离开。实际上，从 2016 年 6 月到 2019 年 5 月，有 66 182 个用户在此期间提交了 1 个、2 个或 3 个方案，而在 2019 年 5 月之后再没有提交其他任何内容。从未尝试执行任务的注册用户数量众多（89%），表明尽管有很多人对参与感兴趣，但他们的努力很可能徒劳无功。对于确实选择参与的人来说，首次参与执行任务的结果对于他们随后参与任务的意愿影响很大。有 2307 个用户在第一次尝试中赢得了胜利，还有 169 456 个用户在第一次尝试中失败了。数据显示，在赢家和输家组中，都有尝试超过两次的用户部分。两组都有大量的尝试分布：大多数用户进行了两次尝试，少数用户尝试了许多任务。可以观察到，就平均而言，获胜者的尝试次数多于失败者。

（2）用户随着时间的推移而不断学习，要了解专业知识共享，重要的是要了解用户在任务选择中采用的策略，因为用户可以选择他们想要参与的任务。所有正在进行的任务都以多种方式列出，以便用户浏览，例如，按类别或按奖项范围，并且所有任务均按新进度列出。此外，在浏览特定任务页面时，还会列出几个类似的任务，例如，在要求设计公司徽标的任务旁边，还将列出其他几个近期的徽标设计任务。本节研究用户如何参与任务。用户可以查看任务，将任务放置在其个人资料中，注册以参加该任务以及为该任务提交解决方案。用户提交时间是重要的参与动力，因为用户可以选择提早提交，或等待查看任务收到多少份方案。

按照任务期限（从任务开始时间到任务结束时间的持续时间）对用户提交的时间进行归一化，这样一开始提交的用户的提交时间为 0，而提交时间为最终的提交时间为 1。用户学会选择不太受欢迎的任务，由于用户获胜的机会很大程度上取决于在任务中参与竞争的其他用户的数量，假设用户学会选择竞争者较少的任务以增加获胜的可能性，也就是用户学会选择获胜概率更高的任务，正如将在证明中详述的那样，某些任务有多个获胜者（在大多数情况下，将提前宣布多个获胜者），这也会影响获胜的机会。例如，某些任务需要多个人来完成，或者只是想吸引更多人参与。

3. 研究模型

倾向得分匹配（propensity score matching，PSM）模型是 Rosenbaum 和 Rubin（1983）提出的，主要是解决非随机数据带来的偏差。在处理组样本非随机选择带来估计结果偏误的情况下，根据事实加价延期任务的特征（设为处理组），找出与处理组特征尽可能相似的任务（设为控制组）进行匹配，从而消除非随机样本带来的选择误差，最常用的匹配方法有半径匹配、最近邻匹配、核匹配。通过比较处理组和控制组参与度的差异，从而分离出只由加价延期带来的影响。为了尽可能消除非随机数据带来的选择偏误，要求匹配时尽可能多地控制影响匹配结果的协变量。

PSM 需要引入"反事实"框架（counterfactual framework），"反事实"是相悖情况下的某种状态。在研究中发包方对于需要进行加价延期的任务实行该策略，这些任务的浏览数和投标数增加或者减少是可以观测计量出来的"事实"。而"反事实"是指那些进行加价延期的任务当时如果没有实行该策略，它的浏览数和投标数会有什么样的变化，处理变量对于浏览数和投标数在统计学意义上就是"同一组任务"在处理组和控制组的差异，这种差异被称为"受到处理的个体的平均处理效应"。

就是否实施加价延期的任务而言，Y1i 表示进行加价延期的任务的参与度，Y0i 表示没有进行加价延期任务的参与度，定义 Y1i-Y0i 为处理效应，那么处理组的平均处理效果（average treatment effect on the treated，ATT）、控制组的平均处理效应（average treatment effect on the untreated，ATU）和平均处理效应（average treatment effect，ATE）可以表示为

$$\text{ATT} = E[(Y1i\text{-}Y0i) \mid Z, \text{treat}=1] \tag{8-1}$$

$$\text{ATU} = E[(Y1i\text{-}Y0i) \mid Z, \text{treat}=0] \tag{8-2}$$

$$\text{ATE} = \text{ATT}[N_1/(N_1+N_0)] + \text{ATU}[N_0/(N_1+N_0)] \tag{8-3}$$

式中，treat=1 表示处理组，即实施加价延期；treat=0 表示控制组，即没有实施

加价延期；Z表示所有可以得到的混淆标量；N_1表示处理组的样本数；N_0表示控制组的样本数。

4. 模型验证和研究结果

本节通过对所有变量的均值进行T检验来比较匹配前后，加价延期和未加价延期任务变量之间的差异。从表8-4匹配前后的两组T值可以看出，浏览数和投标数在两组之间存在显著差异：加价延期比未加价延期任务的浏览数和投标数更多，未加价延期任务的初始奖金要少，而且悬赏方式主要以单人悬赏和多人悬赏为主，其他的变量差异性较小。

表8-4 匹配前后处理组和控制组变量均值比较

变量	匹配前 处理组	匹配前 控制组	匹配前 T值	匹配后 处理组	匹配后 控制组	匹配后 T值
BR	5027.4	3364	4.39***	5079.1	3470.1	8.67***
TE	55.82	37.556	11.92***	56.454	37.298	8.01***
DI	0.985	0.983	3.23***	0.985	0.985	−0.60
IA	0.617	0.253	20.61***	0.564	0.535	−2.85*
AW	2.157	1.637	18.93***	1.777	1.669	1.41
PV	16.853	14.784	9.10***	16.868	17.107	−0.79
DT	20.209	20.058	0.57	20.215	20.243	−0.08
TL	2015.8	2015.8	−0.03	2015.8	2015.7	1.06
YE	2.1948	2.4415	−5.92***	2.190	2.367	−1.23

***、*分别表示在1%、10%水平下显著。

匹配后，处理组和控制组的结果变量显著性差异明显增大；对比匹配前后的样本，匹配后两组样本初始奖金的差异性明显减少，这意味着匹配的样本大多是那些处理组初始奖金较大的任务。匹配后，两个样本之间的所有协变量变得更加平衡，匹配结果相对可靠。结果变量的差异近似可以看成由于处理变量引起的。

下面采用最近邻匹配（1对2）的方法，研究加价延期对任务的浏览数以及投标数的影响，样本满足倾向得分匹配分析的"共同支撑假设"，即处理组和控制组中的倾向有大部分重合。在匹配前处理组和控制组中的核密度函数区别较大，如果采用全部控制组任务与处理组进行比较，得到的实证结果很可能存在偏误。进行倾向得分匹配以后，控制组的密度函数范围有了明显缩小，处理组和控制组的密度函数比较接近，进行实证分析得到的结果具有更好的可靠性。

1）基本结果分析

表 8-5 分别用 Logit 和 Probit 模型估计了加价延期策略的决定因素，表 8-6 显示了匹配后浏览数和投标数受到处理个体的平均处理效应。

表 8-5　加价延期策略的决定因素

变量	Logit	Z 值	Probit	Z 值
DI	4.876***	4.49	2.655***	4.76
IA	0.537***	22.23	0.292***	21.64
AW	−0.509***	−21.72	−0.263***	−22.31
PV	0.019***	8.63	0.011***	8.84
DT	0.001**	0.62	0.001**	0.67
TL	−0.075*	−5.66	−0.032***	−4.65
YE	−0.15	−0.001	−0.21	−0.15
常数项	−1.971**	−0.07	−0.398**	−0.03

***、**、*分别表示在 1%、5%、10%水平下显著。

表 8-6　加价延期对于不同类型任务投标数和浏览数的影响

类型	BR		TE	
	ATT	T 值	ATT	T 值
设计	634.657	0.76	12.733	6.1***
开发	2534.023	4.966***	19.711	3.76***
商务	2398.78	3.236***	17.129	4.91***
VR	784.368	4.816***	15.018	4.72***
文案	642.914	5.146***	13.172	5.10***
营销	756.291	3.176***	17.813	4.01***
装修	1865.401	4.716***	21.819	7.91***

***表示在 1%水平下显著。

无论结果变量是浏览数还是投标数，其回归结果相同，因此只需分析一个结果变量的回归。可以看出：任务难度和初始奖金越高，悬赏方式为"悬赏任务"和"招标任务"时，任务类型越复杂和所需技能越高时，任务越有可能进行加价延期策略。省份、持续时间、年份对加价延期策略的影响较少。

表 8-6 显示了匹配后浏览数和投标数的 ATT 值。结果显示，任务进行加价延期策略时，投标数和浏览数都有显著的提升，平均差异至少在 99%的水平上具有统计学意义，显著性较高。无论 Logit 还是 Probit 回归，可以看出加价延期对于浏览数和投标数的影响都是显著的。

2）不同任务、悬赏方式下的 ATT 值

本节分析了不同类型任务下加价延期对任务浏览数和投标数的影响，结果依然显著。不难发现，越是复杂的任务、所需能力要求越高的任务，结果变量对于加价越敏感。开发、商务、装修类型的任务虽然所占比例较少，但是提高任务的价格可以显著提升在这类任务中接包方的参与度。

由此可以做出以下推测：在这三种类型的任务中，接包方和发包方的供需较不平衡，仍有大量的接包方无法找到适合自己的任务，而发包方所发布的任务整体较少，给接包方提供选择的机会较少。加价延期对于其余四个类型的任务影响较小，这些类型的任务在平台上占有较大的比例，加价对于这种类型接包方的吸引力不大，因为平台有各种不同价格、不同难度的此类任务供接包方挑选，所以他们对加价的敏感性较弱。

本节还分析了加价延期在不同悬赏方式下对两个指标的影响情况，如表 8-7 所示。对于浏览数来说，进行加价延期的任务，"单人悬赏"和"多人悬赏"的增加量并没有其余两个悬赏方式的任务多，而投标数总体增加数量较为相似。

表 8-7 加价延期对于不同悬赏方式投标数和浏览数的影响

悬赏方式	BR ATT	BR T 值	TE ATT	TE T 值
单人悬赏	892.765	4.421***	18.890	4.901***
多人悬赏	1367.921	4.902***	17.761	5.476***
雇佣任务	1982.750	3.967***	19.891	8.781***
招标任务	2081.819	6.827***	21.267	3.721***

***表示在 1%水平下显著。

5. 稳健性分析

1）用不同方法估计倾向得分

用 Probit 模型和 Logit 模型两种方法来估计倾向得分，由表 8-5 和表 8-6 可以看出，两种方法的倾向得分和倾向得分匹配的估计结果没有显著差异。因此，可以相信倾向得分以及匹配的结果是相对稳定的。

2）不同的匹配方法

为了避免单一匹配方法的偶然性，将使用多种匹配方法来估计 ATE，估计结果如表 8-8 所示，在各种匹配方法下，结果变量的 ATT 均处于 99%的置信水平。

表 8-8　任务加价延期与否对于任务参与度的影响

结果变量	样本	处理组	控制组	ATT	标准差	T值
最近邻匹配（1对5）						
BR	匹配后	5031.484	3876.792	1154.691	457.268	2.53**
TE	匹配后	55.867	36.684	19.183	2.28	8.41***
最近邻匹配（1对10）						
BR	匹配后	5031.484	3686.428	1345.055	359.864	3.74***
TE	匹配后	55.867	37.116	18.751	2.246	8.35***
$r<0.1$						
BR	匹配后	5079.123	3627.952	1451.171	423.657	3.43***
TE	匹配后	56.454	37.417	19.037	2.385	7.98***
$r<0.05$						
BR	匹配后	5128.344	3660.727	1467.617	415.882	3.53
TE	匹配后	57.006	37.767	19.239	2.386	8.06

***、**分别表示在1%、5%水平下显著。

首先，通过改变最近邻匹配的配对数量来检验实证结果的稳健性，分别采用最近邻匹配（1对5）和最近邻匹配（1对10）进行匹配，依然采取半径匹配（$r<0.1$）的匹配方式，匹配后的结果如表8-8所示。从表8-8中可以看出，逐步扩大最近邻匹配的配对数量得到的实证结果仍较为显著，说明加价延期对任务的浏览数和投标数依然具有积极作用。

其次，通过改变半径匹配的配对范围来检验实证结果的稳健性，分别用半径匹配（$r<0.1$）和半径匹配（$r<0.05$）进行检验，最近邻匹配为1对2，匹配后的检验效果如表8-8所示。从表8-8中可以看出，逐步缩小半径匹配的配对范围来分析加价延期对于浏览数和投标数的影响，实证结果基本一致表明浏览数和投标数与加价策略显著相关，表明本节研究的实证结果是稳健的。

由上述分析可知，加价延期对于浏览数和投标数都有显著的正影响；加价延期对于投标数的提升效果更加显著。

8.1.2　众包竞赛的最优加价延期策略

依据现有文献提出的标准建模框架（Terwiesch and Xu，2008；Mihm and Schlapp，2019），本节所研究的众包竞赛流程如图8-1所示，假设竞赛开始时间表示为$t=0$。首先，组织者发布任务，公布任务奖金A、奖金分配比例（$r_{(1)}, r_{(2)}, \cdots, r_{(N)}$）、竞赛时长$T$、可能的加价$\Delta A$、可能的延期$\Delta T$。其次，每个参赛者决策是否参与竞赛以及要付出的努力,并在规定时间内提交解决方案。再次,在时间 $t=T$ 时,组织者评估收到的方案,如果所有方案的平均绩效不低于目标值,则根据奖金策略颁发奖金,竞赛结束;反之,组织者需要决策是否实行加价延期。若是,则竞赛进入第二阶段,参赛者再次决策是否参赛以及要付出的努力,并在规定时间内提交方案。最后,在时间 $t=T+\Delta T$ 时,组织者评估方案并颁发奖金,竞赛结束。

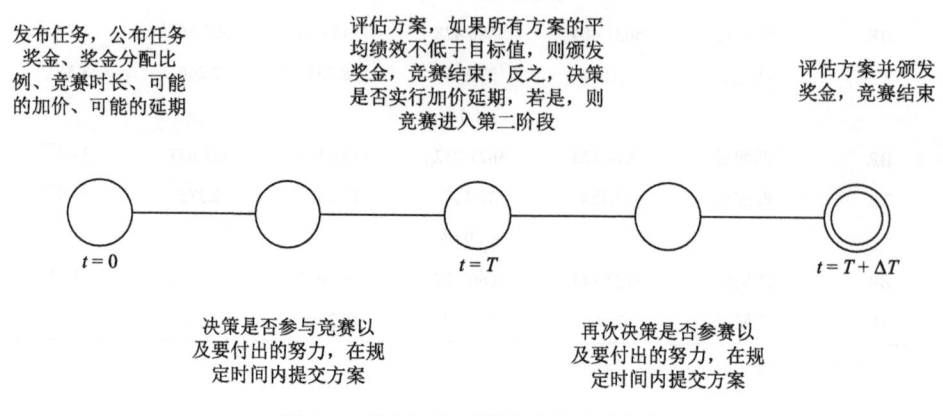

图 8-1 引入加价延期的众包竞赛流程

1. 众包竞赛成员

1) 参赛者

由于建立同时包含参赛者异质性和绩效不确定性的模型是困难的(Terwiesch and Xu, 2008),因此本节假设所有参赛者都是同质的。由于组织者在发布任务时,会在任务标题或任务需求中写明"可加价"等字样表示该任务可能加价延期,因此参赛者会对该任务的加价概率做出心理预估。每个参赛者 $i \in \{1, 2, \cdots, N\}$ 对加价延期的概率持有相同的期望 γ,对加价的敏感度为 ρ。对于不同市场份额的任务,参赛者对加价的敏感度一般不同。对于 LOGO 设计类等市场份额大的常见任务,参赛者拥有广阔的选择空间,可以任意挑选符合自身能力的任务,对加价的敏感度较低。相比之下,对于生活服务类等市场份额小的稀有任务,参赛者选择空间狭窄,加价敏感度较高。

每个参赛者在竞赛期间建立并完善一个解决方案,绩效代表着该方案能为组织者产生的货币价值。参赛者 i 的绩效函数为 $y(e_i) = g(e_i) + \varepsilon_i$,其中 $g(e_i)$ 是努力函数,表示参赛者 i 的努力 e_i 为其绩效带来的决定性的提高。假设努力函数采用线性形式,即 $g(e_i) = \theta e_i$,其中 $\theta(>0)$ 表示努力对绩效的边际影响,称为"努力系数"。事实上,努力系数反映了任务本身的复杂度(任务复杂度是相对于参赛者能力而言的),任务复杂度越高,参赛者的努力对提升方案绩效的边际影响越小,因此努力系数越小（Korpeoglu et al., 2021）。ε_i是随机冲量，表示众包竞赛本身的"创新"特质所导致的绩效不确定性。各参赛者的ε相互独立，具有累积分布函数F、概率密度函数f、期望$E[\varepsilon]=0$、取值范围$Z=[\underline{s},\bar{s}]$，其中$\underline{s}\in\mathbb{R}\cup\{-\infty\}$，$\bar{s}\in\mathbb{R}\cup\{\infty\}$。假设$f$是对数凹的（即$\lg(f)$是凹函数）（Ales et al., 2017），这与大量文献对随机冲量的假设相一致，例如，Terwiesch和Xu（2008）假设的Gumbel分布、Mihm和Schlapp（2019）假设的均匀分布。事实上，绩效不确定性反映了任务本身的新颖性，不同任务的新颖性存在差异。例如，同样是IT类众包任务，开发一个具有某些功能的APP，所需要的只是已经存在并且比较固化的开发技能，因此这个任务的新颖性较弱；相比之下，设计一个解决某现实问题的算法，所需要的不仅是基础的代码实现能力，也包括对现实问题的抽象理解，因此这个任务的新颖性较强。显然，任务的新颖性越强，参赛者绩效的不确定性越大，相应地，随机冲量分布越广、方差越大（Terwiesch and Xu, 2008）。大部分文献仅考虑了上述例子中参赛者建立解决方案时产生的不确定性，而Ales等（2017）提到了不确定性的另一来源：组织者评估方案时产生的不确定性。例如，对于LOGO设计竞赛，组织者对不同风格的LOGO偏好不同，在评估方案时自然不能完全客观，也会导致参赛者绩效具有不确定性。同时考虑两种不确定性似乎使模型过于复杂，不过Ales等（2017）证明了可以用一个随机冲量表示两种不确定性，本节使用了这一结论。

由于参赛者是同质的，因此所有参赛者的均衡努力相同，这时参赛者绩效的排名仅由随机冲量的大小决定，与大量文献相一致（Ales et al., 2017），本节使用次序统计量来表示随机冲量的大小顺序。$\varepsilon_{(j)}^N$表示$\{\varepsilon_1,\varepsilon_2,\cdots,\varepsilon_N\}$中第$j$大的随机冲量，它的累积分布函数和概率密度函数分别用$F_{(j)}^N$、$f_{(j)}^N$表示。由于$\varepsilon_{(j)}^N$是N个随机变量中排第$N-j+1$位的次序统计量，它的概率密度函数为
$$f_{(j)}^N(s)=\frac{N!}{(N-j)!(j-1)!}(1-F(s))^{j-1}F(s)^{N-j}f(s)。$$

参赛者i的效用$U(e_i,T,x_i)=x_i-\phi(e_i,T)$取决于他在竞赛时长$T$内付出的努力$e_i$，以及获得的奖金$x_i$，其中$\phi(e_i,T)$表示参赛者成本，假设成本函数$\phi$是关于努力$e_i$的递增凸函数。本节采用了Korpeoglu等（2021）中的成本函数$\phi(e_i,T)=ce_ibT^{1-b}$（$c>0,b>1$）。Korpeoglu等（2021）根据多阶段竞赛方面的文献（Deng and Elmaghraby, 2005），假设参赛者努力的边际成本关于竞赛时长递减，得到该成本函数$TbTce_ibT^{1-b}$。这种思想（单位时间内某个变量的值始终相同）在其他文献中也很常见，例如，Deng和Elmaghraby（2005）将供应商在时长T内的总投资成本计算为$TC(I)$，其中$C(I)$是投资I在单位时间内产生的成本。

2）组织者

组织者决策竞赛奖金值A、ΔA和奖金分配比例（$r_{(1)},r_{(2)},\cdots,r_{(N)}$），与实际情况相

一致，假设 $\sum_{j=1}^{N} r_{(j)} = 1$，$r_{(j)} \geq r_{(j+1)}$，$j \in \{1, 2, \cdots, N-1\}$。如果参赛者 i 的方案绩效在所有绩效中排第 j 位，那么他会获得 $r_{(j)}$ 份额的奖金值。把全部奖金都颁发给第一名的策略通常称为"赢者通吃"（winner-take-all，WTA），此时 $(r_{(1)}, r_{(2)}, \cdots, r_{(N)}) = (1, 0, \cdots, 0)$。组织者利润等于参赛者绩效减去总奖金。一般地，组织者对绩效排前 $K(\in \{1, 2, \cdots, N\})$ 位的方案感兴趣，如果没有实行加价延期，利润函数为 $\Pi_1 = \sum_{j=1}^{K} y_{1(j)} - A$；如果实行了加价延期，利润函数为 $\Pi_{\text{total}} = \sum_{j=1}^{K}(y_{1(j)} + y_{2(j)}) - A - \Delta A$。

2. 竞赛成员的决策

1）参赛者

下面讨论参赛者的决策，也就是参赛者间的均衡。与现有文献相一致，模型仅限于研究对称纯策略纳什均衡（Bimpikis et al., 2019），即每个参赛者在均衡处付出努力 e^*。本节研究众包竞赛的最优加价延期策略，主要讨论实行加价延期的情况。在每一阶段，给定其他 $N-1$ 位参赛者付出均衡努力 e^*，参赛者 i 付出努力 e_i 并成为第 j 名（绩效排第 j 位）的概率是

$$p_{(j)}^{N}[e_i, e^*] = \int \frac{N!}{(N-j)!(j-1)!} F(s + g(e_i) - g(e^*))^{N-j} (1 - F(s + g(e_i) - g(e^*)))^{j-1} f(s) ds$$

基于理性人假设，参赛者在第一阶段会考虑组织者实行加价延期的可能性，而在第二阶段，则仅考虑当前的情况。因此，在第一阶段，除了本阶段的奖金和时长，加价奖金和延期时长也会成为影响参赛者决策的外在因素，在奖金 $A + \gamma \rho \Delta A$ 和时长 $T + \gamma \Delta T$ 的激励下，参赛者 i 决策努力水平 e_{i1}，从而使期望效用最大化：

$$\max_{e_{i1} \in \mathbb{R}_+} \sum_{j=1}^{N} p_{(j)}^{N}[e_i, e^*](A + \gamma \rho \Delta A) - \phi(e_{i1}, T + \gamma \Delta T) \tag{8-4}$$

式（8-4）在均衡 $e_{i1} = e_1^*$ 处的一阶条件为

$$\sum_{j=1}^{N} \theta I_{(j)}^{N} r_{(j)} (A + \gamma \rho \Delta A) = cb(e_1^*)^{b-1}(T + \gamma \Delta T)^{1-b} \tag{8-5}$$

式中，$\theta I_{(j)}^{N}$ 为努力对参赛者成为第 j 名的概率的边际影响，$I_{(j)}^{N}$ 的具体表达式为

$$I_{(j)}^{N} = \int \frac{N!}{(N-j)!(j-1)!} F(s)^{N-j-1}(1-F(s))^{j-2}[(N-j(1-F(s))) - (j-1)F(s)]f(s)^2 ds \tag{8-6}$$

式（8-5）左边表示努力的边际收益，右边表示努力的边际成本。如果均衡向左偏移，此时边际收益高于边际成本，参赛者每多付出一单位努力，他的效用都

会增加；如果均衡向右偏移，此时边际收益低于边际成本，参赛者每少付出一单位努力，他的效用都会增加。因此参赛者选择平衡边际收益和边际成本的努力值，注意到 $I_{(j)}^N$ 与 e_1^* 无关，得到均衡努力：

$$e_1^* = \left(\frac{\theta(A+\gamma\rho\Delta A)\sum_{j=1}^{N}I_{(j)}^N r_{(j)}}{cb}\right)^{\frac{1}{b}}(T+\gamma\Delta T) \tag{8-7}$$

式（8-7）表示参赛者在时长 $T+\gamma\Delta T$ 内的均衡努力，而在时间 $t=T$ 处参赛者需要提交一次解决方案。根据 Korpeoglu 等（2021）对成本函数的解释中提到的假设——参赛者在单位时间内付出的努力相同，得到参赛者在时长 T 内的努力为

$$e_T^* = \frac{e_1^*}{T+\gamma\Delta T}T = \left(\frac{\theta(A+\gamma\rho\Delta A)\sum_{j=1}^{N}I_{(j)}^N r_{(j)}}{cb}\right)^{\frac{1}{b-1}}T \tag{8-8}$$

由于参赛者是同质的，因此每个参赛者成为第 j 名的概率是 $1/N$。参赛者在期望效用为非负时选择参与竞赛，期望效用等于期望奖金 $\frac{1}{N}(A+\gamma\rho\Delta A)$ 减去期望成本 $\phi(e_1^*, T+\gamma\Delta T)$，因此参赛条件是 $\frac{1}{N}(A+\gamma\rho\Delta A) - \phi(e_1^*, T+\gamma\Delta T) \geq 0$。

如果组织者无须加价延期，则根据方案评估结果为获奖的参赛者颁发奖金，竞赛结束；如果组织者需要加价延期，并且加价延期能使他的利润增加，竞赛将进入第二阶段。在第二阶段，参赛者 i 在奖金 $\rho\Delta A$ 的激励下付出努力 e_2，与第一阶段类似，可得到均衡努力：

$$e_2^* = \left(\frac{\theta\rho\Delta A\sum_{j=1}^{N}I_{(j)}^N r_{(j)}}{cb}\right)^{\frac{1}{b-1}}\Delta T \tag{8-9}$$

同时，参赛条件是 $\frac{1}{N}\rho\Delta A - \phi(e_2^*, \Delta T) \geq 0$。

2）组织者

组织者通常使用奖金策略来激励参赛者提高努力程度，本节认为加价延期可作为另一种策略，即组织者本身并不确定是否实行加价延期，他试图利用参赛者对于加价延期的"预期"来激励参赛者在第一阶段做出更多努力，从而可能达到使用更低的成本获取同样优秀的解决方案的目的。具体而言，组织者设置的实际奖金为 A，而参赛者考虑到加价延期的可能性，在高于实际奖金的 $A+\gamma\rho\Delta A$ 的激励下付出了更多努力，于是，第一阶段竞赛结束时，如果组织者收到的方案达到了目标绩效，即可宣布竞赛结束，奖金成本仅为 A。那么组织者如

何量化他的目标绩效呢？如果竞赛未引入加价延期策略，在其他条件（参赛人数、参赛者能力、绩效函数形式等）相同的情况下，组织者将举办单阶段竞赛。假设组织者预计奖金 $\hat{A}(>A)$ 足以激励参赛者提交令人满意的解决方案，那么他的目标绩效就等于此时的参赛者绩效期望值，$E[y(\hat{e})] = E[g(\hat{e})] + E[\varepsilon] = g(\hat{e})$，

其中参赛者均衡努力为 $\hat{e} = \left(\dfrac{\theta \hat{A} \sum_{j=1}^{N} I_{(j)}^{N} r_{(j)}}{cb} \right)^{\frac{1}{b-1}} T$。

3. 无须加价延期的条件

这里采用作商法比较 e_T^* 和 $\hat{e}$ 的大小，$\dfrac{e_T^*}{\hat{e}} = \left(\dfrac{A + \gamma \rho \Delta A}{\hat{A}} \right)^{\frac{1}{b-1}}$，由于 $b > 1$，可令 $\epsilon = \dfrac{A + \gamma \rho \Delta A}{\hat{A}}$，解不等式 $\epsilon \geqslant 1$，有 $\gamma \geqslant \dfrac{\hat{A} - A}{\rho \Delta A}$。令 γ_0 等于不等式右边，显然，阈值 γ_0 随着 ρ 的增大而减小，可得出以下结论。

命题 8-1 存在阈值 γ_0，当 $\gamma \geqslant \gamma_0$ 时，组织者无须加价延期。参赛者对加价的敏感度越高，阈值 γ_0 越小，则无须加价延期的概率越大。

命题 8-1 表明，当参赛者对加价延期的概率持有较高期望时（参赛者认为这场竞赛很可能实行加价延期），组织者无须加价延期，这意味着组织者成功利用了参赛者对于加价延期的"高预期"，以更低的成本获取到令人满意的解决方案。此外，参赛者对加价延期的敏感度越高，"高预期"的阈值越低，组织者利用参赛者"预期"以获取更多利润的成功率越高。从直觉上分析，解释如下。在第一阶段，参赛者预期大小转化为比较奖金值的大小。当参赛者对加价延期的预估概率 γ 或加价敏感度 ρ 较高时，激励参赛者的奖金值 $A + \gamma \rho \Delta A$ 高于组织者目标绩效所对应的奖金值 $\hat{A}$，此时参赛者均衡努力 e_T^* 高于 $\hat{e}$，于是组织者仅仅付出奖金 A 便得到了原本至少需要付出 $\hat{A}$ 才能得到的解决方案。注意到 $\gamma \rho$ 中的乘积关系，易知 ρ 越大，满足 $A + \gamma \rho \Delta A$ 大于 $\hat{A}$ 的 γ 最小值（γ_0）越小。

图 8-2 展示了当奖金值固定时（$A = 12$，$\Delta A = 10$，$\hat{A} = 14$），阈值 γ_0 与加价敏感度 ρ 的关系。容易看出，组织者发布市场份额小（参赛者加价延期敏感度高）的任务时，利用参赛者对于加价延期的"预期"来获取更多利润的成功率更高。那么，对于参赛者而言，由于组织者掌握着更多主动权，参赛者需仔细斟酌对方的承诺，适当降低对加价延期的概率持有的期望，在做出努力决策时主要考虑当期奖金额，以避免出现白白付出了努力，却得不到相应回报的情况。

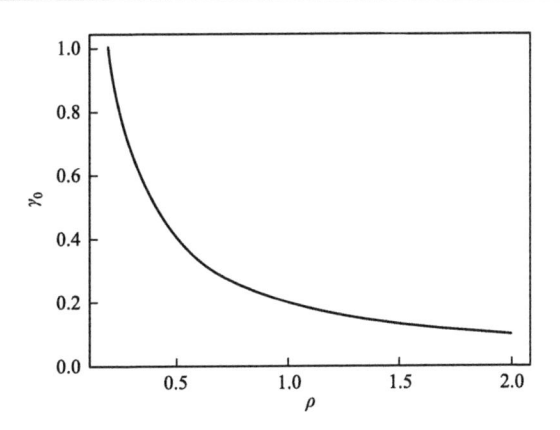

图 8-2 阈值 γ_0 与加价延期敏感度 ρ 的关系

4. 加价延期使组织者利润增加的条件

如果组织者需要加价延期,他先判断实行加价延期是否能使利润增加,若是,竞赛将进入第二阶段。第二阶段利润为

$$\Pi_2 = \sum_{j=1}^{K} y_{2(j)} - \Delta A = Kg(e_2^*) + E\left[\sum_{j=1}^{N} \varepsilon_{(j)}^{N}\right] - \Delta A \qquad (8\text{-}10)$$

引理 8-1 对于任意 $j \in \{1,2,\cdots,N-1\}$,都有 $I_{(j)}^{N} \geqslant I_{(j+1)}^{N}$。此外,对于任意满足 $r_{(1)} \geqslant r_{(2)} \geqslant \cdots \geqslant r_{(N)}$ 的奖金分配 ($r_{(1)}, r_{(2)}, \cdots, r_{(N)}$),都有 $\sum_{j=1}^{N} I_{(j)}^{N} r_{(j)} \geqslant 0$。

证明 把式(8-10)展开,得

$$\Pi_2 = K\theta \left(\frac{\theta \rho \Delta A \sum_{j=1}^{N} \varepsilon_{(j)}^{N}}{cb}\right)^{\frac{1}{b-1}} \Delta T + E\left[\sum_{j=1}^{N} \varepsilon_{(j)}^{N}\right] - \Delta A$$

由于不等式 $\sum_{j=1}^{N} I_{(j)}^{N} \lambda_{(j)} \geqslant 0$ 等号成立的概率极低,可以认为该不等式左边始终大于零。解不等式 $\Pi_2 \geqslant 0$ 得

$$\theta^b \rho \geqslant \frac{cb\left(\dfrac{\Delta A - E\left[\sum_{j=1}^{N} \varepsilon_{(j)}^{N}\right]}{\Delta T}\right)^{b-1}}{K^{b-1} \Delta A \sum_{j=1}^{N} I_{(j)}^{N} \lambda_{(j)}}$$

令不等式右边等于 ω,得到不等式 $\theta^b \rho \geqslant \omega$。证毕。

命题 8-2 存在阈值 ω，当不等式 $\theta^b \rho \geq \omega$ 成立时，实行加价延期能使组织者利润增加。

命题 8-2 表明，由努力系数 θ 和加价延期敏感度 ρ 构成的表达式 $\theta^b \rho$ 的值不低于某个阈值时，组织者在加价延期期间能够获得利润（此时他才会实行加价延期）。显然，努力系数 θ 越大，加价延期敏感度 ρ 越高，这一条件越容易成立。从直觉上分析，解释如下。由式（8-10）易知组织者在第二阶段的利润 Π_2 关于努力系数 θ 和加价延期敏感度 ρ 单调递增，自然地，θ 和 ρ 的值越大，Π_2 为非负值的可能性越大。图 8-3 展示了当 ω 所包含的所有变量都固定时（$c=1$，$b=1.6$，$K=3$，$N=10$，$\Delta A=10$，$\Delta T=14$，$\varepsilon \sim U[-1,1]$，$(r_{(1)}, r_{(2)}, \cdots, r_{(N)}) = (1, 0, \cdots, 0)$），$\theta^b \rho$ 随着 θ 和 ρ 变化的情况。

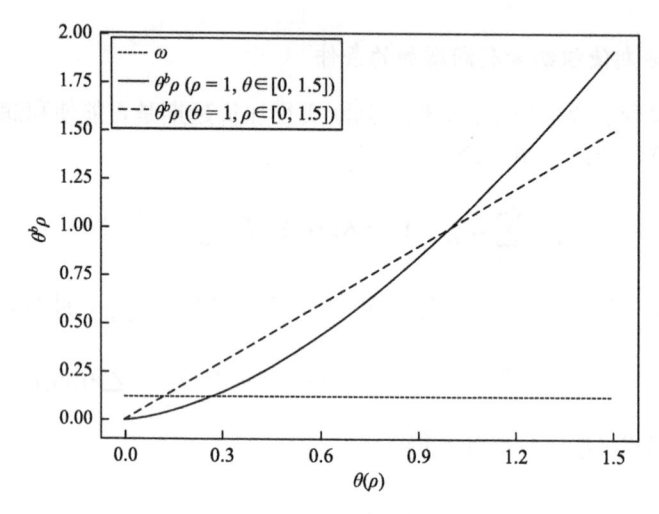

图 8-3　$\theta^b \rho$ 关于 θ 和 ρ 的变化情况

前文提到，努力系数 θ 反映了任务的复杂度，任务复杂度越高，努力系数越小。与现实相联系，任务复杂度对于组织者第二阶段利润的影响应该是这样的：第一阶段竞赛结束时，组织者对收到的方案并不满意，若任务复杂度较低，则意味着参赛者本身有足够的能力解决问题，只是由于外在因素（奖金不够多或时间不够长）而不能把方案"充分"完善，因此只要组织者在第二阶段给予适当激励，参赛者绩效仍有很大的提升空间，这时加价延期能使组织者利润增加；反之，若任务复杂度较高，则意味着参赛者本身不具备"充分"解决问题的能力，因此即使组织者实行加价延期策略，很可能也收不到满意的方案，这时加价延期会给组织者造成损失。值得一提的是，任延静和林丽慧（2019）的实证研究得出了任务难度低能使组织者在加价延期期间获得较多方案（很可能使组织者利润增加）的结论，本节的命题 8-2 印证了这一点。另外，加价延期敏感度对于组织者第二阶段利润的影响应该是这样的：当加价延期敏感度较低时，加价延期所产生的激励效果量小力微，参赛者多付出的这部分努力，它所产生的货币价值并不会超过组织者多付出的奖金，在成本高昂时，参赛者甚至会退出竞赛；反之，当加价延期敏感度较高时，参赛者受到充分激励，他们多付出的这部分努力所产生的货币价值，将会超过组织者多付出的奖金。

从参赛者的角度出发，命题 8-2 可带来以下启示：参赛者如果发现任务难度较大，则应该意识到该竞赛实行加价延期的概率极小，在做出努力决策时，不考虑加价的奖金，这样做同样可以避免落入组织者设下的"高期待陷阱"的情况。

5. 最优奖金值

竞赛开始之前，组织者需要决策前后两阶段的奖金值。由于第一阶段参赛者期望奖金与第二阶段奖金有关，因此先求解 ΔA，再求解 A。

在前后两阶段，组织者面临着相似的利润最大化问题，以第二阶段为例（前后两阶段的随机冲量分布一致，符号上不做区分）：

$$\max_{\Delta A \in \mathbb{R}_+} \Pi_2 = Kg(e_2^*) + E\left[\sum_{j=1}^{N} \varepsilon_{(j)}^N\right] - \Delta A \quad (8\text{-}11)$$

$$\text{s.t.} \quad e_2^* = \arg\max_{e_{i2} \in \mathbb{R}_+} \sum_{j=1}^{N} p_{(j)}^N[e_{i2}, e_2^*]r_{(j)}\rho\Delta A - \phi(e_{i2}, \Delta T) \quad (8\text{-}12)$$

$$\frac{1}{N}\rho\Delta A - \phi(e_2^*, \Delta T) \geqslant 0 \quad (8\text{-}13)$$

该问题受约束于参赛者均衡努力即式（8-12）和参赛条件即式（8-13）。注意，式（8-12）将参赛者效用最大化问题整合进了组织者利润最大化问题，假设式（8-13）始终满足式（8-11）。最优奖金值 ΔA^*、A^* 的表达式由以下引理给出。

引理 8-2

$$\Delta A^* = \left(\left(\frac{b-1}{K\Delta T}\right)^{b-1} \frac{cb}{\rho\theta^b \sum_{j=1}^{N} I_{(j)}^N r_{(j)}}\right)^{\frac{1}{2-b}} \quad (8\text{-}14)$$

$$A^* = \left(\left(\frac{b-1}{K}\right)^{b-1} \frac{cb}{\theta^b \sum_{j=1}^{N} I_{(j)}^N r_{(j)}}\right)^{\frac{1}{2-b}} \left(\left(\frac{1}{T}\right)^{\frac{b-1}{2-b}} - \frac{\gamma}{(\rho\Delta T)^{\frac{b-1}{2-b}}}\right) \quad (8\text{-}15)$$

这一部分涉及绩效不确定性对最优奖金值的影响，为了衡量绩效不确定性的大小，我们使用了尺度转换的概念。对于两个分布函数 F、$\hat{F}$，如果存在参数 $\alpha > 0$，使得

对于所有 $s \in Z$，$\hat{F}(s) = F(s\alpha)$ 始终成立，则 F、$\hat{F}$ 之间存在尺度转换（Pennington and Hastie，1986）。显然，进行了尺度转换后的随机冲量为 $\hat{\varepsilon}_i = \alpha \varepsilon_i$，均值为 0，方差为 $\alpha^2 \mathrm{Var}(\varepsilon_i)$。前文提到，绩效不确定性反映了任务的新颖性，那么，用尺度参数 $\alpha > 1$ 转换 ε_i 时，ε_i 的分布变得更加分散，即绩效不确定性增加，任务新颖性增强。

引理 8-3 用尺度参数 α 转换 ε_i 得到 $\hat{\varepsilon}_i$，则 $\hat{\varepsilon}_i$ 所对应的 $\hat{I}_{(j)}^N$ 随着 α 的增大而减小。

观察 ΔA^*、A^* 的表达式，结合引理 8-3，得出以下结论。

命题 8-3 用尺度参数 $\alpha > 0$ 把随机冲量 ε_i 转换为 $\hat{\varepsilon}_i$，则 ΔA^*、A^* 随着 θ 的增大而减小，随着 α 的增大而增大。

命题 8-3 表明，最优奖金值关于努力系数 θ 单调递减，关于用尺度参数 α 衡量的绩效不确定性单调递增，从直觉上分析，解释如下。以第一阶段为例，正如式（8-15）所展示的均衡状态，参赛者选择平衡边际收益 $\left(\sum_{j=1}^{N} \theta I_{(j)}^N r_{(j)} (A + \gamma \rho \Delta A) \right)$ 和边际成本 $(cb(e_1^*)^{b-1}(T + \gamma \Delta T)^{1-b})$ 的努力值，当努力系数 θ 减小，或用尺度参数 α 衡量的绩效不确定性增加时，参赛者努力的边际收益减小，这时参赛者将降低努力以重新达到均衡。相应地，组织者并不希望收到绩效普遍较低的解决方案，为了防止参赛者降低努力程度，组织者必须提高奖金值，以增加参赛者努力的边际收益，从而激励参赛者提高努力程度。因此，最优奖金值关于 θ 单调递减，关于 α 单调递增。

图 8-4 展示了当其他变量固定时（$c = 1$，$b = 1.6$，$\rho = 1.5$，$K = 3$，$N = 10$，$\gamma = 0.2$，$T = 21$，$\Delta T = 14$，$\varepsilon \sim U[-1,1]$，$(r_{(1)}, r_{(2)}, \cdots, r_{(N)}) = (1, 0, \cdots, 0)$），$A^*$、$\Delta A^*$ 随着 θ、α 变化的情况。容易看出，组织者应设置的最优奖金值会随着任务复杂度

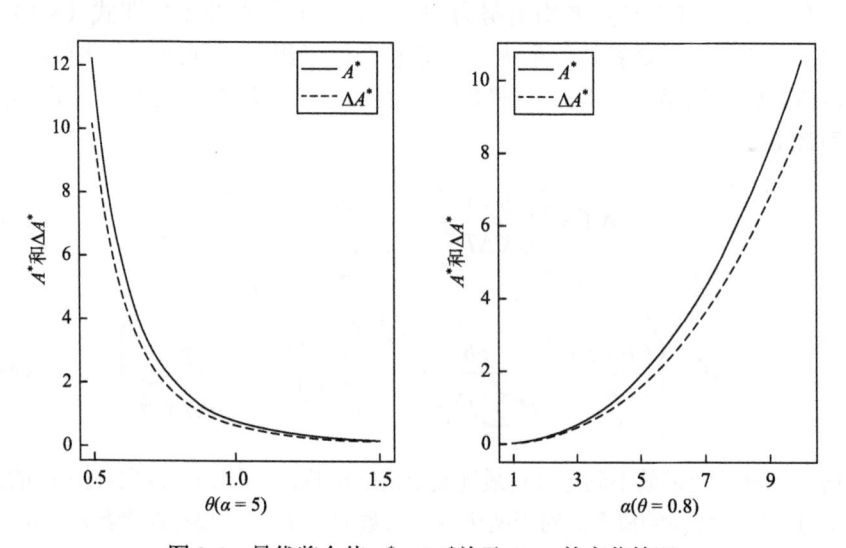

图 8-4 最优奖金值 A^*、ΔA^* 关于 θ、α 的变化情况

和新颖性的增加而提高,这与实际情况相一致。在现实众包竞赛中,面对复杂度高、新颖性强的竞赛任务,参赛者往往会产生退缩心理,担心自己付出了努力却不能获得对等的回报。这时,由于任务本身的性质不可改变,组织者必须为参赛者提供更高的激励,如提高奖金,以激励参赛者迎难而上,完成任务。自然地,任务复杂度越高(θ 越小)、新颖性越强(α 越大),最优奖金值越大。

从参赛者的角度出发,命题 8-3 带来以下启示:面对难度较大或新颖性较强的任务,参赛者应该意识到大部分参赛者选择了减少努力以避免回报不足的情况,此时增大努力投入反而会提高获奖概率。

6. 最优奖金分配

组织者的奖金策略包括奖金值和奖金分配两部分,现在讨论最优奖金分配。结合引理 8-1,得出以下结论。

命题 8-4 对于任意奖金值 A^*、ΔA^*,WTA 始终优于多奖金策略,即 $(r_{(1)}^*, r_{(2)}^*, \cdots, r_{(N)}^*) = (1, 0, \cdots, 0)$。更进一步地,奖金分配越趋于极端(WTA),组织者利润越大;奖金分配越趋于均匀 $(r_{(1)}, r_{(2)}, \cdots, r_{(N)}) = \left(\dfrac{1}{N}, \dfrac{1}{N}, \cdots, \dfrac{1}{N}\right)$,组织者利润越小。

证明 考察第二阶段,由式(8-7)得,组织者利润 $\Pi_2 = K\theta \left(\dfrac{\theta \rho \Delta A \sum_{j=1}^{N} I_{(j)}^N r_{(j)}}{cb}\right)^{\frac{1}{b}}$

$\cdot \Delta T + E\left[\sum_{j=1}^{N} \varepsilon_{(j)}^N\right] - \Delta A$。令 $u = \sum_{j=1}^{N} I_{(j)}^N r_{(j)}$,显然,$\Pi_2$ 关于 u 单调递增。由引理 8-1 易知 u 在 $(r_{(1)}, r_{(2)}, \cdots, r_{(N)}) = (1, 0, \cdots, 0)$ 时最大,因此 WTA 使组织者利润最大。更进一步地,由于 $r_{(j)} \geq r_{(j+1)}, j \in \{1, 2, \cdots, N-1\}$,因此奖金分配越趋于极端(WTA),$u$ 越大,奖金分配越趋于均匀,u 越小。第一阶段的情况可以此类推,因此 WTA 始终优于多奖金策略。证毕。

命题 8-4 表明,引入加价延期策略后,最优奖金分配仍是 WTA,即组织者应把所有奖金都颁发给绩效排第一位的参赛者。从直觉上分析,解释如下。以第一阶段为例,前文提到,参赛者努力对参赛者成为第 j 名的概率的边际影响 $\left(\dfrac{\partial P(j)[e_{i1}, e_1^*]}{\partial e_{i1}}\bigg|_{e_{i1}=e_1^*}\right)$ 等于 $\theta I_{(j)}^N$,由引理 8-1 中的 $I_{(j)}^N \geq I_{(j+1)}^N$,易知参赛者每多付出一单位努力,其成为第一名的概率加成就越大,并且这种边际提升随着名次的靠后而递减。显然,如果

组织者希望优化奖金分配机制以激励参赛者提高努力，他应该选择使参赛者努力的边际收益 $\sum_{j=1}^{N}\theta I_{(j)}^{N}r_{(j)}(A+\gamma\rho\Delta A)$ 最大的分配比例，根据前面的分析，组织者应该把所有奖金都颁发给第一名，即采用 WTA 分配策略。此外，如果组织者出于其他考虑，决定使用多奖金策略，他应该设置尽量"极端"的奖金分配，即减少获奖名额，同时增大排名靠前者的奖金。

以第二阶段为例，图 8-5 展示了当其他变量固定时（$c=1$，$b=1.6$，$\rho=1.5$，$K=3$，$N=10$，$\Delta A=10$，$\Delta T=14$，$\theta=1$，$\varepsilon \sim U[-5,5]$），奖金分配（$r_{(1)},r_{(2)},\cdots,r_{(N)}$）分别为 WTA、等差分配（$(0.150, 0.139, \cdots, 0.050)$，公差为 $\frac{1}{90}$）、均匀分配（$0.1, 0.1, \cdots, 0.1$）三种情况下的组织者利润。

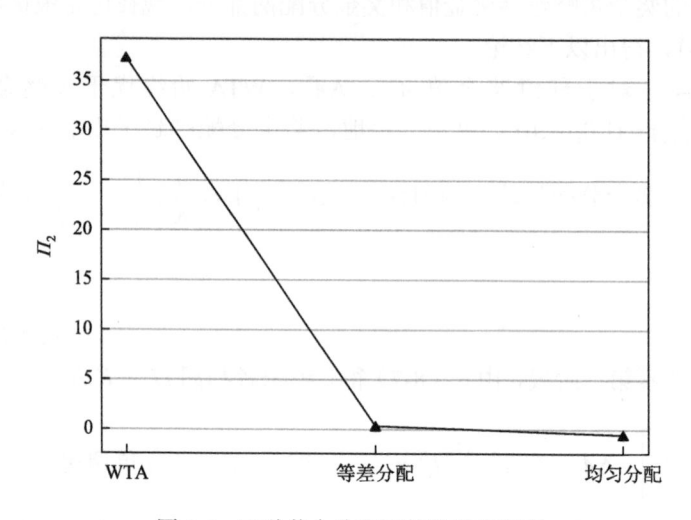

图 8-5　三种奖金分配下的组织者利润

容易看出，采用 WTA 奖金分配时的组织者利润远远高于采用等差分配和均匀分配（这两种都属于多奖金策略）时的利润。此外，等差分配带来的利润高于均匀分配，由命题 8-4 可知，这是因为等差分配给予了排名靠前的参赛者更高的奖金。

7. 最优加价方式

目前为止，本节研究了一步加价的情况。设想分步加价的可能性，即组织者把原本的一阶段加价延期变为多阶段。设分步加价延期策略为 $\Delta T = \sum_{m=1}^{M} T_m$，

$\Delta A = \sum_{m=1}^{M} A_m$，$M$ 表示阶段数量。以下结论给出了最优加价方式。

命题 8-5 给定奖金分配（$r_{(1)}, r_{(2)}, \cdots, r_{(N)}$），对于任意加价奖金 ΔA、延期时长 ΔT，一步加价始终优于分步加价。

证明 对于任意加价延期子阶段 (A_m, T_m)，$m \in \{1, 2, \cdots, M\}$，该阶段参赛者期望效用为 $U_{T_m} = \sum_{j=1}^{N} P_{(j)}^{N}[e_{iT_m}, e_{T_m}^*] r_{(j)} \rho A_m - \phi(e_{iT_m}, T_m)$，均衡努力为

$$e_{T_m}^* = \left(\frac{\theta \rho A_m \sum_{j=1}^{N} r_{(j)}}{cb} \right)^{\frac{1}{b-1}} T_m$$

组织者分步加价总利润为

$$\Pi_2' = K \sum_{m=1}^{M} g(e_{T_m}^*) + E\left[\sum_{j=1}^{N} \varepsilon_{(j)}^N \right] - \Delta A$$

令 $v = \Pi_2 - \Pi_2' = K\theta \sum_{m=1}^{M} \left(\left(\frac{\theta \rho \Delta A \sum_{j=1}^{N} I_{(j)}^N r_{(j)}}{cb} \right)^{\frac{1}{b-1}} - \left(\frac{\theta \rho A_m \sum_{j=1}^{N} r_{(j)}}{cb} \right)^{\frac{1}{b-1}} \right) T_m$，因为 $\Delta A > A_m$，易知 $v > 0$。证毕。

命题 8-5 表明，给定奖金分配的情况下（每个加价子阶段的奖金分配相同），无论加价奖金 ΔA 和延期时长 ΔT 取何值，组织者在加价延期期间采用一步加价所获得的利润总是高于采用分步加价所获得的利润。从直觉上分析，解释如下。采用一步加价的第二阶段均衡努力 e_2^* 为 $\left(\frac{\theta \rho \Delta A \sum_{j=1}^{N} I_{(j)}^N r_{(j)}}{cb} \right)^{\frac{1}{b-1}} \Delta T$，采用分步加价的任意加价子阶段均衡努力 $e_{T_m}^*$ 为 $\left(\frac{\theta \rho A_m \sum_{j=1}^{N} r_{(j)}}{cb} \right)^{\frac{1}{b-1}} T_m$，由于均衡努力等于单位努力与竞赛时长的乘积，又因为 $\Delta A > A_m$，易知 e_2^* 的单位努力 $\left(\frac{\theta \rho \Delta A \sum_{j=1}^{N} I_{(j)}^N r_{(j)}}{cb} \right)^{\frac{1}{b-1}} \Delta T$ 大于 $e_{T_m}^*$ 的单位努力 $\left(\frac{\theta \rho A_m \sum_{j=1}^{N} r_{(j)}}{cb} \right)^{\frac{1}{b-1}} T_m$，也就是说，在加价延期期间，采用一步加价时参赛者的单位努力始终高于采用分步加价时参赛者在任意子阶段的单位努

力，而加价延期的总时长始终是固定的，因此一步加价策略能够激励参赛者在加价延期期间付出最大努力，此时组织者利润最大。

图 8-6 展示了当其他变量固定时（奖金分配采用 WTA），一步加价、两步加价、三步加价这三种方式下的组织者加价延期总利润（为了简便起见，奖金和时长均匀分配给每个子阶段，事实上，无论如何分配，一步加价策略始终最优）。

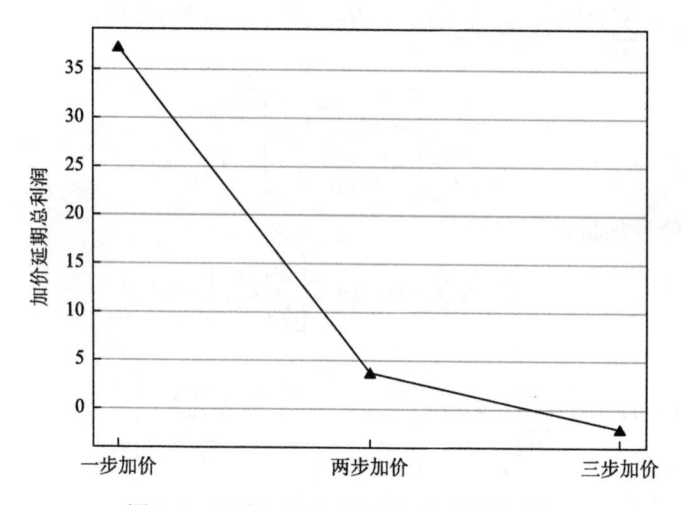

图 8-6　三种加价方式下的加价延期总利润

容易看出，采用一步加价时的组织者利润远远高于采用两步加价和三步加价（这两种都属于分步加价）时的利润。现实中的众包平台，如一品威客，使用了加价延期的众包竞赛几乎均采用一步加价方式，命题 8-5 在一定程度上提供了理论支持。

8.2　众包平台收费模式

对于众包竞赛来说，关于第三方平台对众包活动影响的探讨较少。实践中，对于一些没有能力开发众包平台的企业和个人，一些第三方众包平台如猪八戒网、一品威客网、任务中国和 k68 创意等无疑是发起众包活动较好的选择。

发包方首先需要制定一份详细的任务说明和任务期限；其次在网站上发布众包项目并设置奖励的额度和人数，接包方浏览到活动信息并参与；最后，活动结束后，发包方从参赛方案中选择质量最高的一个或者几个并给予奖励。其中平台以收取服务费的方式获得收益，收费模式通常分为固定额度收费模式和固定奖金比例收费模式两种。固定额度收费模式的服务费不随奖金额度变动，而固定奖金比例收费模式的服务费是奖金的固定比例。第三方平台下众包的运作流程如图 8-7 所示。

图 8-7　第三方平台下众包的运作流程

针对不同的平台收费模式，接、发包方通常会做出不同的决策，这将直接影响到三方的收益。下面通过建立数学模型分析不同平台收费模式下的各参与方收益和均衡决策。

考虑一个在众包平台上寻找解决方案的发包方，发包方在众包平台上发布众包任务并设置奖励金额 A，为了简化模型，只考虑单奖金赛制，相关研究表明单奖金竞赛总是优于多奖金竞赛（Terwiesch and Xu，2008）。先前的文献对创造力水平异质的接包方加入不同收费模式平台进行了分析研究，这里重点考虑了有 n 个专业知识水平差异的接包方参与众包任务，n 主要与平台的大小相关，也可由发包方在说明书里设定。与实际以及相关文献保持一致，本节只考虑 n 外生的情形。众包项目结束后，发包方选择最优的参赛方案并给予奖励，平台收取服务费的方式主要有两种：①无论发包方设立的奖金数额为多少，平台都收取发包方一个固定费用 I（固定额度收费模式）；②平台根据发包方设立的奖金数额按一个固定比例 r 收取提成，即此时平台的收费为 rA（固定奖金比例收费模式）。

8.2.1　固定额度收费模式

对于接包方 $i=1,2,\cdots,n$ 来说，其具有一定的专业知识 a_i，在参与众包竞赛时，接包方会决定自己付出的努力 e_i，创新绩效水平 v_i 也由此产生，$v_i = a_i + A(a_i e_i)$（Körpeoğlu and Cho，2018）。

假设接包方的努力对创新绩效水平提高的边际效用是逐渐递减的，因此 $A(\cdot)$ 为递增凹函数。先前 Cheng 等（2019）对创造力水平（η_i）不同的接包方进入收费模式不同的平台进行了研究。本节则主要针对专业知识水平 a_i 不同的接包方进入不同收费模式平台进行研究。所以这里 $\eta_i = 1(i=1,2,\cdots,n)$。与 Körpeoğlu 和 Cho（2018）的研究相同，$r(e_i) = \theta \ln e_i$（其中 θ 是项目的努力回报系数，同一个项目的努力回报系数相同，为外生给定），由此得出创新绩效水平表达式为

$$v_i = a_i + \theta \ln e_i \tag{8-16}$$

式中，专业知识水平 a_i 只有接包方自己知道，而不被其他接包方以及平台所知。但是一个公开的信息是 a_i 是一个服从连续分布函数为 F、概率密度函数为 f 的随机变量，取值范围是 $[\bar{a},\underline{a}] \in A$。

此外，与众多众包理论文献一致，这里不考虑发包方的选择偏差并假设发包方总能正确地判断出最优接包方的产出（Moldovanu and Sela，2001）。则在均衡状态下，对于接包方 i 来说，他获得奖金 A 的概率为

$$p_w = p\left\{v_i > \max_{j \neq i}(v_j)\right\} \tag{8-17}$$

定义 $a_{(j)}^n$、$F_{(j)}^n$、$f_{(j)}^n$ 分别代表 n 个人当中专业知识水平排名第 j 位的次序统计量的随机变量、分布函数和概率密度函数，由 Körpeoğlu 和 Cho（2018）的研究可知，$v^*(a_i)$ 关于 a_i 是递增的，则此时式（8-17）当中的接包方在均衡状态时的获胜概率可以重新写为

$$p_w = p\left\{v_i > \max_{j \neq i}(v_j)\right\} = p\left\{v^*(a_i) > \max_{j \neq i}[v^*(a_i)]\right\} = F_{(j)}^{n-1}(v^{*-1}(v_i)) \tag{8-18}$$

则接包方的期望收益为

$$\pi(v_i) = p_w R - cA^{-1}(v_i - a_i) = F_{(j)}^{n-1}(v^{*-1}(v_i))R - cA^{-1}(v_i - a_i) \tag{8-19}$$

命题 8-6 在单奖金竞赛中，对于任意给定的奖金 R，均衡状态下专业知识水平为 a_i 的接包方的最优努力为

$$e^*(a_i) = \frac{A}{c} \int_{\underline{\beta}}^{a_i} e^{\frac{\beta - a_i}{\theta}} f_{(j)}^n(a) \mathrm{d}a \tag{8-20}$$

最佳创新绩效水平为

$$v^*(a_i) = \theta \left[\ln\left(\frac{A}{c}\right) + \ln\left(\int_{\underline{\beta}}^{a_i} e^{\frac{\beta - a_i}{\theta}} f_{(j)}^n(a) \mathrm{d}a \right) \right] \tag{8-21}$$

在博弈均衡下，接包方的期望收益为

$$\pi^*(v_i) = R\left[F_{(j)}^{n-1}(a_i) - \int_{\underline{\beta}}^{a_i} e^{\frac{\beta - a_i}{\theta}} f_{(j)}^n(a) \mathrm{d}a \right] \tag{8-22}$$

证明 对式（8-19）关于 v_i 求一阶导并令其等于 0，可以得到

$$A f_{(j)}^{n-1}(v^{*-1}(v_i)) \frac{\mathrm{d}v^{*-1}(v_i)}{\mathrm{d}v_i} - \frac{c \mathrm{d}r^{-1}(v_i - a_i)}{\mathrm{d}r(e_i)} \tag{8-23}$$

又因为均衡状态下的努力为 $e^*(a_i) = r^{-1}(v_i(a_i) - a_i)$，则 $r'(r^{-1}(v^*(a_i) - a_i)) = \frac{\theta}{e^*(a_i)}$，

根据式（8-16）得到 $v^*(a_i) = 1 + r'(e^*(a_i))e^{*'}(a_i) = 1 + \theta e^{*'}(a_i)e^* / e^*(a_i)$，将该式和式（8-23）联立可知，由于因为专业知识水平为 $\underline{a}$ 的接包方没有机会赢得众包竞赛，所以该微分方程的边界条件为 $e^*(\underline{a}) = 0$，求解微分方程并结合边界条件计算

得到均衡状态下接包方 i 的努力，进一步得到均衡状态下接包方的绩效表达式为

$$v^*(a_i) = \theta\left[\ln\left(\frac{A}{c}\right) + \ln\left(\int_{\underline{a}}^{a_i} e^{\frac{a}{\theta}} f_{(j)}^{n-1}(a)da\right)\right]$$

式中，$(v^{*'}(a_i)) = A(\theta/(ce^*(a_i)))\int_{\underline{a}}^{a_i} e^{\frac{a}{\theta}} f_{(j)}^{n-1}(a)da > 0$ 关于 a_i 是递增的。证毕。

在接包方决定其最佳努力水平和最佳创新绩效水平后，再来考虑发包方的收益以及设立的最佳奖金额度。采用 Wen 和 Lin（2016）的文献中关于发包方的收益函数形式，发包方的期望收益为

$$U = w\tilde{v} - A - I \tag{8-24}$$

式中，w 为发包方对接包方创新绩效水平的偏好，发包方明确自己的偏好水平而平台只知道发包方偏好的分布函数和概率密度函数分别为 $G(w)$、$g(w)$，$w \in [\underline{w}, \overline{w}]$，由于接包方 i 的创新绩效函数是对称的，因此均衡状态下最优接包方 i 的期望创新绩效水平为

$$\tilde{v} = E[\max(v^*(a_i))] = \int_{\underline{a}}^{\overline{a}} \theta\left[\ln\left(\frac{A}{c}\right) + \ln\left(\int_{\underline{a}}^{a_i} e^{\frac{a}{\theta}} f_{(j)}^{n-1}(a)\right)\right]da_i \tag{8-25}$$

命题 8-7 当发包方组织单奖金竞赛，且平台采用固定额度收费模式时，发包方设立的最佳奖金额度为

$$A_I^* = w\theta \tag{8-26}$$

在最佳奖金的基础上，均衡状态下接包方的最佳努力水平为

$$e^*(a_i) = \frac{w\theta}{c}\int_{\underline{a}}^{a_i} e^{\frac{a-a_i}{\theta}} f_{(j)}^{n-1}(a)da \tag{8-27}$$

在最佳奖金的基础上，均衡状态下接包方的最佳创新绩效水平为

$$v^*(a_i) = \theta\left[\ln\left(\frac{h\theta}{c}\right) + \ln\left(\int_{\underline{a}}^{a_i} e^{\frac{a}{\theta}} f_{(j)}^{n-1}(a)da\right)\right] \tag{8-28}$$

在最佳奖金的基础上，均衡状态下接包方的期望收益水平为

$$\pi^*(v_i) = w\theta\left[F_{(j)}^{n-1}(a_i) - \int_{\underline{a}}^{a_i} e^{\frac{a-a_i}{\theta}} f_{(j)}^n(a)da\right] \tag{8-29}$$

发包方此时的期望收益为

$$U(I) = w\int_{\underline{a}}^{\overline{a}} \theta\left[\ln\left(\frac{h\theta}{c}\right) + \ln\left(\int_{\underline{a}}^{a_i} e^{\frac{a}{\theta}} f_{(j)}^{n-1}(a)da\right)f_{(1)}^n(a_i)da_i\right] - w\theta - 1 \tag{8-30}$$

证明 $U = w\tilde{v} - A - I = h\int_{\underline{a}}^{\overline{a}} \theta\left[\ln\left(\frac{h\theta}{c}\right) + \ln\left(\int_{\underline{a}}^{a_i} e^{\frac{a}{\theta}} f_{(j)}^{n-1}(a)da\right)f_{(1)}^n(a_i)da_i\right] - R - 1$，

对 U 关于 A 求一阶导并令其为 0，可以得到 $\dfrac{\partial U}{\partial R} = \dfrac{w\theta}{R}\int_{\underline{a}}^{\bar{a}} f_{(1)}^n(a_i)\mathrm{d}a_i - 1 = 0$，对概率密度函数在其定义域内进行积分得到 $\int_{\underline{a}}^{\bar{a}} f_{(1)}^n(a_i)\mathrm{d}a_i = 1$，很容易得到 $R^* = w\theta$，此时把 R^* 表达式分别代入式（8-23）~式（8-26）即得到命题 8-7 中各个变量在均衡状态下的相关表达式。证毕。

8.2.2 固定奖金比例收费模式

本节将探讨固定奖金比例收费模式对最优均衡决策的影响。该模式下，发包方给定奖金 A，平台会抽取固定比例分成 rA 作为服务费，且 $0 < r < 1$。这时，发包方总共需要支付的费用为 $(1+r)A$（如一品威客网的收费比为 $r = 0.2$）。

给定奖金 A，由于不同的收费模式对竞赛机制并没有影响，因此在单奖金竞赛的均衡状态下，接包方的努力、创新绩效、期望收益表达式并不会发生改变，仍为式（8-27）、式（8-28）、式（8-29），然而最优奖金额度可能会发生变化，下面将具体讨论。

发包方的期望收益表达式会随着平台收费机制的变化而重新写成

$$U = w\tilde{v} - A - rA \tag{8-31}$$

命题 8-8 在单奖金竞赛中，当发包方选择参加按奖金分成收费的平台时，这时发包方在均衡状态下的最优奖金设置为

$$A_\varphi^* = \dfrac{h\theta}{1+r} \tag{8-32}$$

接包方在均衡状态时的最佳努力付出为

$$e^*(a_i) = \dfrac{w\theta}{c(1+r)} \int_{\underline{a}}^{a_i} \mathrm{e}^{\frac{a-a_i}{\theta}} f_{(j)}^{n-1}(a)\mathrm{d}a \tag{8-33}$$

接包方在均衡状态时的最佳绩效水平为

$$v^*(a_i) = \theta \left[\ln\left(\dfrac{h\theta}{c(1+r)}\right) + \ln\left(\int_{\underline{a}}^{a_i} \mathrm{e}^{\frac{a}{\theta}} f_{(j)}^{n-1}(a)\mathrm{d}a\right) \right] \tag{8-34}$$

接包方在均衡状态时的期望收益为

$$\pi^*(v_i) = \dfrac{w\theta}{1+r}\left[F_{(j)}^{n-1}(a_i) - \int_{\underline{a}}^{a_i} \mathrm{e}^{\frac{a-a_i}{\theta}} f_{(j)}^n(a)\mathrm{d}a \right] \tag{8-35}$$

发包方此时的期望收益为

$$U(r) = w\int_{\underline{a}}^{\bar{a}} \theta\left[\ln\left(\dfrac{w\theta}{c(1+r)}\right) + \ln\left(\int_{\underline{a}}^{a_i} \mathrm{e}^{\frac{a}{\theta}} f_{(j)}^{n-1}(a)\mathrm{d}a\right)f_{(1)}^n(a_i)\mathrm{d}a_i \right] - w\theta - 1 \tag{8-36}$$

推论 8-1 通过比较命题 8-7 和命题 8-8 当中的相关结论可以发现：① $A_I^* > A_\varphi^*$；② $e_I^*(a_i) > e_\varphi^*(a_i)$，$v_I^*(a_i) > v_\varphi^*(a_i)$，$\pi_I^*(a_i) > \pi_\varphi^*(a_i)$；③单奖金竞赛时，当 $r \geqslant e^{\frac{1}{w\theta}} - 1$ 时，发包方会优先选择固定收费的平台；当 $\varphi < e^{\frac{1}{w\theta}} - 1$ 时，发包方会优先选择按奖金比例收费的平台。

证明 通过分别比较式（8-26）和式（8-32）；式（8-27）和式（8-33）；式（8-28）和式（8-34）；式（8-29）和式（8-35），因为都是大于 0 的，作商可以发现它们的比值均为 $1+\varphi$，又因为 $\varphi > 0$，则推论 8-1 当中的①和②得证。对于式（8-30）和式（8-36），这里采用作差法比较，发现：

$$式（8-30）- 式（8-36）= w\theta\ln(1+\varphi) - I \tag{8-37}$$

则当式（8-37）>0 时，解得 $\varphi \geqslant e^{\frac{I}{w\theta}} - 1$；当式（8-37）$<0$ 时，解得 $\varphi < e^{\frac{I}{w\theta}} - 1$。证毕。

从推论 8-1 可以看出：在单奖金竞赛中，对于同一个发包方的同一项目来说，当发包方选择固定收费的平台时，接包方总是可以得到一个更优的期望收益，这似乎也间接暗示了当具有不同专业知识水平的接包方浏览不同的众包平台时，如果遇到类型相似但收费模式不同的众包项目，可以优先选择加入固定收费模式的平台以追求更高的期望收益，这就要求接包方要对平台的收费机制等有一定的了解。通过②，可以发现平台按固定模式收费时，均衡状态下，接包方付出的努力要大于平台按奖金比例收费时的努力，因为平台从奖金中抽成会促使发包方设置更少的奖金，从而影响接包方的收益，因此接包方会付出更少的努力。③中的作差分析可以看出，对于发包方来说，首先要优化自己的最大利益，所以对于同一个项目，当面临两种机制不同的平台时，发包方从自己的最大化利益出发，比较均衡状态下两种不同机制下的期望收益来决定最终去哪种平台。此时也可以换个角度考虑项目努力回报系数 θ 对发包方选择平台的影响，发现 $\theta \geqslant \dfrac{I}{w\ln(1+\varphi)}$ 时，优先选择固定收费的平台，因为项目努力回报系数超过一定程度时，发包方会倾向于设置更大的奖金以吸引接包方做出努力，这时按照比例模式收费时（即使一个很小的比例），也会被收取很大一笔佣金，此时固定额度收费模式较优；反之当项目努力回报系数较小时，这种现象则不会出现，此时发包方会更倾向于固定奖金比例收费模式。值得一提的是，当 $U(I) = U(\varphi)$ 时，还是有 $\pi_I^*(a_i) > \pi_\varphi^*(a_i)$，这说明发包方虽没有期望收益的差异，但是接包方在平台按固定额度收费模式收费时会有一个更优的期望收益，这时从提高社会福利的角度来说，发包方应优先选择按固定额度收费模式的平台。因为接包方会对发包方有一个相对较好的印象，从而以后更愿意参与此种情况下的发包方提出的项目，可以提高接包方的黏性。

8.2.3 最优收费模式 $\Gamma(A)$

前面重点讨论的是接包方、发包方参与确定收费模式的平台时,双方的均衡策略,但是实际生活中,平台的最优收费模式并不是一成不变的(Wen and Lin, 2016)。这里试图给出最优收费模式的通用表达式 $\Gamma(\cdot)$,即发包方若设置奖金额度为 A,需要支付平台的服务费为 $\Gamma(A)$。

下面将探讨专业水平异质的接包方进入收费函数为 $\Gamma(A)$ 的平台,并探究此时平台和发包方之间的序贯博弈策略,以及给出 $\Gamma(\cdot)$。

$\tilde{v}(a_i)$ 可以看成关于 A 的一个函数,即

$$\tilde{v}(A) = \int_{\underline{a}}^{\bar{a}} \theta \left[\ln\left(\frac{A}{c}\right) + \ln\left(\int_{\underline{a}}^{a_i} e^{\frac{a}{\theta}} f_{(J)}^{n-1}(a) \mathrm{d}a\right) \right] f_{(1)}^{n}(a_i) \mathrm{d}a_i \tag{8-38}$$

对式(8-35)关于 A 求一阶导可得 $\tilde{v}'(A) = \dfrac{\theta}{A} > 0$;求二阶导可得 $\dfrac{-\theta}{A^2} < 0$,容易看出 $\tilde{v}(A)$ 是关于 A 的单调递增凹函数。

给定收费函数 $\Gamma(A)$,偏好为 w 的发包方会自己设置一个最佳奖励 $A(w)$ 来最大化下方的期望收益:

$$U(A) = w\tilde{v}(A) - A - \Gamma(A) \tag{8-39}$$

对式(8-39)关于 A 求一阶导并令其为 0 可得

$$w\tilde{v}'(A) - 1 - \Gamma'(A) = \frac{w\theta}{A} - 1 - \Gamma'(A) = 0 \tag{8-40}$$

平台会根据 $(A(w), \Gamma(A(w)))$ 的合同来最大化自己的期望收益:

$$E[\Gamma(\max(A(w)))] = \max_{\Gamma(A(h))} \int_{\underline{h}}^{\bar{h}} \Gamma(A(w)) g(w) \mathrm{d}w \tag{8-41}$$

记 $T(w) = U(A(w); w)$ 表示发包方的效用,则式(8-41)应该受约束于发包方参与众包的激励相容条件和个人理性条件。

(1)对于任意的偏好 w,当 $x \neq w$ 时,$T(w) \geqslant w\tilde{v}^*(A(x)) - A(x) - \Gamma(A(x))$。也就是说,当偏好类型为 w 的发包方设置奖金 $A(w)$ 时才能保证其获得最优效益。

(2)对于任意偏好类型 w 的发包方,都必须满足其在平台上发布项目进行众包活动时的期望收益大于等于 0,即对所有类型 w,有 $w\tilde{v}(A) - A - \Gamma(A) \geqslant 0$。

在满足上述两个约束条件时,可以解得平台的最优收费模式。

命题 8-9 在单奖金竞赛且众包平台的收费模式为 $\Gamma(A)$ 时,发包方设立的最佳奖金为

$$A(w) = \tilde{v}'^{-1}\left(\frac{1}{w - \frac{1}{H(w)}}\right) = \frac{w - w - 1}{1 - w} \tag{8-42}$$

由式（8-36）得接包方的最佳绩效为

$$\tilde{v}(A(w)) = \int_{\underline{a}}^{\bar{a}} \theta\left[\ln\left(\frac{A(w)}{c}\right) + \ln\left(\int_{\underline{a}}^{a_i} e^{\frac{a}{\theta}} f_{(j)}^{n-1}(a) \mathrm{d}a\right) f_{(1)}^n(a_i) \mathrm{d}a_i\right] \tag{8-43}$$

平台的最佳收费函数为

$$\varGamma(w) = w\tilde{v}(A(w)) - A(w) - \int_{w^*}^{w} v(A(t))\mathrm{d}t \tag{8-44}$$

$$\frac{\mathrm{d}\tilde{v}(A(w))}{\mathrm{d}R} = \frac{1}{w - \frac{1}{H(w)}} = \frac{\theta}{A} > 0 \tag{8-45}$$

推论 8-2 存在 $\tilde{A}$，当 $A > \tilde{A}$ 时，平台的最佳收费函数 $\varGamma(A)$ 是一个关于 A 的单调递增凹函数，此时的平台收费率随着奖金 A 的增加而减少。

证明 平台的收费率为 $\dfrac{\varGamma(A)}{A}$。由命题 8-9 的式（8-42）可以得到

$$\varGamma'(A) = \frac{1}{wH(w) - 1} \geqslant 0$$

对 $\varGamma'(A)$ 关于 w 求导可以得到 $\dfrac{\mathrm{d}^2\varGamma(A)}{\mathrm{d}A^2}\dfrac{\mathrm{d}A}{\mathrm{d}h} \leqslant 0$，又因为 $\dfrac{\mathrm{d}^2\varGamma(A)}{\mathrm{d}A^2} \leqslant 0$ 且 $A'(h) > 0$，则 $\varGamma(A)$ 是一个关于 $A\dfrac{\mathrm{d}\frac{\varGamma(A)}{A}}{\mathrm{d}A} = \left(\dfrac{\mathrm{d}\varGamma(A)}{\mathrm{d}A} - \dfrac{\varGamma(A)}{A}\right)\dfrac{1}{A} \leqslant 0$ 的单调递增凹函数。对平台的收费率 $\dfrac{\varGamma(A)}{A}$ 关于 A 求导，可得

$$\frac{\mathrm{d}\frac{\varGamma(A)}{A}}{\mathrm{d}A} = \left(\frac{\mathrm{d}\varGamma(A)}{\mathrm{d}A} - \frac{\varGamma(A)}{A}\right)\frac{1}{A} \tag{8-46}$$

由于 $\varGamma(A)$ 是一个递增凹函数，则存在唯一的 A^0 满足 $\varGamma'(A^0) = \dfrac{\varGamma(A^0)}{A^0}$。当 $A \geqslant A^0$ 时，可以得到

$$\frac{\mathrm{d}\frac{\varGamma(A)}{A}}{\mathrm{d}}A = \left(\frac{\mathrm{d}\varGamma(A)}{\mathrm{d}A} - \frac{\varGamma(A)}{A}\right)\frac{1}{A} \leqslant 0 \tag{8-47}$$

令边界偏好 h^* 对应的发包方设置的奖金为 A^0，令 $\tilde{A} = \max\{A^0, A\}$，可得

$$\frac{\mathrm{d}\frac{\varGamma(A)}{A}}{\mathrm{d}A} = \left(\frac{\mathrm{d}\varGamma(A)}{\mathrm{d}A} - \frac{\varGamma(A)}{A}\right)\frac{1}{A} \leqslant 0, \quad A \geqslant \tilde{A} \tag{8-48}$$

8.3 众包竞赛中的提交策略

众包竞赛作为开放式创新的一种重要形式，为企业充分利用外部资源实施创新提供了新的途径。本节将是否中标作为衡量接包方创新绩效的指标，首次从交稿提前度和交稿顺序两个维度定义了接包方的提交策略，并通过一品威客网采集了47 834位接包方的参赛数据，实证研究了提交策略对接包方创新绩效的影响。

对于接包方来说，如果他们的解决方案被发包方采纳，他们就会获得预设奖金，如果没有被采纳，他们将白白付出时间和人力资本。从这个角度来说，是否中标是接包方最关心的问题。

这也就意味着需要提高他们的创新绩效（刘爱伦和周丽华，2002）。因此接包方需要权衡奖金、获奖概率和成本来决策努力的程度，以提高自己的创新绩效。在众包竞赛中，接包方是连续而非同时地参与其中（Chen et al.，2014），这种动态的参赛过程意味着接包方交稿的时间和顺序对发包方审稿和其他接包方交稿可能会产生影响，这种影响也许直接关乎中标概率。那么了解什么样子的提交策略是有利的，又有哪些因素会影响提交策略的作用，对接包方而言就显得尤为重要。因此本节的第一个研究问题是：提交策略如何影响接包方的创新绩效。为了研究这一问题，本节从两个角度检验了接包方的提交策略：①交稿提前度，用提前交稿的时间与竞赛周期的比值来测量，反映了接包方与发包方之间的博弈。提前度越大，说明发包方审稿时间越早，接包方给发包方留下的时间空白（即发包方审稿到截稿并做出最终决定的时间间隔）越大；②交稿顺序，即众包竞赛中接包方之间交稿的先后顺序，反映了接包方与接包方之间的博弈。交稿顺序越靠后，说明接包方在提交方案之前能看到的提交方案越多。之前的众包竞赛文献在研究接包方提交行为时，没有考虑过交稿提前度，本节从这两个维度来刻画提交策略，既考虑了接包方在提交方案时与发包方之间的博弈，又考虑了与其他接包方之间的博弈，不仅补充了众包竞赛中提交策略的定义，还更细致地分析了接包方提交行为的影响。

第二个研究问题是：哪些变量对提交策略的影响具有调节效用，调节变量的加入有助于对潜在机制的探索。在接包方是否中标作为因变量，提交策略作为自变量，任务奖金、任务描述长度、是否缴纳保证金、私有信息披露程度作为控制变量的模型设定中，本节主要探究了任务周期、中标个数、方案个数三个因素的调节作用。任务周期越长，意味着解决该问题需要耗费的时间精力越多，任务越棘手（Ulrich，2003）；中标个数越多，意味着接包方之前的成功经验越多，其自身的实力越强（Pennington and Hastie，1986）；方案个数越多，意味着参与的接包方越多，竞赛的竞争力度越大（Bockstedt et al.，2016）。

为了解决上述研究问题，本节使用一品威客网的实际数据，采用 Logistic 方法进行实证分析，并引入了顺序效应（Howe，2006）的概念。顺序效应源于心理学，本意是事物的出现顺序会产生不同的影响，首因效应和近因效应都属于顺序效应。而众包竞赛中，接包方较早提交方案或较晚提交方案会产生不同的影响，较早提交方案首因效应的优势明显，较晚提交方案近因效应的优势明显。

本节在研究提交策略对接包方创新绩效的影响时，运用了首因效应和近因效应的机制，从接包方与发包方、接包方与其他接包方之间的博弈着手，发现交稿提前度越大，给发包方留下的时间空白就越大，对接包方越不利；而交稿顺序越靠后，接包方承担的不确定性风险就越大，对接包方也不利。而研究相关变量对提交策略的调节作用时，在考虑双重博弈的基础上，进一步分析了任务周期（解决问题的时长限制）、中标个数（自身的能力）和方案个数（竞争的激烈程度）对上述不利影响的调节作用，发现任务周期和方案个数影响一致，而中标个数只对交稿顺序具有显著的调节作用。

综上所述，本节研究提交策略对接包方创新绩效的影响，以及任务周期、中标个数和方案个数对提交策略影响的调节作用，较全面地分析接包方的提交行为。与以往研究不同：①本节将接包方提交策略定义为交稿提前度和交稿顺序两个概念，综合检验它们对创新绩效的影响；②考虑了任务周期、中标个数、方案个数对提交策略的调节作用；③在众包竞赛中引入了首因效应和近因效应的概念，从心理学的角度对提交策略的影响做了相关解释。

8.3.1 研究假设

1）交稿提前度与交稿顺序对解答者中标的影响

交稿提前度是提前交稿的时间与竞赛周期的比值。这个比值越大，说明交稿提前度越大，那么留给发包方的时间空白就越大。刘爱伦和周丽华（2002）研究发现，不同的时间间隔会使首因效应和近因效应互相转换，即间隔较小，首因效应的优势显著，而随着间隔的增加，首因效应的优势就会被削弱而近因效应的优势逐渐增强（Shao et al.，2012）。也有学者研究发现选手的比赛时间与他们的成绩呈正相关趋势，比赛时间越长意味着交稿时间越晚，对接包方越有利（詹启生和俞智慧，2000）。也就是说，交稿提前度越大，时间空白就越大，那么完成任务的时间越短，这不利于接包方中标；同时这个时间空白还会削弱首因效应的优势，减弱前摄抑制，另外，还会增强近因效应对较晚提交方案的正向影响，让发包方对交稿提前度很大的方案印象模糊而对较晚提交的方案印象深刻，进而降低较早交稿的接包方中标的概率。因此交稿提前度越小越好。

交稿顺序靠后，意味着发包方看到方案的顺序靠后。Snir 和 Hitt（2003）强调在新产品开发过程中应尽早让用户参与其中，以减少不确定性，Pennington 和

Hastie（1986）研究发现，法官在审案时获得的第一条信息往往对最终判决的影响最大，说明决策者对较早出现的信息更看重（Sonsino et al.，2002），这意味着事件的发生顺序确实是有影响的。而 Bockstedt 等（2016）认为接包方提交方案的顺序越靠前越有利，因为顺序靠前时发包方看到并评价的方案较少，此时发包方有效评价方案的能力更突出，且接包方更有机会塑造发包方对自己方案的偏好（Zhang and Markman，1998）。由此可以推测接包方提交方案的顺序越靠前，方案被重视的概率就越高，而且塑造发包方对现下方案的偏好可能会对后面提交的方案产生不利影响。上述不确定性、发包方有效评价方案的能力以及对发包方偏好的塑造，共同放大了首因效应对交稿顺序靠前的接包方的优势，削弱了近因效应对交稿顺序靠后的接包方的正向影响，进而增大交稿顺序靠前的接包方中标的概率。因此接包方交稿顺序越靠前越好。据此，提出如下假设。

H5：交稿提前度和交稿顺序对接包方中标有负向影响。

2）任务周期的调节作用

任务周期是发包方给接包方提供的完成任务的时长限制，Shao 等（2012）表明任务周期是影响任务绩效的重要因素（Feldman and Chuang，2005），而任务周期越长，接包方提前交稿留给发包方的时间空白就会相应越大。而詹启生和俞智慧（2000）研究发现，人们对事物留下的第一印象是不稳定的，并且这种第一印象会随着后继事物的出现而被改变或替代（Mihm and Schlapp，2019）。较长的任务周期，使这种后继事物出现的可能性变大，从而放大了这种不稳定性。也就是说，接包方提前交稿，任务周期越长就越有可能出现一些不稳定因素（如该方案之后出现了更有吸引力的方案，发包方就会记住这个更有吸引力的方案并把它作为比较对象去审阅其他方案，那么就会对该方案不利）。提前度越大，接包方承担这种不稳定性的风险就越大，这种风险会直接削弱首因效应的优势，使发包方对交稿提前度较大的方案印象越来越模糊。而当任务周期较短时，不同接包方虽然交稿提前度不同，但由于总的审稿时间不长，留给发包方的时间空白就不会那么突出，那么上述不稳定性对抑制作用的加深就不会那么明显。所以任务周期加深了交稿提前度对中标的抑制。

Snir 和 Hitt（2003）有关时间效应的逆向拍卖研究发现，持续时间较长的拍卖会吸引更多的任务接包方（Khasraghi and Aghaie，2014）。努力是需要成本的，接包方参加竞赛，只有赢得奖金才能弥补努力的成本，但每一个任务都需要一定的专业知识，而参与竞赛的接包方很难有效掌握相匹配的专业技能和知识（Bayus，2013）。任务周期越长，一般表明任务难度越大，需要的技能和知识相对更专业，而且被吸引参赛的接包方也会更多。这种情况下，如果交稿顺序排在很前面，就会给还未提交方案的接包方提供一个参考案例，那么他们就有充足的时间去研究已提交的解决方案，有针对性地去掌握相关专业知识技能，那么承担的风险就更大。这种风险在市场进入理论中有提及，晚期进入市场的人可以参考早期进入市场的情况，做一些有利的改善（Mihm and Schlapp，2019）。也就是说，交稿顺序靠前意味着接包方可能承担"被搭便车"（Mihm and Schlapp，2019）、知识产权泄露等不利因素的风险，这种风险会随着更多的接包方进入竞赛被放大，进而削弱首因效应对交稿提前度较大的接包方的正向影响，而放大近因效应对交稿提前度较小的接包方的优势。因此任务周期可以缓和提交顺序对中标的抑制作用。据此，提出如下假设。

H6：任务周期对交稿提前度与接包方创新绩效之间的负向关系有显著的负向调节作用，对交稿顺序与接包方创新绩效之间的负向关系有显著的正向调节作用。

3）中标个数的调节作用

接包方要想赢得比赛，需要具备完成解决方案、满足发包方预期的能力（张玉婷和郑呆娉，2007）。中标个数较多，意味着接包方的经验较丰富，这里有两种理解，一是该接包方参加的竞赛不多但成功率较大，而成功率会提高其对自身能力可以完成任务的信心，那么他提交高质量方案的概率就比较大（Agca et al.，2022）。在这种情况下，如果接包方交稿提前度较小，那么留给发包方的时间空白就较小，方案的高质量会进一步凸显近因效应对新近出现事物的优势，且在一定程度上冲击首因效应对较早出现事物的正向影响，进而增大交稿提前度较小的接包方成功的概率。二是接包方参加的竞赛很多，这种丰富的参赛经验让接包方能够准确获悉任务需求，揣测发包方意愿（Zhang and Markman，1998），但同时也会受认知固定效应的影响，接包方先前创意的思维模式对现在的创新具有一定的约束。这种情况下，提前度越小，接包方越有机会去观摩发包方线上和其他接包方的互动，准确地捕获发包方期望，同时还能有较长的时间来启发创新思维，构思方案，进而减弱固定效应的约束，提交满足发包方需求且较有创新性的方案。因此中标个数越多，越早交稿越好，即中标个数会加深交稿提前度对中标的抑制作用。

中标个数较多，意味着接包方成功经验很足。而成功经验丰富的接包方，既能总结失败以及成功的经验，获得更高质量的参与策略，避开无效的方式方法（Zhang and Markman，1998），同时还能提高自身对参与成本和期望收益的估计能力，让他能准确地评估该场竞赛的成功风险。这时如果他交稿顺序较靠后，那么这种评估能力让他在发现前面出现了比较好的提交方案时，会下意识地及时止损，做出他自己认为的"理智决策"，即降低努力付出，进而降低了中标的概率；而中标个数越多，他提交的方案质量就越有保证，高质量方案顺序如果靠前，就有可能对顺序靠后的接包方形成无形的压力，让他们做出降低努力的"理智决策"，因此交稿顺序越靠前越有利。有研究发现正面信息出现在前面位置，首因效应的影响显著大于其出现在中间位置，而正面信息出现在靠后位置时，近因效应不显著（Khasraghi and Aghaie，2014）。而在众包竞赛中，中标个数引起的高质量方案相当于这个正面信息，这时这份方案的顺序越靠前，首因效应的优势越明显，越有利于中标，而如果顺序比较靠后，既失去了首因效应的优势，也没有享受到近因效应的优势，不利于中标。进而中标个数越多，交稿顺序越早越好，即中标个数加深了交稿顺序对中标的抑制作用。据此，提出如下假设。

H7：中标个数对交稿提前度与接包方创新绩效之间的负向关系有显著的负向调节作用，对交稿顺序与接包方创新绩效之间的负向关系有显著的负向调节作用。

4）方案个数的调节作用

方案个数是任务的提交方案总量。方案个数较多一方面说明任务的竞争比较激烈，另一方面也说明了任务的吸引力较大。较多的方案拓宽了发包方的选择机会，又由于第一印象具有不稳定性，会受后继事物的影响，而方案个数就是这种后继事物，方案个数越多，这种不稳定性就越明显，被拓宽的选择机会面和愈加明显的不稳定性，对交稿提前度较大的接包方更不利；相反交稿提前度较小，就意味着接包方在交稿时很有可能已经意识到竞争的激烈，而任务本身的较大吸引力让其在同等竞争条件下受到的激励更大，会努力提高自己方案的质量，这时较充足地完成任务的时长会让这种激励更靠谱，进而增大接包方的中标概率。

在竞争较激烈的竞赛任务中，如果方案的交稿顺序太靠前，参考该方案的后续接包方就会更多，也就是说该方案会给更多的接包方提供创意参考，让他们在此基础上受到创意或者方案改进的启发，那么"搭便车"的群体就会更多，承担的相应知识产权风险就会更大，此时交稿顺序靠前存在一定风险。而且有研究表明，不同数量方案的提供对决策者做出常规决策判断有影响，数量越多，决策者对方案搜索深度越浅。那么方案个数较多会使发包方对提交的方案印象变浅，这时方案交稿顺序如果靠后，近因效应的优势可能会使这种搜索深度变浅的现象有所缓和，而交稿顺序靠前的方案因为搜索深度变浅，首因效应的正向影响被削弱，因此提交顺序对中标的抑制作用会有所缓和。据此，提出如下假设。

H8：方案个数对交稿提前度与接包方创新绩效之间的负向关系有显著的负向调节作用，对交稿顺序与接包方创新绩效之间的负向关系有显著的正向调节作用。

8.3.2 数据收集与研究方法

1. 数据来源

本节的数据来源于我国最大的众包平台之一——一品威客。截至 2019 年 6 月，一品威客平台有超 1900 万个注册用户，交易额累计超过 170 亿元，平台的服务类型涵盖设计、开发、装修、文案、营销、商务、VR 七大类共计 300 多个细项。为了获取符合本节情境和具有代表性的样本数据，本节统计了平台上 2019 年 5 月 2 日~2019 年 10 月 21 日发布的奖金为悬赏模式且圆满结束的 800 个 LOGO 设计任务（限定六个月的时间范围以消除潜在的时间效应；限定 LOGO 设计任务以消除任务种类不同而产生的差异性）。根据统计记录剔除信息不完整等无效样本，最终参与分析的样本包括 792 个有效任务，共有参与者 47 834 名。

2. 研究方法

本节的目标是探讨提交策略对接包方创新绩效的影响。是否中标为衡量中标的有效变量。提交策略由交稿提前度和交稿顺序两个变量衡量。由于本节的因变量是二分类变量，因此使用 Logistic 模型来估计本节的主要结果。具体地，使用以下实证模型：

$$\ln\frac{P}{1-P} = \beta_0 + \beta_1 \cdot 交稿提前度 + \beta_2 \cdot 交稿顺序 + \beta_3 \ln(任务奖金) + \beta_4$$
$$\cdot \ln(任务描述长度) + \beta_5 \cdot 是否缴纳保证金 + \beta_6 \cdot 个人信息披露程度 + \beta_7 \ln(任务周期) +$$
$$\beta_8 Z(\ln(任务周期))Z \cdot 交稿提前度 + \beta_9 Z(\ln(任务周期))Z \cdot 交稿顺序 + \beta_{10}$$
$$\cdot \ln(中标个数) + \beta_{11} Z(\ln(中标个数))Z \cdot 交稿提前度 + \beta_{12} Z(\ln(中标个数))$$
$$\cdot Z \cdot 交稿顺序 + \beta_{13} \ln(方案个数) + \beta_{14} Z(\ln(方案个数))Z \cdot 交稿提前度 + \beta_{15}$$
$$\cdot Z(\ln(方案个数))Z \cdot 交稿顺序 + \varepsilon_{ij}$$

(8-49)

式中，P 为是否中标，如果中标取 1，如果不中标取 0；β_0 表示常数项；$\beta_1 \sim \beta_{15}$ 表示各解释变量的影响系数；ε_{ij} 表示随机扰动项。模型中加入了任务奖金、任务描述长度、是否缴纳保证金以及个人信息披露程度以控制得奖的其他影响中标的因素，其中是否缴纳保证金、个人信息披露程度为分类变量。为了捕捉调节效应，调节变量被作为交叉项加入回归中。模型中对相关变量取对数以减弱指数增长趋势、自相关、偏态分布和异方差等影响，为了使回归系数保持一致的量纲，部分系数被标准化，其中模型中的 $Z(\cdot)$ 表示 z-score 函数。

Logistic 为概率型非线性回归模型，是研究二分类观察结果与一些影响因素之间关系的一种多变量分析方法。由于模型中被解释变量进行了线性转换且相关变量进行了对数化和标准化处理，回归系数将只反映影响的方向和显著性，而不能衡量真正的含义。下面将通过理论推导计算该模型自变量对因变量的影响以及调节程度的大小。

首先计算自变量对因变量的直接影响，即通过式（8-44）将因变量对自变量求导。其次计算调节程度的大小，即通过式（8-45）将因变量先对自变量求偏导再继续分析调节变量的变化对该导数的影响。其中 $f(x)$ 为实证模型式（8-49）的右边。

$$\ln\frac{P}{1-P} = f(x) \qquad (8\text{-}50)$$

$$P = \frac{e^{f(x)}}{1+e^{f_0}} \qquad (8\text{-}51)$$

当 $f(x) = \beta_0 + \beta_1 x_1 + \cdots + \beta_n x_n$ 时，式（8-49）左右两边对自变量 x_n 求导得

$$\frac{\partial P}{\partial x_n} = \frac{\beta_n e^{f(x)}}{(1+e^{f(x)})^2} \tag{8-52}$$

当 $f(x) = \beta_0 + \beta_1 x_1 + \cdots + \beta_n \ln x_n$ 时，式（8-49）左右两边对 x_n 求导得

$$\frac{\partial P}{\partial x_n} = \frac{1}{x_n} \frac{\beta_n e^{f(x)}}{(1+e^{f(x)})^2} \tag{8-53}$$

当 $f(x) = \beta_0 + \beta_1 x_1 + \beta_n \ln x_n + \beta_{n1} Z(\ln x_n) Z(x_1)$ 时，式（8-49）左右两边对 x_1 再对 x_n 求导：

$$\frac{\partial P}{\partial x_1} = \left(\beta_1 + \frac{\beta_{n1} Z(\ln x_n)}{\sigma} \right) \frac{e^{f(x)}}{(1+e^{f(x)})^2} \tag{8-54}$$

式中，σ 为 x_1 的标准差。最后将相关变量的均值代入式（8-49）以计算提交策略对创新绩效的直接影响。将除调节变量以外的相关变量的均值代入式（8-54）得到的直接影响将是关于调节变量的单变量函数。根据 Agca 等（2022）的方法，计算当调节变量从 25 分位数变化为 75 分位数时该单变量函数的变化率，该变化率反映了调节程度大小的经济含义。相关变量的定义如表 8-9 所示。然后进行德宾-沃森检验（Durbin-Watson 检验，D-W 检验），获得 d 值为 2.03≈2，说明变量之间不存在自相关现象；再使用方差膨胀因子（variance inflation factor，VIF）进行多重共线性检验，发现模型的方差膨胀因子均小于 4，在允许范围内，所有变量间均不存在严重的多重共线性问题。

表 8-9　变量的定义

变量类型	变量名称	测量方法
因变量	是否中标	即接包方参加众包竞赛的结果，1 表示中标，0 表示没有中标
自变量	交稿提前度	即接包方交稿的提前程度，采用交稿日期与截稿日期之差除以任务周期测量
	交稿顺序	即接包方交稿的顺序
控制变量	任务奖金	即发包方对自己发布的任务需求和特征进行描述，采用描述的字符总数来测量
	任务描述长度	即发包方对自己发布的任务需求和特征进行描述，采用描述的字符总数来测量
	是否缴纳保证金	分类变量，即接包方是否缴纳了任务保证金，1 表示是，0 表示否
	个人信息披露程度	分类变量，即接包方是否通过了实名认证、银行认证、邮箱认证和手机认证四个认证，1 表示是，0 表示否，取值范围为 0~4
调节变量	任务周期	即完成任务的时长限制，采用任务开始日期和截止日期之差来表示
	方案个数	即参与众包任务的接包方提交的总方案数量
	中标个数	即接包方参与众包竞赛以来成功中标的总数

8.3.3 研究结果与分析

1. 假设检验与结果分析

本节基于 Logistic 假设检验方法，通过使用 Stata 15.0 软件对一品威客平台已结束的 792 个任务的接包方数据进行分析，研究结果如表 8-10 所示，除了假设 H7 的前半部分未得到验证外，其余假设均得到验证。

表 8-10 回归分析结果

变量	模型 1	模型 2	模型 3	模型 4	模型 5	模型 6	模型 7	模型 8
交稿提前度	−1.167***	−1.086***	−1.174***	−1.310***	−0.869***	−0.869***	−0.756***	−0.783***
交稿顺序	−2.275***	−2.201***	−2.373***	−2.026***	−1.603***	−1.603***	−1.650***	−1.291***
任务奖金	−0.205**	−0.208**	−0.222**	−0.152	−0.005	−0.005	−0.032	−0.005
任务描述长度	−0.002	0.000	0.001	0.004	0.002	0.002	0.001	−0.001
是否缴纳保证金	0.086	0.097	0.085	0.171	0.048	0.048	0.042	0.127
个人信息披露程度.1	−1.288	−1.284	−1.274	−0.933	−1.260	−1.260	−1.253	−0.902
个人信息披露程度.2	−1.052***	−1.053***	−1.058***	−0.730*	−1.025***	−1.025***	−1.034***	−0.724*
个人信息披露程度.3	0.487***	0.480***	0.480***	0.206**	0.483***	0.483***	0.492***	0.213**
任务周期		−0.084	0.024					−0.039
任务周期×交稿提前度		−1.129***						−0.507
任务周期×交稿顺序			1.447***					0.705*
中标个数				0.183***	0.181***			−0.171***
中标个数×交稿提前度				−0.061				−0.117
中标个数×交稿顺序					−0.026**			−0.083
方案个数						0.549***	−0.395***	−0.466***
方案个数×交稿提前度						−0.780***		−0.037
方案个数×交稿顺序							1.091***	0.542
常数项	−1.628***						−1.611***	−2.007***

续表

变量	模型 1	模型 2	模型 3	模型 4	模型 5	模型 6	模型 7	模型 8
N	47 834	47 834	47 834	47 834	47 834	47 834	47 834	47 834
Pseudo-R^2	0.023	0.026	0.026	0.032	0.032	0.028	0.028	0.038
Prob > χ^2	0.000	0.000	0.000	0.000	0.000	0.000	0.000	0.000
LR-χ^2	186.31	205.79	211.88	254.68	254	221.55	224.05	304.3

***、**、*分别表示在 1%、5%和 10%水平下显著。

注：N 代表样本个数；Pseudo-R^2 表示伪决定系数；Prob > χ^2 和 LR-χ^2 分别代表卡方检验的 p 值以及似然比统计量。

表 8-10 的模型 1 显示，控制任务奖金、任务描述长度、是否缴纳保证金和个人信息披露程度四个变量后，接包方的交稿提前度（-1.167***）和交稿顺序（-2.275***）对中标都有显著的负向影响，会降低接包方的创新绩效。据式（8-47）计算得出交稿顺序每提前 1 名，中标概率平均下降 3.2%，交稿提前度每增加 1 单位，中标概率平均下降 6.3%单位，据式（8-48）计算得出任务奖金每增加 1 元，中标概率平均下降 0.1%。这是因为交稿提前度越大，留给发包方的时间空白越大，导致完成任务的时间减少而且首因效应优势减弱；而交稿顺序靠后，发包方评价方案的能力有所下降，且接包方失去了塑造方案偏好的先发优势，因此会降低接包方的创新绩效，验证了 H5。

在模型 2 和模型 3 中，引入任务周期并观察它对自变量的调节作用。发现任务周期对交稿提前度的抑制作用有负向影响（-1.129***），对交稿顺序的抑制作用有正向影响（1.447***），H6 得到验证。当任务周期的值从 25 分位数上升到 75 分位数时，交稿提前度对中标的负向影响加深了 1.93%，而交稿顺序对中标的影响缓和了 1.86%。从调节模式看出，任务周期较长时，交稿提前度的斜率更大，而交稿顺序的斜率更小，也就是说随着任务周期的增长，交稿提前度对中标的抑制作用更加显著，而交稿顺序对中标的抑制作用得到缓和。这是因为交稿时间越早，给发包方留下的第一印象越不稳定，加深了交稿提前度的抑制作用；而任务周期越长，交稿顺序靠后会避免被其他接包方"搭便车"，缓和了交稿顺序的负向影响。

在模型 4 和模型 5 中，引入中标个数，观察它对自变量的调节作用。发现中标个数对交稿提前度的抑制作用有负向影响（-0.061）但不显著，而对交稿顺序的抑制作用有显著的负向影响（-0.026**），H7 的前半部分未得到验证，后半部分得到验证。当中标个数的值从 25 分位数上升到 75 分位数时，交稿顺序对中标的负向影响加深了 8.31%。前半部分影响不显著可能是因为接包方经验丰富，产生了比较深的固定作用,即之前参赛的思维模式对当下任务的创意构思有比较大的约束。

在模型 6 和模型 7 中,引入方案个数,发现它对交稿提前度的抑制有负向影响(−0.780***),对交稿顺序的抑制有正向影响(1.091***),H8 得到验证。据式(8-48)计算,当方案个数的值从 25 分位数上升到 75 位数时,交稿提前度对中标的负向影响加深了 3.96%,而交稿顺序对中标的负向影响缓和了 19.5%。调节作用模式表明,方案个数较多时,交稿提前度的斜率更大,而交稿顺序的斜率更小。这里从竞争的角度考虑,方案个数越多,意味着竞争越激烈,发包方可选择面会被拓宽,接包方提前交稿留下的第一印象会因此受到干扰,这加深了交稿提前度的抑制作用;而在竞争激烈的任务中,交稿顺序越靠后,承担的"被搭便车"、知识产权泄露的风险就相对越少,发包方对方案搜索深度变浅的现象也不那么严重,因此缓和了交稿顺序的负向影响,提高了创新绩效。

模型 8 是主效应和调节效应的综合,可以看到任务周期和方案个数的调节作用虽然变得不显著,但调节方向没变,其他结果均与模型 1~模型 7 显著性水平的结果相同。

2. 鲁棒性检验

为了验证本节结果的稳健性,我们做了如下操作。首先,采用 Probit 模型对数据重新进行回归分析,结果见表 8-11 的模型 9~模型 16,所得参数大小虽有一定波动,但变量影响方向和显著性与表 8-10 中相应模型的参数估计结果基本保持一致,说明研究结论在研究方法上具有一定稳定性。

表 8-11 Probit 回归和成功经验的调节

变量	模型 9	模型 10	模型 11	模型 12	模型 13	模型 14	模型 15	模型 16	模型 17	模型 18
交稿提前度	−0.465***	−0.430***	−0.463***	−0.528***	−0.541***	−0.333***	−0.307***	−0.316***	−0.508***	−0.473
交稿顺序	−0.877***	−0.860***	−0.919***	−0.783***	−0.777***	−0.611***	−0.654***	−0.512***	−0.754***	−0.868***
任务奖金	−0.078**	−0.083**	−0.087**	−0.060	−0.062*	0.000	−0.010	−0.003	−0.059	−0.085**
任务描述长度	0.001	0.000	0.004	0.002	0.002	0.001	0.001	0.000	0.001	0.001
是否缴纳保证金	0.035	0.038	0035	0.063	0.063	0.025	0.024	0.505	0.042	−0.032
个人信息披露程度.1	−0.471	−0.471	−0.467	−0.327	−0.327	−0.469	−0.466	−0.318	0.145	−0.457
个人信息披露程度.2	−0.369***	−0.368***	−0.369***	−0.252*	−0.252*	−0.362***	−0.354***	−0.241*	0.670	−0.362***
个人信息披露程度.3	0.190***	0.188***	0.188***	0.077**	0.077**	0.189***	0.192***	0.082**	−0.006	0.180***
任务周期		−0.027	0.004					0.014		

续表

变量	模型9	模型10	模型11	模型12	模型13	模型14	模型15	模型16	模型17	模型18
任务周期×交稿提前度		−0.452***						−0.214		
任务周期×交稿顺序			0.568***					0.262		
中标个数				0.074***	0.073***			0.070***		
中标个数×交稿提前度					−0.021			−0.056		
中标个数×交稿顺序					−0.024**			−0.052		
方案个数						−0.220***	−0.161***	−0.181***		
方案个数×交稿提前度						−0.307**		−0.045		
方案个数×交稿顺序							0.447***	0.252		
交易金额									0.079***	0.798***
交易金额×交稿提前度										−0.026
交易金额×交稿顺序										−0.008**
常数项	−1.176***	−1.113***	−1.127***	−1.440***	−1.423***	−0.969***	−1.136***	−1.305***	−1.887***	−1.862***
N	47 834	47 834	47 834	47 834	47 834	47 834	47 834	47 834	47 834	47 834
Pseudo-R^2	0.227	0.025	0.026	0.032	0.031	0.027	0.027	0.037	0.051	0.050
Prob>χ^2	0.000	0.000	0.000	0.000	0.000	0.000	0.000	0.000	0.000	0.000
LR-χ^2	183.11	203.06	208.74	254.33	254.22	217.36	221.16	304.63	407.15	405.52

***、**、*分别表示在1%、5%和10%水平下显著。

注：N代表样本个数；Pseudo-R^2表示伪决定系数；Prob>χ^2和LR-χ^2分别代表卡方检验的p值以及似然比统计量。

其次，因为中标个数对提交策略调节作用的假设未得到全部验证，使用接包方交易总金额替代接包方中标个数作为调节变量，考虑接包方的成功经验对提交策略的影响，得到的结果见表8-11的模型17和模型18，影响方向和显著性与中标个数一致，进一步说明接包方的成功经验对交稿提前度没有显著影响，但能加深交稿顺序对创新绩效的抑制作用。

再次，截取2019年7月21日～2019年10月21日三个月的数据，对变量重新做Logistic回归，结果见表8-12。模型19～模型26，所得参数大小虽有一定波动，但参数影响方向和显著性与表8-10基本保持一致，说明研究结论具有一定的稳定性。

表 8-12 部分数据的回归

变量	模型 19	模型 20	模型 21	模型 22	模型 23	模型 24	模型 25	模型 26
交稿提前度	−1.064***	−0.1027***	−1.118***	−1.188***	−1.233***	−0.887*	−0.633**	−0.681**
交稿顺序	−2.429***	−2.405***	−2.604***	−2.157***	−2.106***	−1.750**	−1.792**	−1.378*
任务奖金	−0.178	−0.159	−0.181	−0.159	−0.165	−0.004	−0.087	−0.006
任务描述长度	0.006	0.007	0.002	0.008	0.008	0.005	0.001	0.007
是否缴纳保证金	0.113	0.120	−0.831	0.084	0.100	0.099	0.097	0.077
个人信息披露程度.1	−0.846	−0.837	−0.512	−0.562	−0.584	−0.813	−0.780	−0.490
个人信息披露程度.2	−0.499	−0.501	0.513***	−0.225	−0.249	−0.470	−0.492	−0.234
个人信息披露程度.3	0.517***	0.513***	−0.016	0.221	0.206	0.497***	0.515***	0.228*
任务周期		−0.074						−0.025
任务周期×交稿提前度			−1.323***	1.342***				−0.998
任务周期×交稿顺序				0.180***	0.168***			0.354
中标个数				−0.000				0.157***
中标个数×交稿提前度					0.239**			−0.207
中标个数×交稿顺序						−0.567***	−0.342	−0.318
方案个数						−1.394**		−0.412
方案个数×交稿提前度							1.828***	−0.273
方案个数×交稿顺序								1.241
常数项	−1.782*	−1.786*	−1.675*	−2.231**	−2.172**	−0.936	−1.523	−1.708
N	16 212	16 212	16 212	16 212	16 212	16 212	16 212	16 212
Pseudo-R^2	0.023	0.026	0.026	0.032	0.033	0.031	0.031	0.042
Prob>χ^2	0.000	0.000	0.000	0.000	0.000	0.000	0.000	0.000
LR-χ^2	69.13	79.02	76.87	95.15	97.54	92.51	93.66	124.94

***、**、*分别表示在1%、5%和10%水平下显著。

注：N 代表样本个数；Pseudo-R^2 表示伪决定系数；Prob>χ^2 和 LR-χ^2 分别代表卡方检验的 p 值以及似然比统计量。

最后，考虑到回归模型中可能存在遗漏变量的问题，遗漏变量会造成估计有偏，为了解决这个问题，本节使用固定效应模型控制各个项目潜在的不可观测或者难以测量的因素（表 8-13）。从经验上看，控制固定效应因素在很大程度上可能会吸收其他解释变量的解释力度（如系数绝对值大小和显著性降低），但是结果依然展示了较强的稳健性，进一步说明研究结论具有很好的鲁棒性。

表 8-13 固定效用的回归

变量	模型 27	模型 28	模型 29	模型 30	模型 31	模型 32	模型 33	模型 34
交稿提前度	−0.601**	−0.606**	0.603**	−0.824***	−0.867***	−1.702***	−1.009***	−1.142***
交稿顺序	−0.013***	−0.014***	−0.014***	0.011***	−0.010***	−0.027***	−0.018***	−0.016***
任务奖金	—							
任务描述长度	—							
是否缴纳保证金	0.0124	0.0217	0.0237	0.0511	0.6210	0.0210	0.0300	0.0620
个人信息披露程度.1	−1.270	−1.277	−1.275	−0.917	−0.954	−1.259	−1.281	−0.912
个人信息披露程度.2	−1.040***	−1.038***	−1.041***	−0.702*	−0.740*	−1.037***	−1.044***	−0.722**
个人信息披露程度.3	0.512***	0.499***	0.503***	0.229***	0.218**	0.491***	0.503***	0.215**
任务周期	—							
任务周期×交稿提前度		−0.411***						−0.330***
任务周期×交稿顺序			0.262***					0.0319
中标个数				0.200***	0.192***			0.184***
中标个数×交稿提前度					−0.0258			−0.063**
中标个数×交稿顺序					−0.027*			−0.040*
方案个数						—	—	—
方案个数×交稿提前度						0.520***		−0.245*
方案个数×交稿顺序							0.198**	0.084
N	47 834	47 834	47 834	47 834	47 834	47 834	47 834	47 834
项目个数	792	792	792	792	792	792	792	792
Pseudo-R^2	0.014	0.017	0.015	0.026	0.026	0.016	0.014	0.031
Prob>χ^2	0.000	0.000	0.000	0.000	0.000	0.000	0.000	0.000

***、**、*分别表示在1%、5%和10%水平下显著。

注：N 代表样本个数；Pseudo-R^2 表示伪决定系数；Prob>χ^2 和项目个数分别代表卡方检验的 p 值以及似然比统计量。

8.4 小　　结

本章共讨论了三种众包经营策略，不同的策略对接包方参与众包竞赛实现大众创新有着不同的现实意义。

第 8 章 众包运营策略

众包竞赛中加价延期对任务参与度的影响研究，从消除数据内生性出发，利用倾向得分匹配模型研究加价延期是否对任务的投标数和浏览数有显著影响，既克服了以往研究内容内生性问题所带来的误差偏误，也弥补了众包平台对加价延期服务的研究文献的不足，探索了加价延期与任务参与度之间的关系。倾向得分匹配模型针对是否进行加价延期，将所有样本分为控制组和处理组，消除了任务自身特征而带来的数据偏误和混杂因素，从而比较客观、公正地分离出加价延期因素给任务参与度带来的提升效果。在此基础上，利用倾向得分匹配模型，进一步研究在不同类型、不同悬赏方式的任务中，加价延期对任务参与度带来的差异。通过研究分析发现，相对于未进行加价延期的任务，加价延期策略可以显著增加任务的浏览数和投标数；开发、商务、装修这三类较难的任务参与度对于加价延期的敏感程度高于其余类型的任务；不同悬赏方式的任务对于加价延期的敏感程度也不尽相同。

研究众包竞赛最优加价延期策略发现，组织者不仅可以使用奖金策略激励参赛者提高努力程度，也可将加价延期作为另一种策略。随后，探讨了无须加价延期的条件、加价延期使组织者利润增加的条件、最优奖金值、最优奖金分配、最优加价方式等研究问题，得出了以下结论：①当参赛者对加价延期的概率持有较高期望时，组织者无须加价延期，并且参赛者加价敏感度越高，无须加价延期的可能性越大；②当任务复杂度较低，或参赛者加价敏感度较高时，实行加价延期能使组织者利润增加；③任务复杂度越高、新颖性越强，组织者应设置的最优奖金值越大；④当绩效不确定性具有对数凹的密度函数，并且参赛条件成立时，引入加价延期后，最优奖金分配策略仍是 WTA；⑤组织者的最优加价方式是一步加价，这与现实众包竞赛中的情况相符。

讨论众包平台收费策略，可以得出均衡状态下接包方的最优绩效水平随着专业知识水平的增加而增加的结论。对于接包方来说，当项目类型收费力度相差不多时，应该优先选择采用固定额度收费模式的众包平台；对于发包方来说，当平台收费比例较高时，也应优先考虑采用固定额度收费模式的众包平台，反之，固定奖金比例收费模式更优。本章进一步在平台利益最大化的前提下考虑了更加一般的收费模式，给出了最佳收费函数的表达式，发现最优收费率是关于奖金额度的单调递减函数，这建议平台在较大的奖金额度下可以牺牲部分利润以换取发包方更高的参与概率。

研究众包竞赛中提交策略对接包方创新绩效的影响发现：①交稿提前度和交稿顺序对中标都有显著的负向影响，会降低接包方的创新绩效；②任务周期对交稿提前度与接包方创新绩效之间的负向关系有显著的负向调节作用，对交稿顺序与接包方创新绩效之间的负向关系有显著的正向调节作用；③中标个数只对交稿顺序的负向影响有显著的负向调节作用，而对交稿提前度的影响不具有显著的调节作用；④方案个数对交稿提前度和交稿顺序的负向影响分别有显著的负向调节作用和正向调节作用。由此也获得了以下管理启示：①接包方参与众包竞赛提交自己的方案时，要尽可能保证提交时间晚一些，然后提交顺序靠前一些；②面对不同周期的任务，接包方的提交策略应做出不同的调整，周期越长，提交时间越晚，提交顺序越靠后；③接包方在制定提交策略时应考虑自己的中标个数——成功经验，成功经验越多，交稿顺序越靠前。

关于众包方向的实证研究目前还较少，在今后的研究中，可以利用模型的方法来对加价延期这一机制进行分析，如研究这个机制对于发包方和众包平台的最大利润、接包方的最大收益、这个过程的最优时间等方面。并且本章的四种策略都是假设所有参赛者是同质的，包括解决问题的能力、对加价延期概率持有的期望等。在实际情况中，参赛者在能力水平、心理认知等方面各不相同，研究异质参赛者在加价延期竞赛中的行为差异可以作为下一步的研究方向。

参 考 文 献

刘爱伦，周丽华. 2002. 首因效应向近因效应转换的实验研究[J]. 心理科学，25（6）：664-667，765.
任延静，林丽慧. 2019. 众包竞赛中加价延期机制是否有效？[J]. 信息系统学报，13（1）：41-57.
詹启生，俞智慧. 2000. 首因效应与近因效应在不同情境下作用的比较[J]. 健康心理学杂志，8（3）：251-253.
张玉婷，郑昊娉. 2007. 报表信息披露的"首因效应"与"近因效应"的实证研究[J]. 技术与市场，14（10）：40-42.
宗利永，李元旭. 2018. 基于发包方式的众包平台任务绩效影响因素研究[J]. 管理评论，30（2）：107-116.
Agca S, Babich V, Birge J R, et al. 2022. Credit shock propagation along supply chains: Evidence from the CDS market[J]. Management Science, 68（9）: 6506-6538.
Ales L, Cho S H, Körpeoğlu E. 2017. Optimal award scheme in innovation tournaments[J]. Operations Research, 65（3）: 693-702.
Bayus B L. 2013. Crowdsourcing new product ideas over time: An analysis of the Dell IdeaStorm community[J]. Management Science, 59（1）: 226-244.
Bimpikis K, Ehsani S, Mostagir M. 2019. Designing dynamic contests[J]. Operations Research, 67（2）: 339-356.
Bockstedt J, Druehl C, Mishra A. 2016. Heterogeneous submission behavior and its implications for success in innovation contests with public submissions[J]. Production and Operations Management, 25（7）: 1157-1176.
Chen P Y, Pavlou P A, Yang Y. 2014. Determinants of open contest participation in online labor markets[J]. Fox School of Business Research Paper.
Cheng X, Gou Q, Yue J, et al. 2019. Equilibrium decisions for an innovation crowdsourcing platform[J]. Transportation Research Part E: Logistics and Transportation Review, 125: 241-260.
Deng S J, Elmaghraby W. 2005. Supplier selection via tournaments[J]. Production and Operations Management, 14（2）: 252-267.
Feldman M, Chuang J. 2005. Overcoming free-riding behavior in peer-to-peer systems[J]. ACM SIGecom Exchanges, 5（4）: 41-50.
Howe J. 2006. The rise of crowdsourcing[J]. Wired Magazine, 14（6）: 1-4.
Khasraghi H J, Aghaie A. 2014. Crowdsourcing contests: Understanding the effect of competitors' participation history on their performance[J]. Behaviour & Information Technology, 33（12）: 1383-1395.

Korpeoglu C G, Körpeoğlu E, Tunç S. 2021. Optimal duration of innovation contests[J]. Manufacturing & Service Operations Management, 23 (3): 657-675.

Körpeoğlu E, Cho S H. 2018. Incentives in contests with heterogeneous solvers[J]. Management Science, 64 (6): 2709-2715.

Mihm J, Schlapp J. 2019. Sourcing innovation: On feedback in contests[J]. Management Science, 65 (2): 559-576.

Moldovanu B, Sela A. 2001. The optimal allocation of prizes in contests[J]. American Economic Review, 91(3): 542-558.

Pennington N, Hastie R. 1986. Evidence evaluation in complex decision making[J]. Journal of Personality and Social Psychology, 51 (2): 242-258.

Rosenbaum P R, Rubin D B. 1983. The central role of the propensity score in observational studies for causal effects[J]. Biometrika, 70 (1): 41-55.

Shao B, Shi L, Xu B, et al. 2012. Factors affecting participation of solvers in crowdsourcing: An empirical study from China[J]. Electronic Markets, 22 (2): 73-82.

Snir E M, Hitt L M. 2003. Costly bidding in online markets for IT services[J]. Management Science, 49 (11): 1504-1520.

Sonsino D, Benzion U, Mador G. 2002. The complexity effects on choice with uncertainty-Experimental evidence[J]. The Economic Journal, 112 (482): 936-965.

Terwiesch C, Xu Y. 2008. Innovation contests, open innovation, and multiagent problem solving[J]. Management Science, 54 (9): 1529-1543.

Ulrich K T. 2003. Product Design and Development[M]. New York: McGraw-Hill Higher Education.

Wen Z, Lin L. 2016. Optimal fee structures of crowdsourcing platforms[J]. Decision Sciences, 47 (5): 820-850.

Zhang S, Markman A B. 1998. Overcoming the early entrant advantage: The role of alignable and nonalignable differences[J]. Journal of Marketing Research, 35 (4): 413-426.

附录 符号列表

众筹符号列表

数学符号	含义
p	众筹奖励价格
F	筹资目标
$N_{\min}$	投资者目标人数
N	消费者总人数
c	单位生产成本
K	开发成本
u_i	投资者的效用
π_i	项目发起者的利润
σ	投资者对产品的信任程度
ρ	单位利润
q_i	投资者的投资概率
λ	温情效应的大小
ω	群体效应
d	捐赠者愿意提供帮助的程度
γ	产品质量相对于投资资本的弹性
α	项目投产的可扩展性
V_i	投资者对产品的估值,服从$[0, V]$上的均匀分布
S	众筹项目的成功率
δ	等待成本系数
Δp	不同投资者的投资价格差
t_i	众筹项目每一个投资时期,$i = 1, 2$
I_i	在投资时期t_i,投资者I_i到来,$i = 1, 2$
t_3	众筹项目方案的实施期
R'	在t_2时期,市场的无风险回报率
R	在t_3时期,市场的无风险回报率
β	分配给投资者I_1的利润份额,则$1-\beta$是分配给投资者I_2的利润份额

众包符号列表

数学符号	含义
n	参与者人数
T	竞赛时长
r_j	第 j 个优胜者获得的奖金比例
A	总奖金
$A_L = (A_1, A_2, \cdots, A_L)$	奖金向量
L	奖金个数
P_e	参赛者对加价延期的期望概率
$f(\cdot)$	概率密度函数
$F(\cdot)$	累积密度函数
$R(\cdot)$	参与者质量函数
$C(\cdot)$	参与者成本函数
q_i	参与者 i 提交方案的质量
q_1^n	n 个提交方案中的最优质量
ρ_e	加价敏感度
θ	努力对绩效的边际影响
e_i	参与者 i 的努力程度
c_i	试验型竞赛中的单位试验成本/创意型竞赛中的单位进入成本/每个参赛者的努力成本
m_i	参与者 i 的试验次数
a_i	参与者 i 的专业知识能力水平
v_i	接包方的创新绩效水平
η_i	接包方创造力水平
$F(a) = a^k$	参与者能力水平的累积密度函数
ε_i	产出随机扰动/评价随机扰动
ε_i^n	n 个随机变量中的第 i 个次序统计量
EAQ	方案的期望平均质量
EMQ	方案的期望最优质量
$U(V) = V^b$	参与者的风险效用函数

续表

数学符号	含义
τ	创意型竞赛中发起者评价不确定性的度量
Π	发包方的利润
π_i^s	接包方 i 的收益水平
c_v	平台对发包方收取的固定费用
$t_0, \Lambda, \tilde{l}_i^n, t_i$	算法 7-1 产生的参数